国家社科基金项目：工作场所乐趣与心理投入的中介作用研究（14BGL071）
石河子大学人文社会科学规划项目：团队边界管理、凝聚力与效能间关系研究：以兵团企业为例(RCSX201004)
石河子大学“中西部高校综合实力提升工程”工商管理一级学科建设项目

经济管理学术文库·管理类

边界管理视角的X-团队建设机制：以新疆/兵团企业为例的研究

The Study on Mechanism of X-Team Building Based on Boundary Management Perspective: Taking Enterprises in Xinjiang/Production and Construction Corps as Examples

石冠峰 / 著

经济管理出版社
ECONOMY & MANAGEMENT PUBLISHING HOUSE

图书在版编目（CIP）数据

边界管理视角的 X-团队建设机制：以新疆/兵团企业为例的研究/石冠峰著．—北京：经济管理出版社，2015.7

ISBN 978-7-5096-3860-6

Ⅰ.①边…　Ⅱ.①石…　Ⅲ.①生产建设兵团—国有企业—研究—新疆　Ⅳ.①F24 ②F279.241

中国版本图书馆 CIP 数据核字(2015)第 146867 号

组稿编辑：曹　靖
责任编辑：杨国强　张瑞军
责任印制：司东翔
责任校对：王　淼

出版发行：经济管理出版社
（北京市海淀区北蜂窝 8 号中雅大厦 A 座 11 层　100038）
网　　址：www.E-mp.com.cn
电　　话：(010) 51915602
印　　刷：北京九州迅驰传媒文化有限公司
经　　销：新华书店
开　　本：720mm×1000mm/16
印　　张：12.25
字　　数：200 千字
版　　次：2015 年 8 月第 1 版　　2015 年 8 月第 1 次印刷
书　　号：ISBN 978-7-5096-3860-6
定　　价：48.00 元

前　言

本书缘起于笔者对团队工作方式的思考。在经济全球化的推动下，市场竞争日趋激烈，以团队为基础的工作方式取得了比任何人所预言的都深刻的效果。但是管理实践中，在建设团队问题上存在一定的认识盲区。第一，工作团队形式及其导致的组织结构不断改变，使得传统管理形式面临越来越大的挑战，管理者也越来越难以凭借一己之力迅速做出高效的决策。管理者该何去何从？从这一问题出发，通过对大量文献的梳理和对管理实践的持续观察，笔者发现分布式领导能为团队管理带来新的希望。第二，现在可以从两个视角对团队建设进行关注，即内向视角与外向视角，在团队研究中，它们都存在一定的局限性和观点矛盾性。同时，团队工作在管理实践中是动态双向的。这种理论研究与管理实践的不一致使笔者意识到团队内外视角整合研究的必要性。第三，同样的团队管理方式在不同团队氛围下产生的效果具有差异性。因此，为了更充分和更严谨地探究合适的团队管理方式，笔者从团队心理安全氛围角度出发，探究团队心理安全对团队建设的影响。

基于以上的认识和思考，笔者从 2012 年 10 月开始组织本书的研究、写作与完善工作。本研究采用问卷调查法收集相关数据，利用层级回归分析和结构方程的路径分析技术进行实证分析。全书共分为 8 章。第 1 章阐述研究背景、目的、意义和研究框架。第 2 章进行文献回顾与概念界定，通过对文献广泛而深入的回顾和梳理，提出本书的边界管理动态平衡机制，为第 3 章理论模型的提出奠定理论基础。第 3 章阐释理论基础与研究假设。第 4 章对研究方法的设计进行说明。第 5 章和第 6 章分别是正式数据分析和假设检验并阐明分析结果。第 7 章为新疆/兵团企业 X－团队建设的策略，以分布式领导的边界管理动态平衡机制为理论依据，结合新疆/兵团企业团队建设的现实状况，提出建设策略。第 8 章是研究结论与展望，阐明研究的主要结论和对团队管理的启示，并指出本研究的不足和进一步研究的方向。

综观整个研究，本书对理论与实践的贡献主要体现在三个方面：第一，牢牢把握当前新的竞争环境下团队建设理论和管理实践的重要议题——X－团队，摒弃以往研究者对团队工作研究的片面性和矛盾性。以一个新的整合视角研究团队，提出构建能够内外兼顾的 X－团队，为团队理论研究提供了新思路。第二，将处于探索研究阶段的 X－团队、分布式领导、边界管理推向实证研究。研究概念紧靠前沿，所提出的边界管理动态平衡整合模型丰富了国内组织理论研究成果，能够填补领导、边界以及团队建设理论的空白，并拓展相关理论，具有重要的理论意义。第三，本书突出了团队建设中的重要情境因素——心理安全氛围的作用，并证实了心理安全在边界管理与团队绩效间的调节作用，突破了以往对心理安全中介作用的惯性认识。

在笔者的组织与带领下，参与本书具体写作的有王亮（第 1、第 8 章）、李琨（第 2～第 3 章）、韩宏稳（第 4、第 7 章）和徐兵（第 5～第 6 章），参与本书修改与完善工作的有艾扎提、杨高峰、王爱华、雷良军、梁鹏和马乐（本书经过多次修改与完善，每人的工作内容有交叉且不易细分说明，在此不再详述）。

本书的出版得到了经济管理出版社曹靖老师等的大力支持，也得到了石河子大学经济与管理学院各位同仁及学子的支持和帮助，在此深表谢意！

受水平、时间和精力的限制，书中难免存在错误和不妥之处，恳请读者予以批评指正！

石冠峰

2015 年 5 月 30 日

目　录

第 1 章　引言 …… 1

1.1　研究背景 …… 1
1.2　研究目的与意义 …… 4
1.3　研究框架设计与研究内容 …… 5
1.4　研究层次与研究方法 …… 9
1.5　本研究对理论与实践的贡献 …… 13

第 2 章　文献综述 …… 15

2.1　团队和 X－团队 …… 15
2.2　分布式领导 …… 19
2.3　边界管理 …… 30
2.4　心理安全 …… 41
2.5　团队绩效 …… 49
2.6　研究综评 …… 52

第 3 章　研究假设与模型构建 …… 55

3.1　分布式领导对团队绩效的影响 …… 55
3.2　分布式领导对边界管理的影响 …… 57
3.3　边界管理对团队绩效的影响 …… 61
3.4　边界管理在分布式领导与团队绩效间的中介作用 …… 64
3.5　心理安全的调节效应 …… 67

第 4 章　研究设计和方法 …… 69

4.1　研究工具 …… 69
4.2　问卷设计 …… 73
4.3　研究对象与抽样设计 …… 74

4.4 问卷发放与回收 …… 75
4.5 数据跨层面处理 …… 76
4.6 问卷预测试 …… 77

第5章 正式研究数据分析与结果 …… 84

5.1 样本概况 …… 84
5.2 描述性统计分析 …… 87
5.3 评分者之间一致性和组内一致性 …… 88
5.4 信度与效度分析 …… 90

第6章 假设检验和结果 …… 105

6.1 团队层面变量的相关分析 …… 105
6.2 分布式领导与团队绩效之间关系的假设检验 …… 108
6.3 分布式领导与团队边界管理之间关系的假设检验 …… 110
6.4 团队边界管理与团队绩效之间关系的假设检验 …… 112
6.5 团队边界管理中介作用的假设检验 …… 114
6.6 团队心理安全调节作用的假设检验 …… 116
6.7 结果分析与讨论 …… 121

第7章 新疆/兵团企业X－团队建设的策略 …… 131

7.1 新疆/兵团企业团队建设的回顾 …… 131
7.2 新疆/兵团企业X－团队建设的对策 …… 134

第8章 结论与展望 …… 146

8.1 研究结论 …… 146
8.2 研究贡献 …… 149
8.3 管理启示 …… 150
8.4 本书研究的不足 …… 155
8.5 进一步研究的方向 …… 157

参考文献 …… 159

附录 员工问卷 …… 179

后记 …… 183

图表目录

图 1－1　X－团队建设机制研究框架 …… 7
图 1－2　技术路线 …… 10
图 1－3　本书的分析层面 …… 11
图 2－1　群体与团队的关系 …… 16
图 2－2　传统团队与 X－团队的比较示意图 …… 19
图 2－3　分布式领导和垂直领导程度模型 …… 24
表 2－1　团队与环境之间可能存在的典型关系 …… 32
表 2－2　外部边界活动的维度 …… 33
表 2－3　Yan 和 Louis 的边界管理活动的维度和内容 …… 35
表 2－4　Faraj 和 Yan（2009）的边界管理活动的维度和含义 …… 35
图 2－4　团队边界跨越多层支架模型 …… 38
图 2－5　团队效能整合框架 …… 40
表 2－5　心理安全在不同层面的界定 …… 42
图 2－6　团队心理安全影响因素与结果 …… 44
表 2－6　绩效维度划分的主要观点 …… 50
表 4－1　测量项目来源和测量水平 …… 73
图 4－1　问卷调查流程 …… 73
表 4－2　问卷发放与回收情况 …… 76
表 4－3　问卷预测试的信度分析结果
（个体层面，n＝247；团队层面，n＝65） …… 79
表 4－4　问卷小样本 KMO 测度和巴特利球体检验结果 …… 80
表 4－5　分布式领导量表因子载荷表（团队成员） …… 81
表 4－6　边界管理活动量表因子载荷表（团队成员） …… 81
表 4－7　心理安全量表因子载荷表（团队成员） …… 82

表4－8　团队绩效量表因子载荷表（上级主管）…… 82
表5－1　团队成员中问卷填答人数统计 …… 84
表5－2　团队成员基本情况 …… 85
表5－3　各变量测量项目团队成员层面数据的描述性统计量 …… 87
表5－4　研究变量的RWG和ICC值 …… 89
表5－5　问卷预测试的信度分析结果
（个体层面，n＝510；团队层面，n＝128）…… 90
表5－6　问卷小样本KMO测度和Bartlett球体检验结果 …… 91
表5－7　分布式领导各题项因子载荷 …… 91
表5－8　分布式领导删除a8后各题项因子载荷 …… 92
表5－9　边界管理活动量表因子载荷表 …… 93
表5－10　团队心理安全量表因子载荷表 …… 94
表5－11　团队绩效量表因子载荷表 …… 94
表5－12　最佳适配度指标及其建议值 …… 96
图5－1　分布式领导验证性因子分析模型 …… 97
表5－13　修正后分布式领导测量模型的验证性因子分析 …… 98
表5－14　分布式领导因子分区CFA测量模型比较 …… 99
图5－2　团队绩效的验证性因子分析模型 …… 100
表5－15　团队绩效测量模型的验证性因子分析 …… 101
表5－16　团队绩效因子分区CFA测量模型比较 …… 101
图5－3　边界管理活动验证性因子分析模型 …… 102
表5－17　修正前边界管理活动测量模型的验证性因子分析 …… 102
表5－18　边界管理活动因子分区CFA测量模型比较 …… 103
图5－4　心理安全测量的验证性因子分析模型 …… 104
表5－19　心理安全测量模型的验证性因子分析 …… 104
图6－1　分布式领导、边界管理活动、团队心理安全与
团队绩效之间关系模型 …… 105
表6－1　分布式领导、边界管理活动、团队心理安全与
团队绩效的描述性统计（n＝128）…… 106
表6－2　分布式领导与团队绩效关系的层次分析结果 …… 109
表6－3　分布式领导与团队边界管理关系的层次分析结果 …… 111
表6－4　团队边界活动与团队绩效关系的层次分析结果 …… 113

表6－5　边界管理的中介作用检验 …………………………………… 115
表6－6　团队心理安全的调节效应检验 ……………………………… 117
表6－7　团队心理安全的调节效应续表 ……………………………… 118
表6－8　假设检验结果汇总 …………………………………………… 119

第1章 引言

1.1 研究背景

在经济全球化的推动下，市场竞争日趋激烈，迫使企业组织为提高应对环境变化的能力进行变革与重组。经济全球化要求团队成员必须在更大范围内通过协调与同步的方法实现与供应商、管理者、同伴以及顾客的整合，从而促进虚拟团队的成长，极大地提高了组织运作的效率；从20世纪80年代以来，以客户为中心的思想要求组织以团队为基础进行流程再造，以满足日益变化的客户需求，实现组织利益；组织间的激烈竞争要求组织以团队工作方式应对竞争挑战。这些原因使得团队工作方式在很多企业中得到应用，团队逐渐成为组织活动中的基本工作单元。越来越多的组织发现，以团队为基础的工作方式能够取得的效果比任何人所预言的都要深刻。相关研究表明，团队工作方式使组织提高了生产效率、决策水平和创新能力，降低了人员流动率，这些都有力地证明了团队建设的重要性。

随着外部环境的剧烈变化，对团队建设的反思要求管理者和研究者重新认识领导的真正含义。知识经济条件下，充分发挥人的潜能已成为永恒不变的管理主题。领导权力分散化的趋势逐步呈现，并在团队任务管理过程中表现出良好的影响力。知识经济的发展向管理者决策提出了前所未有的挑战。一方面，面对复杂多变的环境，管理决策面临更大的不确定性，管理者越来越难以通过命令和控制对下属进行严格的管理；另一方面，面对动态的竞争，管理决策必须迅速而又灵活，但管理者面对纷繁芜杂的大量信息常常难以单凭一己之力迅速做出高效的决策。为了应对这些难题，一些新的组织管理形式不断涌现，如跨职能团队、自我管理团队、虚拟团队等，组织的扁平化趋势日益明显。然而，领导决策结构并没有跟上组织结构的变化，新型的组织仍然固守集权式领导模式，无法整合每个成员的智慧和效能。因此，为了适应外部环境的变化，领导方式应从集权式领导向分布式领导转变，在团队中实施分布式领导决策模式，通过让领导角色根据任务情境的变化和团队成员的个人特长而动态更替，激发组织成员参与领导的愿望，发挥个人的专长，提高组织决策的正确性，保持组织的竞争优势。

外部环境的剧烈变化对团队现有运行方式提出了更高的要求和挑战，现实与预期的强烈反差促使研究者更加关注团队和团队建设问题。但在组织管理实践中仍然存在对团队的误解和误用，并非所有应用团队的组织都能够自动发挥其潜能而取得良好的效果，有些企业在引进团队工作方式后，并没有带来预期效果。与此同时，研究者展开了大量与团队相关的管理研究，期待能够为团队建设提出策略建议。笔者发现其中对团队研究的视角方面仍存在一些弊端。

首先，内向视角和外向视角的团队研究各有其局限性，这种局限性促使我们重新审视团队建设问题。团队研究和建设可以从内部过程和跨边界活动两方面入手。内向研究视角把注意力聚焦于内部群体过程，主要考察内部群体过程各因素对团队绩效的影响，该视角没有看到团队赖以运行的外部及组织环境。然而，当前的组织变革更加强调个体、团队、组织内部工作单元与环境要素之间的相互依赖性。内向视角的研究认为内向型团队是理想的团队模式，然而，内向型观念导致传统内向型团队在自己与外部世界之间竖起一道墙，并形成恶性循环（Alderfer，1976）。外向研究视角将焦点转向更大环境背景中的群体，更为关注团队与环境的互动，即团队的跨边界活动过程，强调团队与环境关系的多层次性。然而，在以创新为基础的新竞争环境下，组织变革要求团队在高度关注外部边界活动的同时，更要努力协调和处理好团队内部过程。同时，团队是个复杂的系统，外向研究视角虽然在理论上注意到了团队内部过程和外部活动对团队效能的影响，但在实际研究中，外向视角的研究主要聚焦于团队的跨边界活动，忽视了团队在高度关注外部边界过程的同时更需要努力协调和处理好团队内部过程。所以内向视角和外向视角的研究各有其局限性。

其次，内向视角和外向视角的研究结论某些方面存在相互冲突和矛盾。一方面，内向视角研究者认为，价值观、目标设置、规范、沟通、解决冲突和情感管理等内部团队因素有利于提高团队绩效，外向研究视角研究者（Ancona 和 Caldwell，1992）则发现跨边界活动与绩效高度正相关，而内部团队过程与绩效没有显著关系；另一方面，内向视角研究者认为，内部团队过程因素有利于团队凝聚力的形成和提高，Ancona 和 Caldwell（1992a）则发现，凝聚力抑制团队外部主动性，反过来，跨边界活动也会降低团队凝聚力。也就是说，内部团队过程和外部团队活动对团队凝聚力的作用是相反的。

两种团队研究视角都具有各自的局限性，同时，全球化与知识经济背景下的外部环境的动态变化对组织变革、领导方式、团队运作方式的更高要求，使得我们迫切需要寻找一种能够承担起分布式领导责任的团队，将与外部环境互动过程和内部过程进行协同整合，使成员工作能够内外兼顾的团队——X－团队。

在进行X－团队建设内外协同整合的过程中，不可避免地要确定团队边界，同时涉及领导方式的选择以及团队文化氛围的营造等许多内容。第一，外部环境的剧烈变化要求组织不断变革，组织变革使团队知识结构变得复杂、分散和快速多变，企业不得不以分布式领导实现各个层面的有效领导（Ancona 和 Bresman，2008）。这种变化使得团队仅仅依靠完美的内向型行为难以实现团队任务，X－团队必须承担起分布式领导的重任，面对外部环境的动态变化进行大量外向型行为，即在X－团队的框架下进行分布式领导，通过边界管理进行内外协同，实现团队目标。

第二，X－团队建设的内外协整涉及团队的边界管理，边界管理指"组织实体协调那些建立和维持边界的活动，并管理组织与外部环境之间的交换活动以利于实现组织目标的过程"，内向（包括边界巩固）和外向（包括边界跨越和边界缓冲）的边界管理分别是团队内部和外部过程的重要因素，同时也是"X－团队"建设的重要因素。

第三，X－团队要使外向活动成果在团队内消化，在边界管理的过程中建立一种心理安全的组织氛围显得尤其重要。在组织内部形成心理安全气氛，能够使团队成员相互配合和分享经验，进而建立成员畅所欲言的氛围。Faraj 和 Yan（2009）指出，获得心理安全保障的团队不仅能畅所欲言，更重要的是构建了共享信息、修正错误并从中学习的平台，而对分布式领导来说，这种气氛就意味着活力或团队的执行力。

在以上背景下，笔者发现，在迅速变化的环境中，X－团队能够实现外部环境互动过程与内部过程的协同整合，通过分布式领导进行有效的边界管理，实现边界管理的平衡，从而带领团队不断创新、走向成功。

从理论研究的角度看，X－团队及其核心理念是当前新的竞争环境下团队建设理论的重要议题，然而相关研究仍存在一定的局限性。通过文献回顾发现已有研究的问题在于：第一，对分布式领导、边界管理和心理安全的作用机理尚未深入探讨，缺乏实证检验；第二，缺乏对X－团队机制设计的研究；第三，团队心理安全是提高团队执行力的重要影响因素，但对心理安全在这一影响过程中是起决定因素（Edmondson，1999）还是调节因素（Baer 和 Frese，2003）的效应还有待实证检验。

另外，新疆地处偏远地区，犹如"孤岛"一般，与外部交流不畅，企业难以获得前沿理论和先进企业实践经验的指导，对外部环境变化的适应性较弱，其团队建设在以创新为特征的竞争环境中面临更大的困惑与挑战。在当今经济全球化的浪潮中，新疆这座“孤岛”难免会受到来自外部大环境的冲击。所以如何依据新疆/兵团（兵团特指新疆生产建设兵团，全书同）企业的实际，进行X－团队建设，不断提高企业竞争力，以抵御经济全球化浪潮的不良冲击，引领组织不断创新、走向成功，则显得尤为迫切。

外部环境的动态变化、新疆/兵团企业团队建设落后的现状、对团队运行效果的预期和现实的强烈反差、内向和外向视角团队研究的相互冲突而又令人感兴趣的结果促使笔者“内外兼顾”，深入分析“分布式领导”、“边界管理”、“心理安全”和“绩效”间的影响机理，借助X－团队为分布式领导、边界管理和心理安全搭建相合框架，阐释X－团队的机理和机制设计，为新疆/兵团企业的X－团队建设提供策略建议，这充分显示了本书研究的理论意义与应用价值。

1.2 研究目的与意义

1.2.1 研究意义

1.2.1.1 理论意义

第一，在经济全球化的推动下，市场竞争日趋激烈，迫使企业组织为提高应对环境变化的能力进行变革与重组，团队工作方式在很多企业中得到应用，并取得了良好的效果。然而并非所有应用团队的组织都能取得预期效果。新的竞争立足于创新，要求组织领导职能从执行层推广到操作层，使“X－团队”（Ancona和Bresman，2008）成为“分布式领导”（Gibb，1954）的支撑基础。以往的研究者，要么关注团队内部过程，要么关注团队外部活动，各有其局限性，其研究发现也存在相互矛盾和冲突之处。本书通过建立X－团队，实施分布式领导，通过边界管理的平衡，制定内外兼顾的策略，实现X－团队的内外协同，营造“心理安全气氛”（Edmondson，1999），以提高团队执行力和团队绩效。以一个新的整合的视角来认识团队，为团队建设提供新的思路。

第二，当前，学术界对分布式领导、边界管理的研究还仅仅停留在探索阶段，只有零星的理论与实证研究成果，缺乏完整的理论体系。Ancona和Bresman（2008）提出的“X－团队”概念框架成为这一理论的先驱，国内更无研究者涉及这一领域的研究。本书将分布式领导、边界管理、心理安全等理念整合在X－团队的框架下进行机理诠释和X－团队建设的机制设计。由于研究概念的前沿性，将使本书研究能够填补领导、边界以及团队建设理论的空白，具有重要的理论意义。

1.2.1.2 实际意义

本书研究应用前景明确。以创新为特征的竞争环境下，关注并迅速适应外部环境的 X－团队将大有作为。已有的研究文献证明，在很多行业的销售、研发和咨询等方面，X－团队比传统内向型团队表现更出色。但并非每个团队都能成为 X－团队。如何避免在组织管理实践中对团队的误解和误用？如何在 X－团队建设中形成分布式领导？如何在分布式领导的过程中通过边界管理平衡内部过程与外向型行为？在何种情境下才能提高团队执行力？这一系列问题的核心有赖于 X－团队的机理阐释和机制设计。本书为企业摆脱落后的团队建设现状，建设 X－团队，提高企业应对环境、抵御风险的能力提供了理论依据和策略建议。

1.2.2 研究目的

第一，掌握企业团队建设和管理现状及存在的问题，以便寻找改进措施。通过与企业领导、团队成员的访谈和问卷调查，切实了解、掌握团队运行的现实特点和存在的问题，认识 X－团队建设所面临的管理挑战，以保证本书研究的针对性和实际应用价值。

第二，系统阐释 X－团队建设的机理并进行机制设计。在 X－团队建构的相合框架内阐释分布式领导、边界管理和心理安全对绩效的影响机理，设计分布式领导下边界管理动态平衡机制，为领导、边界和团队理论做出贡献。

第三，明确本书的应用价值，为企业和团队提供 X－团队建设的策略建议。针对企业团队建设现状，在 X－团队的相合框架下，实施分布式领导，借助边界管理的动态平衡实现内外协同，并营造团队心理安全气氛，提高团队执行力和团队绩效。

1.3 研究框架设计与研究内容

1.3.1 研究框架设计

本书研究以领导、团队行为、社会交换和资源依赖等理论为基础，运用组织行为、社会学研究方法阐释 X－团队运行机理和建设机制设计，使用计量技术验证理论模型，并通过典型案例研究、修正和完善。依据本书的研究成果，可为企业 X－团队建设提供策略建议。本书共分为 8 章。

第 1 章 引言。阐述相关的研究背景。提出本书的研究意义与目的，并介绍研究框架、研究内容、研究对象、研究层次与方法，最后阐明本书在理论与实践层面的贡献。

第 2 章　文献综述。首先结合基础理论，通过文献回顾厘清团队、X－团队、分布式领导、边界、边界管理、团队心理安全和团队绩效等关键概念的内涵、结构和维度、前因变量和结果变量，并阐明本书对这些概念的界定。

第 3 章　研究假设与模型构建。在文献回顾的基础上，通过理论推演提出各研究变量之间的关系假设，形成本书的理论模型。

第 4 章　研究设计和方法。本书研究采用问卷调查的研究方法。首先，描述进行问卷调查法的过程，包括问卷设计过程、调研对象和程序、问卷的发放与回收方法；其次，阐明变量与概念模型的测量水平以及变量的操作性定义与测量方法；最后，说明问卷预测试与问卷的修改过程。

第 5 章　正式研究数据分析与结果。首先，对正式研究样本进行汇总和整体描述；其次，在数据的统计描述基础上，应用 SPSS19.0 软件和 AMOS17.0 软件对数据进行信度和效度评价。

第 6 章　假设检验和结果。应用 SPSS19.0 对数据进行相关分析和回归分析，应用 AMOS17.0 进行整合模型的路径分析，检验理论模型涉及的关系假设，并阐明分析结果。

第 7 章　新疆/兵团企业 X－团队建设的策略。以分布式领导的边界管理动态平衡机制为理论依据，结合新疆/兵团企业团队建设的现实状况，提出建设策略。

第 8 章　结论与展望。首先，阐明本研究的主要结论；其次，阐明研究的理论意义与管理启示；最后，指出本书的不足和进一步研究的方向。

本书框架如图 1－1 所示。

1.3.2　研究内容

本书主要研究心理安全氛围下边界管理、分布式领导与团队绩效的相互作用，即 X－团队建设机制，具体内容如下。

1.3.2.1　企业团队管理和建设的实地考察

到企业实地调查研究的目的有两个：第一，准确把握现行企业团队建设的具体情况，保证课题研究的针对性和实际应用价值。第二，进行团队外向型特征的现状分析。这部分研究设想如下：建立与相关企业管理者的联系，跟踪和访谈典型团队运行进程，掌握企业团队建设的现实特点和存在问题。

1.3.2.2　X－团队相关研究文献的述评

从跨学科角度出发，系统研读和述评国内外学者在组织理论、组织行为、领导与人力资源管理等相关领域对分布式领导、边界管理、心理安全，以及 X－团队方面的研究成果，厘清这些关键概念的内涵、结构和维度、前因变量与结果变

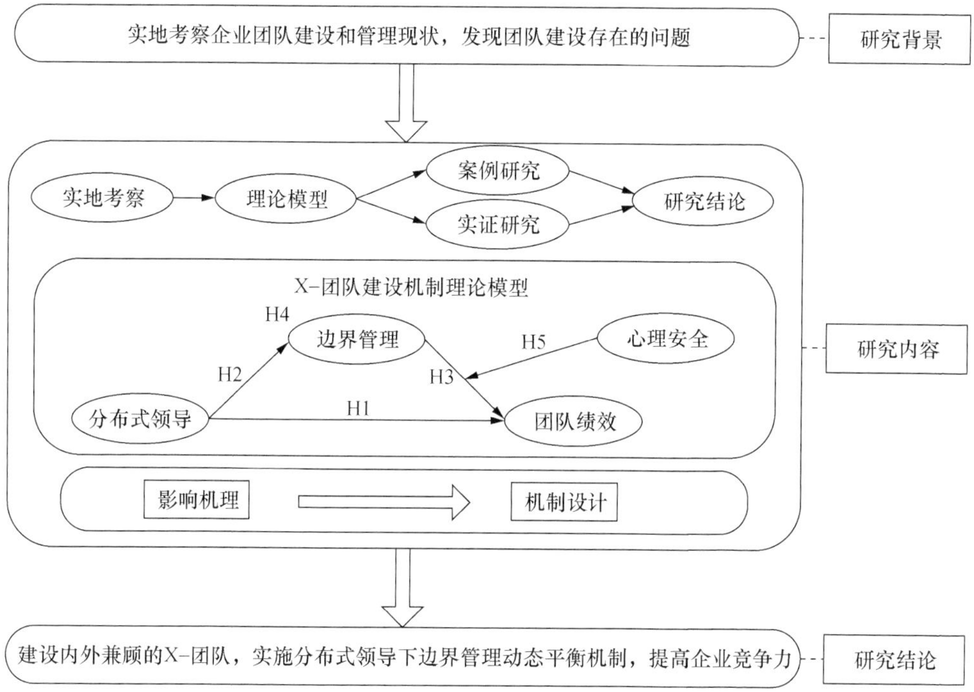

图 1－1　X－团队建设机制研究框架

量，并阐明本研究对这些概念的界定，以保证本书研究在理论上的系统性、延续性和前沿性。

1.3.2.3　X－团队影响机理：分布式领导、边界管理和绩效间关系研究

这部分研究设想如下：X－团队理念为本书提供了整合“分布式领导”、“边界管理”和“团队绩效”并分析这些概念之间关系的框架。到目前为止，尚未有文献能够将这些概念整合研究。因此，本书在现有研究基础上，将通过理论分析、演绎推理阐明其影响机理。具体如下：

分布式领导与边界管理的关系。领导行为影响下属的工作态度、目标、价值观念和行为方式，对群体或团队目标的实现有重要影响。组织变革使团队知识结构变得复杂、分散和快速多变，企业不得不以分布式领导实现各个层面的有效领导（Ancona 和 Bresman，2008）。这种变化使得团队仅仅依靠完美的内向型行为难以实现团队任务，X－团队必须承担起分布式领导的重任，进行大量外向型行为，即分布式领导通过边界管理实现内外协同。Joshi 等（2008）和 Choi（2002）认为，领导特征通过团队边界活动影响团队绩效。Sarin 和 Barlow（2000）、Ancona（1990）的研究证实了上述观点。本书欲借鉴前人研究阐明分布式领导影响

边界管理的机理。

分布式领导与团队绩效的关系。组织变革无疑改变了团队处境和运作方式，使 X－团队承担起分布式领导的责任，以有效完成团队任务。有实证研究表明，研发团队中，分布式领导与团队有效性正相关（Hooker 等，2003）；新创企业高管团队中，与垂直式领导相比，分布式领导对团队有效性有更显著的预测作用（Pearce 和 Sims，2002；Ensley 等，2006；王永丽等，2009）。本书欲借鉴前人研究成果探析分布式领导对团队绩效的影响。

边界管理与团队绩效的关系。边界管理是实现团队内外兼顾的重要策略。内向边界管理（边界巩固）聚焦于团队内在因素，使团队资源和成员心智聚焦于团队任务；外向边界管理（边界跨越与缓冲）为团队争取生存必要的资源和支持，为团队创造安全工作的气氛（Yan 和 Louis，1999；Faraj 和 Yan，2009）。边界管理的平衡使 X－团队内外协同，进而实现团队目标。因此，本书欲借鉴上述研究者的成果分析边界管理对团队绩效的影响。

心理安全气氛下，边界管理对分布式领导与团队绩效之间关系具有中介作用。X－团队要使外向活动成果在团队内消化，则必须使团队成员相互配合和分享经验，进而需要使成员畅所欲言的氛围。“心理安全”的意思就是所有成员觉得团队内没有人际关系风险（Edmondson，1999）。Faraj 和 Yan（2009）指出，边界管理通过心理安全影响团队绩效。获得心理安全保障的团队不仅能畅所欲言，更重要的是构建了共享信息、修正错误并从中学习的平台，对分布式领导来说，这种气氛意味着活力或团队的执行力。

1.3.2.4　X－团队作用机制设计

综合分布式领导、边界管理和心理安全与团队绩效之间相互影响的机理阐释，本书将借助 X－团队所提供的相合框架，进行“分布式领导下边界管理动态平衡机制”设计，为 X－团队建设提供理论依据和策略建议。

机制一：团队实施分布式领导的机制。分布式领导与高层领导或团队正式任命的领导不矛盾，但只有有效的正式个人领导是不够的。任何领导都是“不完全”的，领导职能应该分布于企业各个层面，让每个愿意奉献其专才、新创意和其他资源的员工都有机会做领导，通过分布式领导的四种功能——感知、关联、展望和创造（Ancona 和 Bresman，2008）合理配置企业才智和其他资源。

机制二：边界管理动态平衡机制。边界管理作为 X－团队建设的重要因素，团队需要通过分布式领导有效地管理其内外边界，借助团队内部过程整合外向型行为成果，实现内外兼顾。在团队发展不同阶段，分布式领导需要调整内向和外向行为的侧重点，实现边界管理的动态平衡。

机制三：营造团队文化氛围，提高团队执行力的机制。团队的文化氛围（心理安全、团队反思以及知识共享）是一个团队重要的过程特征，同时也是X-团队建设的重要情境因素。营造心理安全气氛能够帮助企业和团队培养信任及开诚布公的交流环境。分布式领导借助心理安全气氛使关联和创造成为可能。除了心理安全氛围，团队需要不断进行反思，加强团队内部交流与讨论，进而促进团队心理安全氛围的提升。同时，团队领导需要在团队内部鼓励成员之间信息、知识的共享与转移，以便团队任务顺利完成。

在全球化和竞争导向的社会中，X-团队越来越多地成为解决问题的有力工具，但X-团队的协同比传统团队更加困难。本书欲通过上述机理和机制的研究，为X-团队的有效建设提供理论依据和策略建议。

1.3.2.5 实证分析

实证研究的目的是验证本书提出的理论，分初步、正式两个研究步骤。通过初步研究，开发和完善分布式领导、边界管理和心理安全等测量工具。正式研究则对一定数量的企业（预计30家）进行问卷调查，以选择和获取至少100个有效团队样本数据进行计量分析。考虑到大样本调查的难度，本书计划选取不同行业的研发、设计、咨询、营销、项目管理和解决问题等团队为样本，以获取足够的数据。

1.3.2.6 管理建议、研究局限性和未来展望

对本书研究进行总结，阐述理论贡献与管理启示。在此基础上，阐述本书中存在的局限性以及未来的研究方向，希望为以后的研究者提供参考和建议，同时期待与相关领域学者进行交流，为未来的研究提供基础和支持。

本书的技术路线如图1-2所示。

1.4 研究层次与研究方法

1.4.1 研究层次

在组织理论研究领域中，一个非常重要而且不可避免的问题是分析的层次或水平，即在哪个层面上收集资料、验证假设并做出分析（Rousseau，1985）。组织从本质上来说是多层次的且层层相扣的系统结构。在过去几十年的组织研究中，确认了组织既是宏观也是微观的观点，并且群体、组织及其他情境因素可能会由上而下影响个体层次的结果变量，个体知觉、态度和行为也会自下而上形成群体与组织现象。因此，团队领域的研究必然涉及层面分析的问题（Klein，Dansereau 和 Hall，1994）。

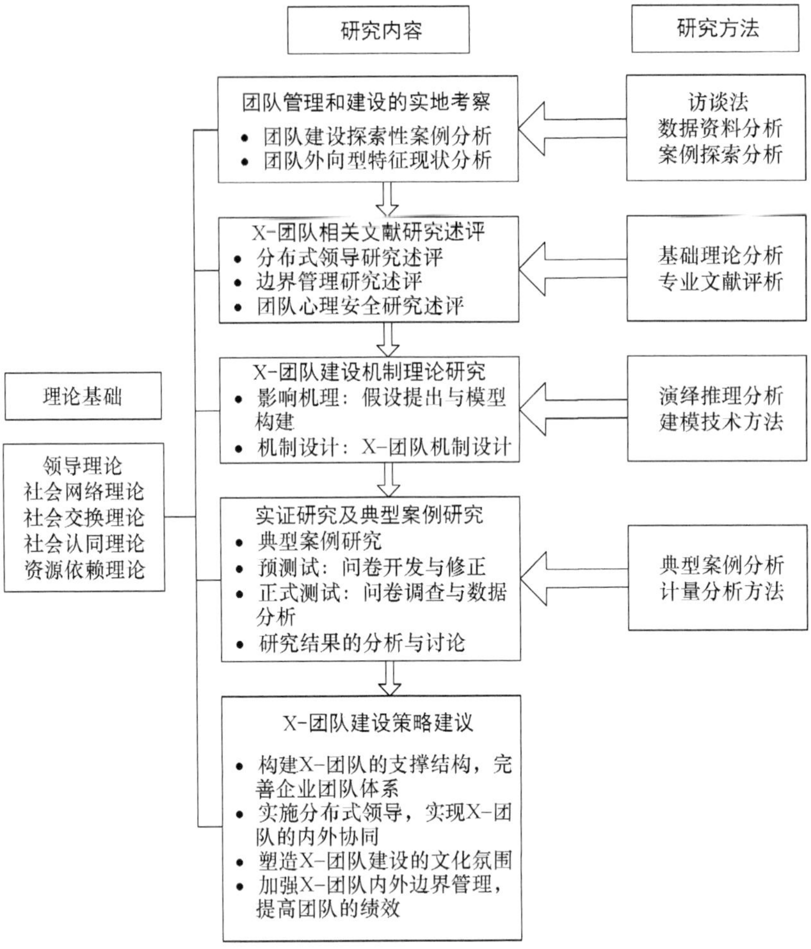

图1－2　技术路线

本书的研究对象是组织中的基本工作单元，包括命令型和任务型两种正式工作群体，且以知识型团队为主。在X－团队建设研究中之所以选择知识型员工作为研究对象，是因为知识型员工相对于其他类型员工而言，具有更高的知识素养与专业技能，能够更好地实现X－团队的内外协同以及自身工作的内外兼顾。另外，依据外部环境的变化，知识型员工也能根据任务情境的变化，更充分地发挥个人专长，提高组织决策的正确性，保持组织的竞争优势。本书涉及组织中个体和团队两个层面，如图1－3所示。

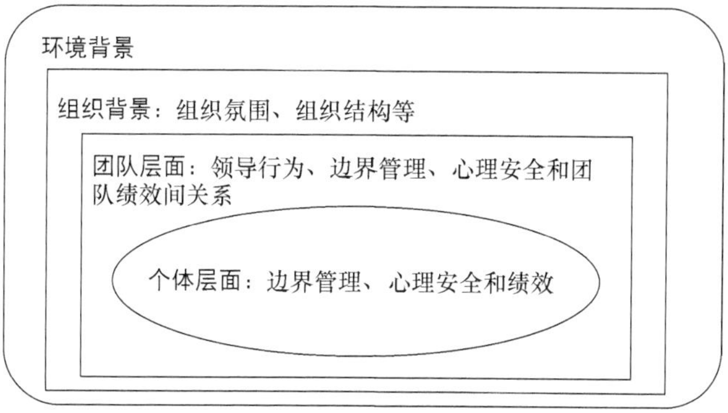

图1-3 本书的分析层面

个体层面的研究以团队成员为个体研究样本，对其进行问卷调研，以获取研究分析所需的基本数据。个体层面的研究对象包括组织基本工作单元中的主管和基本成员。团队层面的研究以团队整体为研究样本，对团队层数据进行分析，以检验研究假设。团队层面的研究对象包括命令型群体和任务型群体，以知识型工作团队为主。无论是命令型群体还是任务型群体（罗宾斯，2005），都是组织中的基本工作单元（Unit）。组织中的基本工作单元是指由执行特定组织目标的多个个体组成的次级组织实体，是执行组织任务的基本工作群体，例如，组织中的永久部门（命令型群体）、项目小组（任务型群体）、临时任务小组（任务型群体）和中高层管理团队等。因此，本书群体（团队）层面的研究对象是知识型团队，包括命令型群体和任务型群体等基本工作单元，它可能是组织中永久设立的部门或项目小组，也可能是短期的临时任务小组。

群体或团队是本书的核心层面，而群体或团队是由个体组成的，因而在研究时，将首先从个体层面着手，然后在团队层面进行分布式领导、边界管理、心理安全和团队绩效之间关系的研究和分析。团队层面的分析需要采用团队水平的分析技术，将所收集的个体数据转换为能够代表团队水平的数据，并考察所研究变量之间团队水平上的相互关系。之所以采取从个体采集数据，然后聚合为团队层面数据进行分析的方式，是因为直接以团队为整体作为分析样本存在着样本量及数据采集上的困难。显然，以团队为整体样本进行问卷调查、采集数据时，要求团队成员对问卷中的项目共同讨论并达成共识，团队成员大量、密切参与调研过程才有可能采集到足够和有效的样本；即使进行小样本研究，也需要有60个以上的团队作为有效样本参与数据采集；同时还需要满足抽样调查的随机性，这种数据采集的方式使研究几乎不可能进行下去。因此，将个体数据聚合为团队水平的数据进行变量间关系的研究有其合理性。

1.4.2 研究方法

殷（2004）认为，根据研究问题的不同，可以选择不同的研究策略。采用规范研究法（演绎法和归纳法），定性研究法（访谈法和观察法），定量研究法（问卷调查和二手数据分析）等研究方法可以将理论与实际更好的结合。具体如下：

（1）研究背景部分。通过部门深度访谈和探索性案例研究等方法，识别企业团队建设现状及存在的管理问题，准确把握团队的外向型特征现状。

（2）文献综述部分。通过对基础理论和相关文献的分析，明确本书的研究主题和研究内容，保证研究在理论上的延续性和前沿性，提高本书研究的科学意义。

（3）理论研究部分。采用演绎推理、建模技术与方法，结合文献分析，阐释分布式领导、边界管理、心理安全对绩效的影响机理，构建相应的理论模型，进行相应的机制设计。具体如下：

第一，逻辑推理法。本书基于组织管理理论、组织行为学、社会心理学等相关理论，回顾已有的关于 X－团队、分布式领导、边界管理、心理安全等文献成果，对分布式领导、边界管理、心理安全和团队绩效间关系进行逻辑的推导和总结，借助 X－团队所提供的相合框架从理论上对它们之间的关系进行解释，并据此建立理论模型。

第二，调查访谈法。采用半结构化访谈，收集有关研究对象的文献，对所研究的对象进行详细分析，从所调查的具体个案中，为分布式领导、边界管理、心理安全与团队绩效的关系模型提供管理实践的支持。

（4）典型案例分析和实证研究部分。

第一，实证分析法。本书涉及行为活动概念的测量，所以需要通过实地问卷调查获取实证研究所需的量化数据，然后采用验证性因子分析法对测量量表进行信度和效度（内容效度、结构效度和效标效度）的检验，保证测量量表的准确性和可靠性。将个体数据聚合到团队层面的基础上，采用 SPSS19.0 软件在团队层面上对数据进行相关分析和回归分析。以大样本问卷调查获取的数据为依据，使用结构方程模型技术进行计量分析检验假设，验证理论模型与研究假设是否成立。通过典型案例研究获得更多启发性思考，同时能够对理论构建中的部分假设进行修正，或者提出一些新的相关假设。

第二，比较分析法。研究过程中，将对不同的解释视角和理论假设进行比较，同时把本书的结果同前人已有的研究结果进行比较，并对比较结果进行分析和解释。

1.5 本研究对理论与实践的贡献

1.5.1 理论贡献

（1）牢牢把握当前新的竞争环境下团队建设理论和管理实践的重要议题——X－团队，摒弃以往研究者对团队活动研究的片面性和矛盾性。以一个新的整合视角研究团队，提出构建能够内外兼顾的X－团队，为团队理论研究提供了新思路。内向研究视角把注意力聚焦于内部群体过程，该视角没有看到团队赖以运行的外部及组织环境。但在实际研究中，外向视角的研究主要聚焦于团队的跨边界活动，忽视内外部过程的协同；内向视角、外向视角在内部团队活动、跨边界活动与团队绩效、团队凝聚力关系上存在冲突，所以内向视角和外向视角的研究各有其局限性并且相互冲突。本书摒弃了以往研究的局限性，充分考虑了外部环境的动态变化，综合内向视角和外向视角的研究成果，以整合的视角认识团队，提出建设能够内外兼顾的X－团队，为团队研究提供了新思路，为团队建设提供了新视角。

（2）将处于探索研究阶段的X－团队、分布式领导、边界管理推向实证研究。当前，国外学者对分布式领导、边界管理的研究仅仅停留在探索阶段，缺乏实证研究，尚未形成完整的理论体系。对于X－团队的研究，国内更无人涉及。本书结合本土情境，首次进行实证研究，借助X－团队提供的框架将分布式领导、心理安全、边界管理等理念进行整合，并进行机理诠释与对策研究。研究概念紧靠前沿，所提出的边界管理动态平衡整合模型丰富了国内组织理论研究成果，本书将填补领导、边界以及团队建设理论的空白，并拓展相关理论，因此具有重要的理论意义。

（3）本书突出了在团队建设中的重要情境因素——心理安全氛围的作用，并证实了心理安全在边界管理与团队绩效间的调节作用，突破了以往对心理安全中介作用的惯性认识。

1.5.2 实践贡献

本书应用前景明确，研究成果可指导企业实现在分布式领导下的动态平衡，创造客观的经济与社会价值。

（1）本书充分阐释了X－团队的概念内涵及运行机理，研究成果可指导企业面临动态的外部环境时，如何在组织管理实践中避免对团队的误解和误用，构建内外兼顾的 X－团队，发挥团队应有的作用。

（2）本书将指导企业如何在 X－团队建设中应对外部环境的剧烈变化，实施分布式领导。通过分布式领导的感知功能实现与外部的交流，感知环境变化中的机遇和风险；通过关联功能建立与外部的联系，获取资源和支持；通过展望功能向成员描绘愿景，激发工作热情；通过创造功能提出创新的解决方案和工作方式，最终提高团队绩效。

（3）本书结合新疆/兵团企业现状，深入分析了新疆/兵团企业团队的内在运行机制，指出新疆/兵团企业应当构建 X－团队的支撑结构，完善团队体系，构建在分布式领导下的边界管理动态平衡机制，营造心理安全的组织氛围，以提高团队执行力。本书为新疆/兵团企业摆脱落后的团队建设现状，提高企业应对环境、抵御风险的能力提供了理论依据和策略建议，必将创造可观的经济与社会价值。

第 2 章　文献综述

2.1　团队和 X – 团队

2.1.1　团队的概念

团队是组织研究领域中使用范围最广的词语之一。以往的研究已经提出多种团队定义。这些定义有许多共同特性，例如：Shonk（1982）认为，团队是指两个或两个以上的人，他们彼此相互协调，以完成共同的任务；Jessup（1992）则认为，团队不仅重视整体目标的达成，更强调成员间相互依赖与彼此承诺的关系。但学者因研究目的和观点的不同，对团队内涵的界定有一些细微差异。本书将从团队的心理学意义和边界功能两个角度分析团队的内涵。

2.1.1.1　从心理学角度界定团队

Martin（2005）认为团队意味着一个小的、具有凝聚力的群体，这个群体作为一个独立单元，集中于共同的任务而有效工作。Katzenbach 和 Smith（1993）在其里程碑式的研究中提出了一个更全面的定义：团队是由少数具有互补技能的成员构成的，他们致力于一项共同的宗旨或目的、负责实现一系列共同的业绩目标，并采用相同的工作方法，此外，成员要为上述宗旨和目的、目标以及工作方法共担责任。他们的研究进一步拓展了沙因（2009）关于心理群体的定义，区别了真正的团队和可能被叫作团队的群体。Brooks（2006）用一组同心圆描述了群体和团队的区别与联系。如图 2 – 1 所示，所有的团队都是心理群体，一个团队必须具备所有心理群体和群体的标准。

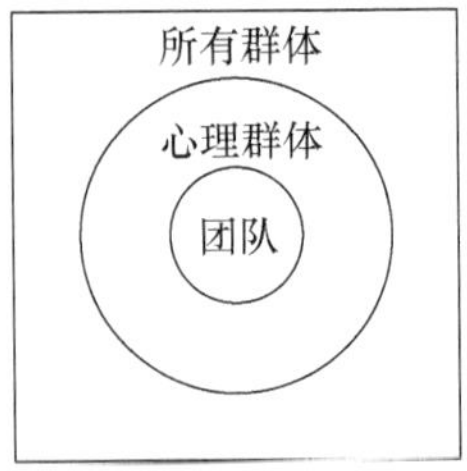

图2－1 群体与团队的关系

从团队的心理学角度定义可知，团队有以下两个主要特征：

首先，团队最显著的特征之一就是凝聚力。群体和团队的心理学定义表明，团队的工作需要成员互相依赖和承担共同责任，其有效性取决于团队成员共同工作的情况。当团队成员强烈希望获得团队经验、想获得在团队中工作学习的机会或者是想拥有一种与别人一起密切工作的归属感的时候，团队成员通过心理上的彼此认同、相互吸引和相互信任形成归属感或凝聚力，从而拥有良好的工作状态。此时，团队在其工作中能够充分体现团结、合作和对共同目标的承诺等团队特征。缺乏凝聚力或归属感的团队不仅无法展现其应有的团队特征，而且很容易蜕变为一个工作群体。因此，凝聚力是团队的首要特征。

其次，团队强调集体绩效。大多数学者（Quick，1992；Swezey 和 Salas，1992；Katzenback 和 Smith，1993；Mohrman，Cohen 和 Mohrman，1995；Hackman，1990；Cohen 和 Bailey，1997）在团队的定义中都强调了相互依赖性、对实现团队目标的追求和共同责任。本书认为，团队和群体的区别在于成员之间相互依赖程度和团队作为一个整体追求整体绩效以及对整体的考核，当成员发展出共同的承诺感并努力争取成员之间的协同时，群体就成为团队，此时，团队的产出是融合了每个成员的工作而形成的集体工作成果（Katzenback 和 Smith，1993）。团队成员的相互依赖、对工作目标共同负责等特点是与实现团队目标或完成团队任务紧密相关的，其目的是获得团队的集体绩效，因此，团队更强调集体绩效。

2.1.1.2　从边界功能角度定义团队

Hackman（1987）把团队定义为一个把他们自己看作或者被其他人看作社会实体的工作群体，镶嵌于一个或多个更大的社会系统（如群体、组织）之中，在执行影响他人（如消费者或合作者）的任务过程中，成员相互依赖，以团队的整体表现决定报酬与绩效。该定义关注团队环境，强调团队与其环境的互动。

与 Hackman（1987）的定义相似，Guzzo 和 Dickson（1996）认为团队和群体是指一个由一组相互依赖的个体构成的有界系统，被组织起来执行影响他人的特定任务。Sundstrom等（1990）将团队界定为在执行任务过程中相互依赖、对结果共同负责、将他们自己视为并且被其他人也视为一个完整社会实体的个体集合，镶嵌在一个或多个更大的社会系统（如事业部、公司）中，并管理他们跨越组织边界之外的关系。Kozlowski和Bell（2003）的团队定义是一个执行与组织相关的任务，共享一个或多个共同目标，相互影响，由于任务而相互依赖，维护和管理其边界的人的集体；这个集体镶嵌在设定其边界、限制其活动范围并影响它与组织中其他工作单元进行交换的特定组织背景中。Guzzo和Guzzo（1996）、Sundstrom等（1990）、Kozlowski和Bell（2003）的定义强调了从边界视角认识团队及其与外部环境的互动关系。而McKay（2001）则进一步强调团队社会心理边界对团队内部与外部关系的规范与调整作用。他指出，团队的本质特征是其成员对某种本质特征的认同，例如，一个共同目标或任务、团队同一性和其边界意识、一组价值观和规范，这些特征有助于规范与调整他们之间及他们与环境的互动。

上述定义说明了团队作为社会实体的有界性。团队独特的属性形成团队边界，使团队能区别于环境背景。在与环境互动过程中，边界被不断调整，团队通过一系列重新划分边界的操作而生存和发展，因此，边界可以体现团队发展过程的重要特性。

2.1.2 X-团队概念的界定

长期以来，对于团队的研究，内向视角研究者把注意力聚焦于内部群体过程，主要从角色理论、人际关系、价值观和团队任务等途径考察内部群体过程各因素对团队绩效的影响（尼克和海伊斯，2003）。内向视角的研究表明，内向型团队是理想的团队模式。然而，内向型观念导致传统内向型团队在自己与外部世界之间竖起一道墙（Overbounded），并形成恶性循环（Alderfer，1976）。Ancona（1987）先驱性的研究将团队研究焦点转向更大环境背景中的群体，更为关注团队与环境的互动，分析团队的跨边界活动，强调团队与环境关系的多层次性。然而，以创新为基础的新竞争环境下，组织变革要求团队在高度关注外部边界活动的同时，更要努力协调和处理好团队内部过程。Ancona和Bresman（2008）将这种“将团队与外部环境的互动过程与内部过程协同整合，要求成员的工作内外兼顾”的团队称为X-团队。

基于上述对团队概念的回顾和分析，本书结合Ancona的观点，将X-团队界定为聚集于团队边界内外，进行大量的外向型活动，以适应外部环境变化的具有动态性的新组织形式。X-团队至少要符合以下条件：第一，X-团队的构成应依据成员的心理资格边界和团队边界胜任力结构而确定，且团队成员人数应在4～8人；第二，通过成员的互相依赖与协调完成工作；第三，成员为了共同的目标而努力；第四，X－团队应体现共同的目标、社会互动、相互依赖性等特征；第五，X－团队应包括团队设定边界、维持边界和管理其边界的活动。

国内外成功企业的成长经历表明，X－团队是企业内部管理走向成熟的必经之路，是企业打造核心竞争力的有效途径，是发挥企业集体智慧最有效的组织模式。

传统的团队与X－团队有很大的区别，主要体现在以下几个方面，如图2－2所示。

第一，传统团队主要聚焦于团队内部的人际关系、角色界定和任务导向三个视角。基于人际关系视角，团队认为公开坦诚地讨论团队内部的关系与冲突会形成相互信赖的气氛，并由此可提高团队的有效性。角色界定视角倾向于强调明确界定群体成员的角色及对所担当角色的期待，认为团队成员角色界定是团队有效性的核心。任务导向视角强调团队的任务以及每个成员能够对任务完成所做贡献的独特方式，认为团队执行组织任务是至高无上的，并且每个人都有这样的共识。但X－团队强调的是一个综合的视角，不仅考虑团队内部价值观与认同的建立、目标设置、发展凝聚力、形成规范和信任等活动，而且更加关注团队及其组织与外部环境因素的相互影响。

第二，传统团队只是在团队内部努力构建紧密的联结和清晰的同一性，而X－团队不仅强调团队内部关系，还应建立与组织内其他团队及组织外团队的弱关系和强关系。

第三，传统团队的关系网只是一个层次，即结构层，指团队和环境的交互层；而X－团队的关系网是可扩张的，主要有核心层、操作层和外围层。

第四，传统团队的关系是稳定的，领导和成员关系很少发生变化；而X－团队的成员关系是动态变化的，团队成员随着团队发展阶段在不同层次间流动。

第五，传统团队和X－团队运行机制不同，传统团队主要协调团队个体之间的关系，而X－团队协调偏向团队的不同关系网。

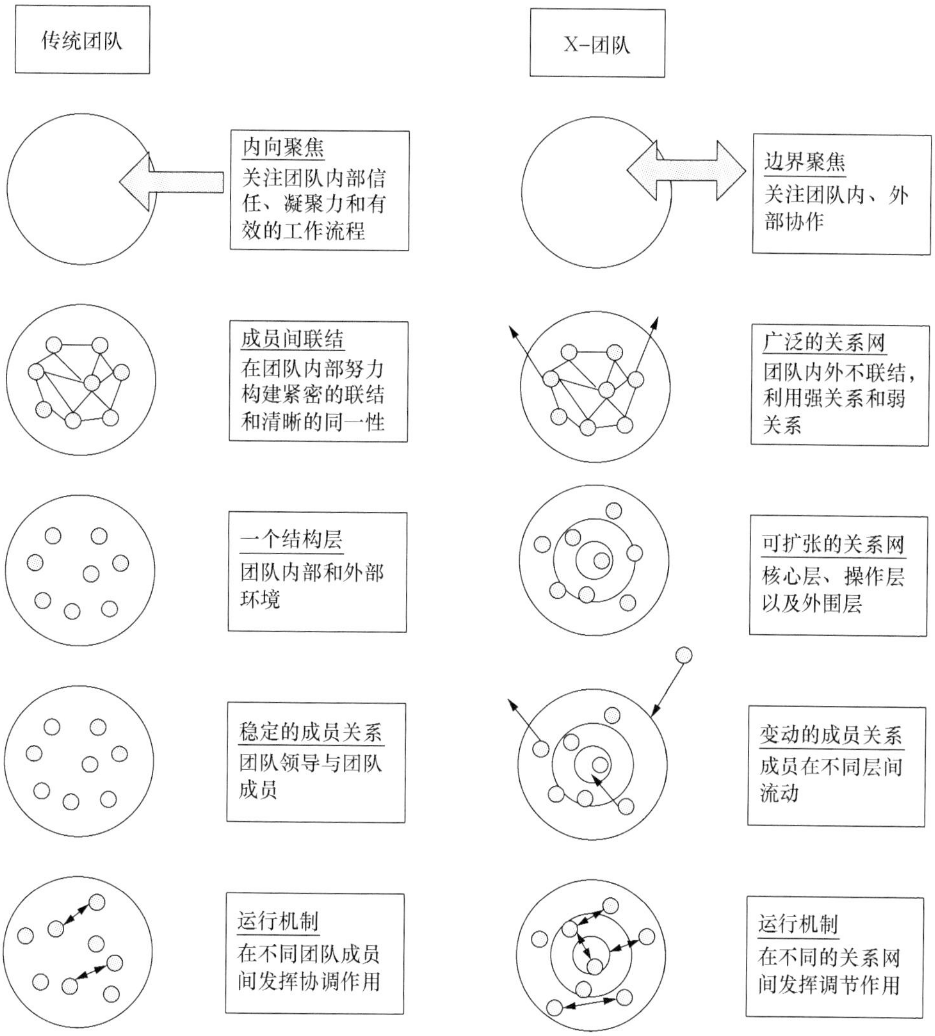

图2－2　传统团队与X－团队的比较示意图

2.2　分布式领导

2.2.1　分布式领导的概念

随着经济的全球化的发展，基于知识的竞争压力迫使组织从金字塔结构向网络化、扁平化方向变革。传统金字塔结构中，基于组织职位的领导模式、以权威与控制为基础的个人领导力在知识型组织的管理中变得作用有限。这是因为，知识型员工不仅有较强的专业特长和技能，而且还有积极的自我管理意识，而集权式领导抑制了知识型员工参与管理的能力和愿望。要充分发挥知识型组织的人力资本优势，必须改变这种对领导力的传统认识。于是，澳大利亚学者 Gibb（1954）率先提出了分布式领导的概念。但这一概念在当时并没有引起学者们的关注。

20 世纪 90 年代中后期，分布式领导逐渐受到美国、英国、澳大利亚等国教育学界的关注。英国国家学校领导学院（National College for School Leadership）、美国国家科学基金会（National Science Foundation）和麻省理工学院领导学中心等机构对分布式领导在学校教育方面的应用研究进行资助，并发表研究成果。研究者在学校内提倡并推广分布式领导模式，在提高学校管理绩效和学生的学业成绩方面取得了显著的成果。

20 世纪 90 年代以后，国外学者对领导理论的研究逐渐成熟。根据团队领导理论，研究者提出了一个团队领导模型（Team Leadership Model，TLM），该模型被看成是一种机制，它首先识别有效团队需要什么，向领导者指出团队实现目标的障碍，或者何种方法将使团队比现在更有效。无论这些活动以何种行为表现，只要能有效实现团队目标就构成了领导。该理论不仅把领导看作团队的职能，而且强调了团队领导的情境性。

受彼得·圣吉（Peter M. Senge）的学习型组织理论“去中心领导者”（De－center Leader）概念和托马斯·萨乔万尼（Thomas J. Sergiovanni）“领导者的领导者”思想等的影响，分布式领导逐渐受到更多关注。1995 年出版的《分布式领导：通过合作改进学校》是较早以分布式领导为专题的书籍之一，当时分布式领导理念尚在启蒙阶段，还没有形成较为系统与明确的理论主张。

领导的分布—行为理论同样强调，一个群体要达到目标并维持群体成员之间有效的工作关系需要一些特定的功能。例如，成员必须采取各种目标领导行为，如贡献、询问、总结和协调信息、结构化和引导群体的努力以及提供能量激励成员等。

在文化—学习理论中，Gronn（2000）认为领导是在共同文化下、在合作性工作中发生的集体行为。因此，领导行为（Leadership）可被理解为是关于共同学习、集体合作进行意义和知识的建构（Constructing Meaning）的过程，它涉及通过反复沟通来揭示和理解“观念、价值观、信念、信息和假设”的内容，并意味着员工共同创造思想、寻求共同的信念和反映并赋予工作以意义，以及创造新知识的成长行为（Harris，2003）。

领导者—情景理论提出领导的情境被视为领导实践的基本要素，Spillane（2006）强调，要“将领导实践置于中心阶段”，即将研究者关注的焦点从领导者的特质转向领导力的共享活动和职能，将领导责任从组织正式角色中分离出来。

2006 年，管理大师亨利·明茨伯格在英国《金融时报》上撰文指出，组织应该将以个人为中心的集权式领导转变为分布式领导。Handy（2006）明确指出了分布式领导概念对知识型组织的重要作用，并用一个赛艇团队的例子说明了领导的流动性和相对集中性。组织中各个层面人员的行为和影响都被认为是组织定位和运行不可分割的整体。

从现有的研究成果来看，分布式领导模式主要适用于高层管理团队、应急行动团队、咨询团队等团队组织。例如：在临时组建的外伤紧急救护队中，每个队员都有高水平的专业技术，他们共同实施难以预料、相互依赖度高、难度大的紧急外科手术；面对每个性命攸关的突发性外科手术，临时组建的救护队中技术和经验最丰富的医生往往主动承担整个手术的协调工作。但是，当他认为实习医生能够处理问题的时候，便会放手让他们独立完成手术，而当他发现实习医生遇到困难时，便会主动承担起领导者的责任。救护队中成员的合作行为体现的正是一种动态、共享、层级化，但又弱化个人影响（Deindividualized）的分布式领导过程。这种动态的领导过程在咨询团队、法律机构、投资机构和消防队中十分常见（Klein 等，2006）。

虽然近十年来分布式领导理论和实践越来越受到重视，但是，分布式领导研究仍然处于初始阶段，分布式领导的概念尚未得到统一界定（Harris，2007，2008）。研究者基于系统、权力分配等视角重新思考和分析了领导力的本质、来源和影响的过程。

Spillance（2001）认为，分布式领导是在特定情境和实践领域中，多个组织层面的领导者交互影响，同时汲取广大员工的智慧，以提高组织领导效能的过程。Harris（2002）认为，分布式领导是发生在组织层面而不是发生在个体层面或小团体层面的活动，不是分析占据领导职位的单个人或少数几个人，而是对整个学校组织的分析。Lakomski（2002）认为，分布式领导强调领导及领导的影响分布于有结构的组织关系中，表现为组织各种力量的联合。Gronn（2000）指出，在知识密集型组织中，如果不在组织成员中实施分布式领导，要完成类似于教与学这样的复杂任务是不可能的。因此，领导并不是一个居于高位的、孤独的个体所行使的职能，而是在共同文化下、在合作性工作中发生的集体行为。

对于分布式领导的概念，以往的学者们从“数量观”与“动态互动观”两个不同的角度进行了界定。

第一，数量角度的定义。Gibb（1954）首先指出，领导角色可以从群体的视角观察，是由群体共享的一组职能，这样的领导模式称为分布式领导。简而言之，分布式领导是由多人担任领导角色的领导模式，是一种集体领导模式。这种观点得到 Carson 等（2007）的认同。

第二，动态互动角度的定义。与数量观相比，更多学者（Gronn，2002；Pearce 和 Conger，2003；Mintzberg，2006；Spillance，2006）从领导角色关系的角度定义分布式领导。Gronn（2002）认为，领导行为既可以是单独的个体行为，也可以是若干个体彼此独立或整体一致的行为。若干个体彼此独立的领导行为和若干个体整体一致的领导行为是分布式领导行为的两种形式。相应地，Gronn 把前者称为数量式行为（Numerical Action），即实施领导行为的多个个体虽然分别承担不同的领导角色，但是彼此之间没有关联性；而把后者称为一致性行为（Concertive Action），即实施领导行为的个体之间既有角色分工，又有自发或自觉的互动和合作。Gronn 认为，研究角色相互依赖的分布式领导更有意义。

Pearce 和 Conger（2003）更加关注领导的影响力方向对领导角色分布的影响。他们将分享式领导定义为：一个群体中的多个个体为了实现群体目标和个体目标而动态互动的影响过程。这种影响过程既包括同事之间的横向影响，也包括向上或向下的层级间的纵向影响。

Mintzberg（2006）强调分布式领导过程中的角色动态更替。他把分布式领导定义为：由群体中的多个个体根据任务的不同阶段和成员的不同能力分别担任的一系列流动的角色。Spillance（2006）把分布式领导视为领导者、下属和情境三者的互动过程。这种领导模式不同于权变式领导模式之处在于：随着时间的推移，领导和下属的角色可以更替；而在具体的某一时点，领导者可以多于 1 人。随着时间的推移，领导和下属的角色根据情境的变化而更替。简而言之，Spillance 认为，分布式领导是领导和下属角色随着时间变化而更替以适应特定情境的过程。

第三，整合的定义。李洁芳（2008）认为：数量观和动态互动观各有优点。一方面，数量观定义对于分布式领导的定量研究来说更具操作性（Carson 等，2007），研究者运用社会网络分析方法推进了分布式领导的实证研究；另一方面，动态互动观更能反映领导角色如何在多个个体间分布和协作的实质。因此，李洁芳倾向于把数量观和动态互动观整合起来，并将分布式领导定义为根据任务特点和组织成员能力，由多个组织成员共同承担和动态更替领导角色的集体领导模式。

目前，分布式领导的研究主要聚焦于教育组织、其他社会组织，如企业等经济组织中是否存在分布式领导行为呢？对此，Bennett，Wise，Woods 和 Harvey

（2003）针对 5 篇实证研究文献（Spillane 等，2001；Gronn，2002；Allix，2000；Starratt，2001；Wenger，2000）的分析指出，分布式领导概念是现实存在的，并具有三个独特要素：①领导力是一个群体或相互影响的个体网络所具有的自发性质（Emergent Property），而分布式领导是其一致性或联合行动的产物。Gronn 的一致性活动（Concertive Action）理论认为，与个体贡献简单加总的活动相比，一致性活动具有一种额外的动力，这种动力是联合行动（Conjoint Activity）的产物，其结果是产生“1+1>2”的效应。②分布式领导认为领导的边界是开放的。这意味着可以将多个成员和群体或对领导力做出贡献者纳入领导的范畴。③分布式领导强调不同的专业技能分布于多数人中，而不是仅仅被少数人掌控。分布式领导将多样化的、独特的并且密切相关的思想和能力整合为一致性动力（Concertive Dynamic），而不仅是个体贡献之和。

李洁芳（2008）认为，分布式领导有几个要点：①领导角色由多个组织成员共同承担，但不一定由全体组织成员来承担，只要由 1 人以上共同承担领导角色，就应该认为相应领导模式是分布式领导模式。②领导角色更替的依据是任务特点和成员能力的匹配程度。③领导角色是动态更替的：一方面，任务情境的变化会导致新的领导角色的出现，或某种领导角色的暂时消失；另一方面，组织成员会在领导—下属两种角色间动态转换，即组织成员可能在某一时点是领导者，在另一时点则是下属，这种转换要根据任务特点和成员能力水平来定。

上述研究者提出的特征强调了分布式领导与其他领导形式的独特性，是重新思考领导行为与特性的重要工具。显而易见，分布式领导被描绘成与动态的、关系的、包含的、合作的和情境性背景相关的概念。它要求一个系统的、广泛的视角，不仅要超越组织层次和角色，而且要超越组织边界。因此，分布式领导的概念包含多种意义，如“共同掌权”、“共治”和“联合领导”等早先研究者提出的概念。梳理并综合前人有关研究成果，本书将分布式领导界定为根据任务特点和组织成员能力，由多个组织成员共同承担和动态更替领导角色的集体领导模式。

2.2.2　分布式领导的维度

综观已有的研究成果，有关分布式领导内容结构的研究可以分为二维结构模型、三维结构模型、四维结构模型和五维结构模型。

（1）二维结构模型。Mayo，Meindel 和 Pastor（2003）基于社会网络分析理论构建了分布式领导的二维结构模型：团队领导分布（Team Decentralization）和共享领导密度（the Density of Shared Leadership）。根据领导权力分布程度的高低把团队领导分为集权化和分权化两种领导方式，采用团队领导集权化作为领导权力的密度。如果团队中的所有成员都平等地参与实施领导行为，那么此时领导权分配最大化；当领导权集中在一个或者少数几个人身上时，领导权分配最小化。这两个维度的相互作用影响着共享领导的形成，共有四种可能：高分权化低密度，高分权化高密度，低分权化低密度以及低分权化高密度。高分权化高密度时分布式领导效果达到最大化，这种条件可能出现在高度互依性作业的自我管理团队和充分授权团队，如图2－3所示。

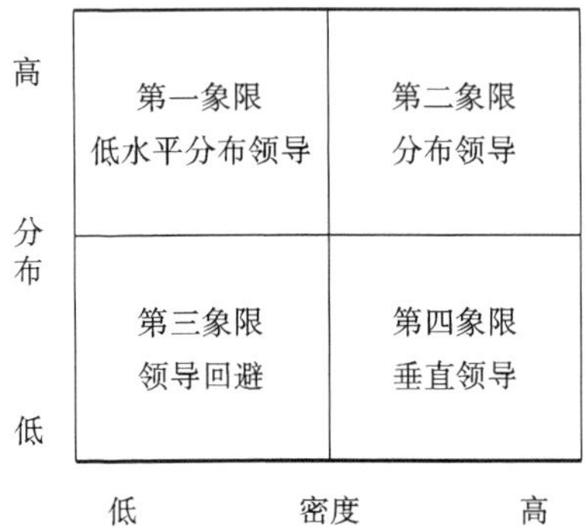

图2－3　分布式领导和垂直领导程度模型

资料来源：Mayoetal，2003（转引自刘博逸，2009）。

（2）三维结构模型。Yukl（1999）提出一个三维分类法将领导行为进行归类，并尝试将其适用于分布式领导。具体来说，Yukl认为有效的领导行为包括工作导向、关系导向和变革导向三个维度。工作导向领导行为是及时、有组织地完成与工作有关的事宜，具体包括为工作团队的活动做计划、澄清角色期望和绩效目标以及监督工作的进展及质量等。关系导向的领导行为主要是改善团队成员的关系，增强彼此的合作，具体包括对他人的需要表示支持和关心，解决冲突以及认可他人的成绩等。变革导向领导行为主要是与提高团队灵活性和适应性以及促进团队变革与创新有关，包括制定一个新的、令人兴奋的愿景，并为此愿景兑现承诺，同时支持、鼓励他人尝试新的方法和策略，促进学习等。

（3）四维结构模型。刘博逸（2009）在中国文化背景下编制的共享型领导量表包括绩效期望、团队学习、相互协作和权责共享四个维度。绩效期望维度主要包括按照绩效标准严格要求自己的工作、讲效率、讲质量、有超水平的工作表现、不断寻找新办法来提高工作业绩；团队学习维度主要包括积极寻找学习机会、重视训练各自的专长、自觉学习新的知识和技能、学会在问题中发现机会、把工作过程当作学习过程；相互协作维度主要包括有合作意识和合作精神、既有明确分工又有相互合作、相互信任合作默契、在工作中善于同他人合作、积极消除相互间的冲突；权责共享维度主要包括在团队有施展领导才能的平台、和领导者共享领导权力、在不同的情形下由不同的团队成员履行领导职能、和领导者共担领导责任、视领导为同事。

（4）五维结构模型。Pearce 和 Sims（2002）建构了五因素领导模型：讨厌型分布领导（Aversive Leadership）、命令型分布领导、交易型分布领导、变革型分布领导和授权型分布领导。讨厌型分布领导主要依赖于强制力，表现为惩罚，威胁等行为；命令型分布领导主要依赖职权进行领导，计划和组织下属的角色和职责等行为；交易型分布领导源于期望理论，主要有提供个人奖励、提供物质奖励、积极管理和消极管理等行为；变革型分布领导有六个维度即提供愿景、表达理想、灵活交流、高绩效期望、挑战现实和提供智力激发；授权型分布领导包括鼓励单独行动、鼓励抓住机遇、鼓励团队工作、鼓励自我领导、采用参与目标设置和鼓励自我奖赏。

2.2.3 分布式领导的特征

当前，魅力型领导、交易型领导、变革型领导（Bass，1985；Bass 和 Avolio，1990）和家长式领导（郑伯埙等，2000）的研究反映出领导理论的主要成果。这些理论及其研究成果是建立在“领导建立在正式职位之上”这一传统经典假设基础之上的。然而，分布式领导强调组织每个个体对领导力的贡献，这一新的概念拓展了领导力的来源和概念内涵。作为一种集体领导模式，分布式领导不等于多头领导和人人都当领导的无政府状态。同时，分布式领导也不排斥集权式领导，组织无论是否指派领导者，均可以实施分布式领导（Lechner，2000）。

但是，在指派领导者的情况下，某些领导角色，如协调者（Facilitator）、指导者（Mentor）等角色，就自然不再被组织成员所共享。不过，实证研究同时表明，不指派领导者的分布式领导有可能具有更强的创新能力，这是因为随着信息技术的发展，知识员工掌握了大量的信息技术，可以接触到很多原本只有高层管理者才能获取的信息，并把这些信息直接运用到具体的工作中。现代错综复杂的信息网络消除了旧工业时代决策制定者和决策实施者之间的差异。信息控制原本属于首脑的权利，而今却被分配给执行者。因此，知识员工可以根据任务的需要和个人的专长，共同完成从决策到执行的一系列工作，自主决策、自主管理，以增强灵活性，让组织更加快捷高效。分布式领导的特征主要有以下四点：

第一，分布式领导理论提倡“去中心”的领导。在这种意义上，领导被恰当地理解为“流动的，生成的，而不是不变的现象”。其中心观点认为，每个人可以在某方面展现出领导才能和行为，但这并不意味者人人都是领导，或应该是领导，它开启了更加民主、合作的领导形式的大门。实际上，分布式领导是一个整体概念，它借助“联合作用”的力量实现并放大领导的基本功能。联合作用意味着组织成员本着与同事同属于一个组织的信念，调整他们的计划和行动以达到同步，包括协同作用和互惠影响。也可以说，联合作用是一种心理契约，在组织成员追求共同目标的同时，强调组织成员之间的相互依赖和相互协调。在这种相互依赖的心理作用下，组织成员可以共享他们的技能和资源，通过彼此之间经常性的交流和观察以提高自己的能力并形成共同的情感经验。

第二，领导角色是动态更替的。任务情境的变化会导致新的领导角色的出现，或某种领导角色的暂时消失，这导致组织成员会在领导、下属两种角色间动态转换，即组织成员可能在某一时点是领导者，在另一时点则是下属，这种转换根据任务特点和成员能力水平而定。领导角色在动态更替的过程中，一个部门可以根据任务组成几个项目团队，这时项目团队领导因为负责的任务不同不会产生多头领导而导致混乱；一个任务的不同阶段也会有相应的团队成员暂时担任领导角色，这样每个阶段的领导有一个共同的目标，自然也不会产生多头领导而导致混乱。在领导角色动态更替的过程中，个体能否担任领导角色，要视其能力与任务要求是否匹配而定。从这个意义上说，分布式领导是权变型领导模式的发展。事实上，每个成员的性格各异，不是每一个有专长的个体都愿意或适合当领导。但是，组织成员通过长期共事逐渐了解了各自的才能，他们基于信任和实现共同目标的需要，愿意在不同阶段根据任务特点的变化听从最有能力成员的安排。在领导角色动态更替的过程中也可以有团队的正式领导，这里的领导不仅是一种领导角色，更是一种领导职能。Lechner（2000）对17个团队的100多名成员进行的实证研究表明，组织无论是否指派领导者，均可以实施分布式领导。但是，在指派领导者的情况下，某些领导角色，如协调者（Facilitator）、指导者（Mentor）等角色，自然不再被组织成员所共享。

第三，强调团队的合作行动。戈隆（Peter Gronn）等认为分布式领导最重要的特征是“共同行为”（Concertive Action）。共同行为是相互作用结果的累积性动力。人们在一起工作，通过相互间的互动激发出彼此潜在的首创精神和专业特长，彼此作用的结果是一种远远高于个人行为的创作或力量。当然，强调“共同行为”并不意味着群龙无首，也不排斥“英雄式领导”。在进行分布式领导的过程中如果出现了目标不明确、责任不清晰的情况，就有可能出现组织成员因为权责不明完不成既定目标而相互指责的状况，影响组织的发展和进步。在这个时候则需权威领导或者威望领导这样的人进行明确目标，划定责任，分配权力。

第四，分布式领导强调领导边界的开放性。领导者、追随者与其情景交互作用的领导实践，要求领导权力在多个领导者之间科学、合理地分布，这种分布是动态的。例如，在高校的研究中，分布式领导因校长领导风格、学校发展阶段、目标、文化、传统、规模等的不同而不同。因此，分布式领导的边界是变动的，具有开放性，它打破了传统领导的框框。开放性也表现为在不同的情境中，领导者与追随者的角色不是固定不变的，可以进行转换。当然，分布式领导没有提出如何拓宽领导边界的设置，同样对概念也没有任何限定。然而，这一理论却正在消解划在领导者与其他组织成员之间不可逾越的界线。

总体而言，分布式领导与传统的领导观念有较大的区别：首先，领导的角色不再限于个体而是整个组织或团队成员，不再是正式职位上的单一点而是分布于组织各层面的立体网；其次，领导的方式从单向度、线性的控制、命令转为多向的、交互式的合作、共享；最后，领导的形态从固定变成流动的、瞬时的，领导与被领导者的界线从清晰走向了模糊。

但是，也有其他的领导方式与“分布式领导”密切相关，例如，自治领导（Autonomous Leadership）、授权型领导（Delegated Leadership）和应急领导（Temporal Leadership）等领导方式。

第一，关于分布式领导与团队自治（团队自我管理）。团队中的自我管理和自治是指在设定自己的目标、管理自己的工作进度和工作决策方面，管理者导向团队中的成员拥有更大的自主权，负有更多的责任（Hackman，1987）。在自我管理团队中通过自我管理、高度信任和自治会促进共享领导的发展（Manz 和 Sims，1987），但这种团队自我管理和自治并不会必然导致领导权广泛地分布在一个团队中，因为其他因素，如内部团队环境和团队外部的指导也可能会影响分布式领导（Wagemean，2001）。

第二，关于分布式领导与授权领导。授权是一个和激励有关的概念，一方面，授权领导通过激励团队成员来施加影响可以促进分布式领导的发展；另一方面，分布式领导也可以通过提高团队成员的工作意义、工作自主性和参与团队决策等增进团队授权。但是虽然进行了团队授权，但团队仍然可能有一个强有力的外部领导，该领导提供了大多数的领导影响，而团队成员只拥有很少的领导权。

第三，关于分布式领导与应急领导（自然领导）。应急领导是指在团队中正式领导人还没有出现的时候，团队成员对其他团队成员自发进行的领导（Schneier 和 Goktepe，1983）。Bales（1953）早期进行的团队研究显示，在无领导的团队中通常会出现两个非正式的领导，一个主要负责工作任务，另一个负责团队关系建设。这项研究结论与共享领导的研究比较相似，因为它关注领导权是由团队成员自发给予的（我们称之为应急/自然领导），而不是正式赋予的（Wheelan 和 Johnston，1996）。但是，总的来说分布式领导仍有别于自然领导，前者在团队拥有或者不拥有领导，领导是在正式或非正式的情况下都可能产生，并且所有团队成员都分享了领导权，而不像后者（自然领导）仅仅拥有一个或两个领导。

但由于分布式领导与共享型领导都来源于 Gibb（1954）对领导在组织中分享的分析，同时二者的实质都是领导角色根据任务的变化而由具有相关能力的团队成员动态行使的过程，因此分布式领导（Distributed Leadership）常常与共享式领导（Shared Leadership）混用（Yukl，1998），本书对于二者也不进行区分并统称为分布式领导。

2.2.4 分布式领导的前因与结果变量

2.2.4.1 分布式领导的前因变量

目前，除了零星的理论探索外，尚缺乏对分布式领导影响因素的实证研究。比较具有代表性的实证研究主要是 Carson 等（2007）对 59 个咨询团队的研究。结果显示，无论是内部的团队环境，包括权力分布的目的、社会支持以及建言行为，还是外部教练都是分布式领导出现的重要预测指标。另外，Pearce 和 Sims（2000）认为，特定的团队特征（即团队成员的能力、团队的规模、成员的成熟和熟悉），任务特性（即紧迫性、复杂性、需要创造力和相互依存）以及环境特性（即组织的支持系统和回报）也比较有利于分布式领导的出现。Pearce（2004）还提出了促进分布式领导形成的措施，包括进行承担领导负责的制度建设、提高员工给予和接受权力的能力以及团队合作的基本技能，如团队目标设定、团队状态报告以及组织公民行为等内容。

2.2.4.2 分布式领导的结果变量

分布式领导已被发现对团队效能自我评价（Avolio 等，1996；Pearce，Yoo 和 Alavi，2004），经理和客户的团队效能评价（Carson 等，2007；Pearce 和 Sims，2002），团队的客观绩效（Bowers 和 Seashore，1966；Mehra，Smith，Dixon 和 Robertson，2006），满意度（Avolio 等，1996；Bowers 和 Seashore，1966），以及解决问题的质量（Pearce 等，2004）有正向影响。此外，对新的合资公司管理团队（Ensley 等，2006）以及虚拟团队（Pearce 等，2004）的研究表明，分布式领导是一个比传统的垂直领导对团队绩效更重要的预测因子。

其他的研究主要有：

（1）对冲突管理的影响。领导者的重要任务是管理组织冲突、提高组织凝聚力和提高决策的质量（Brown 和 Gioia，2002；Kotlyar 和 Karakowsky，2007）。有效的领导方式应该尽量减少团队成员的角色和任务冲突，甚至需要解决团队成员之间的目标冲突。因此，当越来越多的成员参与到团队的领导中时，更多元化的领导行为被执行，团队就会产生较少的冲突（Bergman J. Z.，Rentsch J. R.，Small E. E.，Davenport S. W. 和 Bergman S. M.，2012）。

（2）对团队共识的影响。当成员分享团队的领导角色时，每个人都可以影响其他成员或团队的决策，因此团队成员可以更加深入地参与到团队的工作中，并有可能更好地了解工作中的问题如何产生，或者一个方案为什么替代另一个方案的原因，从而有助于建立共识（Bergman J. Z.，Rentsch J. R.，Small E. E.，Davenport S. W. 和 Bergman S. M.，2012）。Pearce 等（2004）对 28 个虚拟项目团队的研究表明，共享型领导团队比垂直领导（一个单一的指定负责人）与团队成员的组织承诺和信心关系更密切。当更多的团队成员都参与了团队的领导时，成员更容易理解方案产生的原因，如何解决方案，并致力方案的实施。因此，我们认为共享领导将加强团队成员之间的共识（Bergman J. Z.，Rentsch J. R.，Small E. E.，Davenport S. W. 和 Bergman S. M.，2012）。

（3）对团队信任的影响。关于信任的普遍观点认为，它是团队成员在反复互动中通过他们的行为证明其可信的过程（Jones 和 George，1998；Zand，1972）。团队中由于团队成员愿意分享权利和责任，表明他们信任彼此（Zand，1972），而由此产生的分布式领导行为将进一步巩固信任。Avolio 和他的同事（1996）在一项研究中支持这一命题，认为学生团队中分布式领导行为与团队的信任和凝聚力正相关。这也与参与决策可以正向影响信任的研究结果是一致的（Dirks 和 Ferrin，2002）。参与决策指上司与下属分享决策权，显示了管理层有信心和尊重员工的观点和意见，同时传达给员工一种管理层对他们的有关决定是可以信任的态度。同样，团队领导权的分享（某些决策权和相关责任）也可以增加团队之间的信任水平（Bergman J. Z.，Rentsch J. R.，Small E. E.，Davenport S. W. 和 Bergman S. M.，2012）。

（4）对团队凝聚力的影响。分布式领导可以增强团队凝聚力，因为分布式领导必然会增强团队成员的互动和提高社会化水平（Ensley 等，2003）。团队成员对权力的分享、对责任的共同承担以及成员之间感情的分享可以帮助团队成员之间建立亲密的感情，从而提高团队凝聚力（Brown 和 Gioia，2002；Solansky，2008）。Pearce 等（2004）发现，分布式领导行为与社会融合（即在多大程度上团队成员黏在一起，并建立起亲密的关系）呈正相关关系。因此，若团队中实施分布式领导则会增强团队的凝聚力（Bergman J. Z.，Rentsch J. R.，Small E. E.，Davenport S. W. 和 Bergman S. M.，2012）。

2.3 边界管理

以往研究者要么关注团队内部过程，要么研究团队外部活动，各有其局限性，其研究发现也存在相互矛盾或冲突的地方。本书基于前人的研究，对团队边界相关概念进行了明晰的界定，并对团队内部过程和外部活动研究进行了回顾和评价，以期能够对我国团队边界活动的管理提供借鉴意义。

2.3.1 边界、团队边界工作及其管理的概念

2.3.1.1 边界

边界是多学科使用的一个概念，组织管理者常常提及组织边界，认为是组织与环境之间的分界线，跨越系统的界面、保护系统免受环境破坏的周界和系统为其生存获得资源的领域；社会心理学家讨论心理边界，认为是解释自我开始和终止的地方。每个观点都与不同的思想流派和边界的某个属性相关联（Yan 和 Louis，1999）。

将边界作为分界线（Demarcation）的观点认为，边界是一个社会实体与另一个社会实体相区别的分界线；边界往往被描绘成一个组织终止和该组织所处环境开始的地方（Pfeffer 和 Salaneik，1978）。将边界作为周界（Perimeters）的观点认为，边界就是周界，它定义了焦点系统的域（Domains），并将边界之外的世界视为干扰源，特别强调边界缓冲和封闭使实体与环境隔离的保护功能（Friedlander，1987）。

2.3.1.2 团队边界工作

根据保尔森和赫尼斯（2005）从社会学角度提出的二维框架，石冠峰（2010）将边界划分为物质边界、管理边界和社会心理边界。物质边界是指将团队与环境分隔开来的有形实体，如销售部、财务部等；管理边界是指那些决定团队与外部环境进行各种要素交换的制度与规定，它规范了团队是如何与外部环境之间发生联系的；社会心理边界是指团队所属成员形成的共同的心理或行为丛总和。在此基础上，本书认为团队边界包括物理边界、社会边界和心理边界。物理边界主要由有形的实体形成，即物质边界，也包括决定着团队成员之间、团队内部成员与外部环境之间可能发生的交换类型的规章制度和准则体现的制度边界。社会边界可以看作是存在于团队成员意识中的“相异性”和“同一性”之间的一种界限。这种区分赋予群体内的人们一种明确自己归属的特征，也为他们提供

了行为的基准。心理边界与指导团队行动的机制有关，如价值观、信仰、理念和理解等机制，它对一个人理解世界至关重要，并在群体界线内外都形成了一个行动的准则。

团队边界工作是指团队所从事的旨在建立和维持团队边界，以及管理跨团队边界的互动行为（Faraj 和 Yan，2009）。团队开展边界工作的主要目的有两个方面：第一，对外而言，获取信息和资源，管理团队与外部利益相关者的关系（Argote 等，2003；Cross R. L.，2004）；第二，对内而言，保护包括团队成员的时间与精力在内的团队内部资源，避免不必要的浪费（Reagans 和 Zuckerman，2001），同时，维持团队内部的边界，以保证团队成员对于自己所承担任务的持续承诺以及团队归属感（Druskat 和 Wheeler，2003；Hirst 和 Mann，2004）。

2.3.1.3 团队边界管理

Ancona 和 Caldwell（1990）认为，边界管理是一个过程，指团队管理与组织其他部分的互动。边界管理也是一种管理方式，指团队处理与其周围环境之间相互作用、相互影响的方法。在这个过程和方式中，团队设定其边界，识别关键的外部团体，并与之相互作用。他们指出，边界管理包括团队如何管理其边界以提高团队绩效的一系列互动过程，主要的边界管理活动包括使者活动、任务协调者活动、侦察和安全活动。Yan 和 Louis（1999）认为，边界管理活动应该包括培养边界、边界缓冲和跨越。Faraj 和 Yan（2009）认为，团队边界管理活动是团队进行建立和维持边界并管理跨越这些边界进行互动的活动，包括边界巩固、边界跨越和边界缓冲。

依据以往研究者对团队边界管理的认识，我们将团队边界管理定义为“旨在协调团队内部过程，并与外部参与者建立联系和相互影响使团队实现组织总目标的一系列活动”。

2.3.2 边界管理的维度

Ancona（1987）先驱性的研究摆脱了前人集中于个体层次的分析，提出在团队层面上从外向视角分析团队边界管理活动。因为对环境的依赖性日益增加，组织更多地要求团队跨越传统组织边界，越来越多的权利和责任被授予团队，由团队界定、分配、执行和传递他们的工作。这些新的责任要求团队与其边界之外的组织成员进行广泛的外部互动。后继的研究者（Ancona 和 Caldwell，1988，1992a，1992b；Gladstein，1984；Yan 和 Louis，1999；Choi，2001；Hernes，2004；Faraj 等，2009）以 Ancona 的团队边界理论为基础，采用不同方式对不同领域组织中的团队边界问题进行了研究。

Ancona 和 Caldwell（1988）对 38 支新产品开发团队的访谈研究识别了 15 种

不同的行为，即计划、获取信息和资源、环境扫描、寻求反馈、开放沟通渠道、宣传、协作、谈判、塑造组织形象、准许进入、解释说明、筛选过滤、分类、交付和保护自己的组织免受侵犯。研究证明，团队正是通过这些行为与外界相互作用，以影响掌握关键资源的个体，获得团队生存所需的信息、资源和对团队的支持，使工作流程同步的。

Ancona（1990）使用外向视角考察了团队应对环境的三种战略：宣传式（Informing）、推销式（Parading）和调查式（Probing），以及这些战略与团队绩效的关系。汤普森（2007）将这些战略的实施及其优势、劣势整理如表2－1所示。

表2－1　团队与环境之间可能存在的典型关系

团队与环境之间的关系	团队与环境的关系	关注点及活动	优势	劣势
宣传式团队（Informing）	被要求关注内部团队过程，直到团队准备向外部人员通知它的意图	在需要通知别的团队之前只专注自身活动	控制负面消息；宣传成本较低	可能并不能真正了解顾客消息；无法培育客户需求
推销式团队（Parading）	由强调内部团队建设和实现允许外部人员看到内部成员知道的、关心内部成员的可见度所构成	关注通过广告、促销以及游说等活动吸引顾客前来购买	高调运作对团队有利	可能并不能真正满足顾客需求；推销费用较高
调查式团队（Probing）	强调外部过程，要求团队成员与外部人员有许多互动，诊断他们的需要和测试解决方案	关注顾客所需，并测试解决方案，修正经验信息，启动项目，收集数据	客户潜在满意度较高；了解顾客需求；获得外部高绩效评价	通常花费大量财力和时间；可能激化公司内部的潜在矛盾；减弱团队凝聚力（根据对调查不同的看法）；可能不满意

资料来源：汤普森（2007）。

宣传式战略被要求关注团队内部过程，保持与环境的相对独立，直到团队准备向外部人员通知它们未来的计划；推销式团队主要关注如何能够让外部人员看见团队的活动，使外部人员看到团队成员了解和关心他们的程度；调查式战略强调外部过程，要求团队成员积极致力于与外部人员的互动，判断他们的需求和检验解决方案。

研究发现，实施调查式战略的团队具有最高的绩效。之所以如此，是因为团队积极进行对重要利益相关者的游说、与相关部门进行协调和寻求反馈，高层管理者一年之后对团队的评价说明了这一点。这证明了绩效通过使者和任务协调者活动得到提高。实施推销式战略的团队不被认为是高绩效团队，因为它虽然不断监视外部趋势和状况而显得很突出，但却没有有效的执行而实现高水平的结果。这说明，绩效由于不断的侦察活动而受到影响。绩效最低的团队是实施宣传式战略的团队，它与外部任务环境和高层领导很少互动，几乎处于孤立状态。团队成员错误地认为他们有足够的信息可以自己完成任务。这个发现证明，绩效与团队实施孤立战略负相关。

Ancona 和 Caldwell（1992a）进行了一次更为深入的研究，把 15 类行为编制为包含 24 个项目的测量问卷。研究表明，团队外部边界管理活动可分为四类，即使者活动、任务协调者活动、侦察活动和安全活动。这些活动在表 2－2 中被列出，并加以解释。

表 2－2 外部边界活动的维度

边界管理的维度	含义
使者活动	从事这类活动的人保护团队免受外来压力，说服他人支持团队，代表团队与组织中的其他人进行交涉，向别人游说以获得资源
任务协调者活动	这类活动包括与其他人讨论设计方面的问题，协商制造以及生产过程中的需求，获得有关产品的反馈信息，与有关部门讨论市场战略以及供给的实施情况
侦察活动	这类活动涉及收集有关外部环境的一般信息，如新产品的发展情况、预期的市场变化或技术标准。这包括探索新的观点和开发新的市场的可能性，获得详细的市场信息以及检测竞争者的举动
安全活动	与其他活动不同，这类活动首先是要保证团队信息不会泄露到外界去。这包括不让公司的其他部门获得有关团队的秘密，通过在组织内部维护有关产品的绝对机密使其受到保护，防止信息从团队向外传播，以确保组织中的其他部门看到的是一幅“适宜的”图景

资料来源：Ancona 和 Caldwell（1992a）。

Ancona 和 Caldwell 的研究得出的最为基本的结论是：①外部边界管理活动和绩效显著相关。具体关系是：团队绩效分别与使者活动、任务协调者活动正相关，与拖延的侦察活动负相关。②外部活动与内部凝聚力和内部任务过程相关。具体关系是：与具有较低水平使者活动的群体相比，具有高水平使者活动的群体报告了更高水平的内部过程和稍高的凝聚力。③任务协调者活动与内部过程之间无显著相关，侦察活动和凝聚力之间、侦察活动和内部任务过程之间显著负相关。这表明外部边界管理活动与群体过程之间关系的复杂性。

Ancona 和 Caldwell 的研究得出最为显而易见的结论是，每一个成功的团队都要涉及大量的使者活动。其中一些最为成功的团队甚至早在团队真正建立之前就开始了这类活动。团队领导把这项活动当成自己的一项最重要的职责，而且在整个项目进程中，他们持续不断地进行这一活动。

任务协调者活动进行得比较好的团队也往往能够获得成功。典型的任务协调者活动包括：与制造过程联系起来，确保产品设计能够完成；从销售及其他部门收集有关信息，以确保哪些是可行的，哪些是不可行的；在工程进行到某个特殊阶段时，确保能够得到必要的资源等，这些活动都是决定一个团队能否成功的基本活动。

然而，有趣的是，Ancona 和 Caldwell 的研究表明，侦察行为与团队成功的关系并不是特别重要——实际上，他们发现，那些将很多精力投入到侦察行为的团队与那些没有投入这么多精力的团队相比，实际成功的可能性要低。看起来，在工程刚刚开始的时候，进行一定数量的侦察活动是有所帮助的，这可以确保团队不偏离轨道。一旦工作真正开始了，侦察活动就会起相反的作用，因为他不断地向团队输入新的观点、新的可能性，而不是让他们按照已经选择好的设计或决定认真地进行工作。

Ancona 和 Caldwell（1992a）进一步强调了两点：第一，与简单的沟通频率相比，外部活动模式是绩效更好的预测因子。群体战略的比较也证明，基于内容的方式，而非基于频率的方法为应对外部互动做出了贡献。第二，一个更为深思熟虑（或冒险的）的观点是，生命周期可能对团队行为有影响，因此在群体生命早期有用的战略可能无法维持整个周期中的良好绩效。

继 Ancona 等人的研究之后，一些研究者以更综合的视角、在更开放的背景下对群体边界管理活动进行深入研究。首先，研究者已经认识到团队绩效不仅是团队内部运行的结果（Ancona 和 Caldwell，1992a，1992b；Joshi，2006；Marrone，Tesluk 和 Carson，2007；Oh，Chung 和 Labianca，2004；Reagans，Zuckerman 和 McEvily，2004），而且外部团队关系同样有重要的价值（Druskat 和 Kayes，1999；Tsai 和 Ghoshal，1998）。实际上，团队内部活动与团队外部活动之间是相互支持与互补形成的协同关系，进而共同影响了团队效能。因而，Yan 和 Louis（1999），Cross、Yan 和 Louis（2000）以及 Faraj 和 Yan（2009）等则从内向和外向视角研究了团队内部与外部边界管理活动。其次，虽然是以开放系统的观点进行的研究，但与 Hackman 的研究对象相同，Ancona 等所研究的团队嵌入在传统组织结构之中，并且所考察群体的外部环境被限制在组织背景下。有鉴于此，后来的研究者是在更大的开放系统与环境中进行边界管理活动研究的。

Yan 和 Louis（1999）、Cross 等（2000）的研究从内向与外向明确了与工作单元相关的三种类型的边界管理活动，即缓冲（Buffering）、跨越（Spanning）和培养（Bringing up）边界，并指出对缓冲、跨越和培养边界的需要不仅没有随着组织变得“无边界”而消失，而且还大量增加并迁移到组织的较低层次，且内向培养边界活动与外向边界跨越、边界缓冲活动之间既可能存在相互竞争，又可能是互补的协同关系（Yan 和 Louis，1999；Cross 等，2000）。这三种类型边界管理活动的含义总结如表 2－3 所示。

表 2－3 Yan 和 Louis 的边界管理活动的维度和内容

	边界管理维度	含义
内向	边界培养	边界培养是指工作单元致力于凝聚成员的能量和附属关系（Attachment），集中完成单元任务的活动。这个工作把成员从不相关的状态编织成团结在一起的单元，并保持单元内资源的可利用。围绕一个共同的使命/任务，团队成员紧密地联结在一起，并整合系统资源，边界自然出现在工作单元和其环境之间，而环境中的要素则保持相对松散的联结方式
外向	边界跨越	组织经常进行如议价和谈判、签约和合作、联盟和合并等活动，显示各种边界跨越战略（Scott，2002）。在技术层面上，虽然坚持系统需要构建保护屏，但 Thompson（1967）认为，在制度层面上，系统应该作为开放系统行动，适应较高层组织的一般化规范
	边界缓冲	作为存在条件，一个系统必须构建和维持被明确定义的边界，这个边界保护系统使之与环境相分隔。边界将生产核心封锁、缓冲，平衡或平滑输入和输出变量。缓冲活动将系统封闭，使之隔离于环境干扰之外，以提高系统内理性行动的可能性（Scott，2002）

资料来源：Yan 和 Louis（1999）。

Faraj 和 Yan（2009）以团队研究的开放系统观，发展出一个团队边界管理模式：边界跨越、缓冲和强化，如表 2－4 所示。研究证实了这些边界管理和团队绩效之间的正相关关系、团队心理安全对边界工作—绩效关系的中介效应，以及组织背景因素（团队任务不确定性和资源稀缺性）的调节效应。Faraj 和 Yan（2009）的研究区别了外向边界管理活动（如边界缓冲与跨越）和内向边界管理活动（如边界强化），并通过所开发的边界管理活动量表为边界管理活动架构提供了实证证据。

表 2－4 Faraj 和 Yan（2009）的边界管理活动的维度和含义

	边界管理维度	含义
内向	边界强化	这个术语是指通过增强成员的边界意识和塑造团队同一性，从内部视角设定和开拓其边界的方式。边界巩固代表了新的和未曾研究的边界工作类型

续表

	边界管理维度	含义
外向	边界跨越	边界跨越是指一个焦点团队深入其环境，以获取重要的资源和支持而采取的行动
	边界缓冲	边界缓冲是一个分隔战略。缓冲活动使一个实体将自己封闭并与环境相隔离。一个实体进行缓冲活动以保护自身免受不确定性的干扰，借以提高团队内理性行为的可能性（Scott，2002）

资料来源：Faraj 和 Yan（2009）。

2.3.3 团队边界管理活动的前因与结果变量

2.3.3.1 边界管理的前因变量

边界管理活动的前因变量是指影响边界管理活动的因素。现有文献对边界管理活动前因变量的研究很少，仅有少数研究者关注外向边界管理活动的前因变量，Joshi，Pandey 和 Han（2008）对其进行了回顾与总结，指出影响边界管理活动的前因变量包括三个方面：基于任务的前因变量、团队层前因变量和背景前因变量。

第一，基于任务的前因变量。在组织中，团队任务的性质决定了团队在整个工作流程和资源交换关系中的位置（Choi，2002）。团队为实现其目标与其他工作单元结盟的程度可被看作团队边界跨越行为的预测因子。基于社会资本和资源交换的视角，Tsai（2000）考察了通过组织内形成新的单元而形成的组织内网络，研究考虑了焦点单元的战略关联性对和其他组织单元进行有形与无形资源交换的影响。结果表明，先前的网络中心性和可信赖性连同战略关联性对与新单元进行的有形与无形资源交换有直接和交互影响（Tsai，2000）。在对高校的研究中，Amedore 和 Knoff（1993）发现，当任务性质不确定的时候，由心理学家组成的跨学科科研团队在校外的咨询性边界跨越活动增加。换句话说，当任务是不确定的时候，这种科研团队更可能走出学校搜集信息并寻求专业支持（Amedore 和 Knoff，1993）。这些研究表明，团队任务性质可能引发外部互动。高度依赖其他团队或面对不确定和复杂任务的团队更有可能进行外部互动以实现团队目标。然而，任务性质不可能单独充分解释边界跨越活动，还有其他因素会影响团队边界跨越活动。

第二，团队层前因变量。Joshi 等（2008）将团队层边界跨越的前因变量界定为出现在团队层并能在团队层面影响边界跨越活动的团队成员和领导的特征、感知及行为（Klein 和 Kozlowski，2000）。领导的特征、感知及行为是影响团队与外部环境进行交互的关键因素。Ancona（1990）发现，领导鼓励团队采取三种独特的边界跨越战略，即宣传式战略、推销式战略和调查式战略。

Sarin 和 Barlow（2000）考察了团队领导如何影响产品研发团队的能力，以及团队领导如何管理团队与不同利益相关者之间的互动。他们的研究发现，团队领导决定了团队与利益相关者进行互动的风格。团队领导者友好、支持和民主行为与团队成员进行的大量环境扫描（侦察）活动相关。这些团队也积极游说组织中的利益相关者支持团队活动与计划。由体谅型和参与型领导带领的团队频繁与外部利益相关者沟通，就计划的进程进行磋商。最后，团队领导在组织中的正式与非正式地位与团队进行的环境扫描（侦察）和任务协调活动正相关。

除了团队领导的感知和态度，聚合到团队层的团队成员特征也可能影响团队边界行为。例如，团队组成是团队的成员特征在团队层的聚合，是一个团队层的构念。研究证明，团队组成影响了团队边界跨越（Ancona 和 Caldwell，1992a；Reagans 等，2004）。Ancona 和 Caldwell（1992a）发现，团队功能异质性预测了团队外部沟通的频率。Keller（2001）的研究证明，外部沟通对职能多样性和技术质量、计划绩效和预算绩效之间的关系有中介效应。在对研发团队的研究中，Zenger 和 Lawrence（1989）发现，团队成员特征（如聚合在团队层面的任期和职能背景）可以影响跨越边界行为。

社会网络领域的研究表明，个体的个性特征（如个性或人口统计因素）可能影响人际网络的形成，并且与边界跨越相关（Burt，1992；Ibarra，1992，1993；Kilduff 和 Day，1994；Mehra，Kilduff 和 Brass，2001）。Klein，Lim，Saltz 和 Mayer（2004）发现，团队成员受教育程度和价值观的相似性预测了团队中人际关系网络的中心性。Marrone 等（2007）指出，个人的边界跨越效能感（Efficacy）影响个人层面上的边界跨越行为。然而，这些基于任务和团队层的前因变量对边界跨越行为的影响是在团队隶属的环境背景中发生的。

第三，背景前因变量。团队边界跨越活动是在团队隶属的组织中进行的。Joshi 等（2008）将背景前因变量界定为对团队层边界跨越产生影响的更高层面的因素（Klein 和 Kozlowski，2000）。

Tsai（2002）发现，组织的正式层级结构和非正式横向关系影响了组织不同工作单元之间的知识共享。Tsai（2002）指出，组织较高的集权性降低了工作单元应对任务环境的灵活性，影响了焦点单元与其他单元之间的联系程度。组织的非正式横向关系对跨单元知识共享有积极影响。Nelson（1989）通过对 20 个组织的研究发现，在不同的高冲突与低冲突组织背景下，群体间网络的社会度量属性显著不同。与高冲突组织相反，低冲突组织的特点是群体间的强联结（Nelson，1989）。这些研究表明，组织结构、非正式过程和整体气候是团队边界跨越活动的重要决定因素。这项研究还表明，了解嵌入性背景对团队跨越边界行为的影响是重要的，并且可以知晓团队层特征是否可以及如何影响边界跨越的结果。

上述对边界管理活动前因变量的研究回顾表明，以往的研究者主要关注的是团队组成或任务特征对边界跨越活动的影响，很少有研究关注不同层次上的前因变量是如何同时影响团队中的边界跨越活动的。

Joshi 等（2008）发展出“支架”（Bracketing）方法的多层次理论模型，详细阐释了团队边界跨越活动基于任务、团队层和背景层的前因变量，如图 2－4 所示。

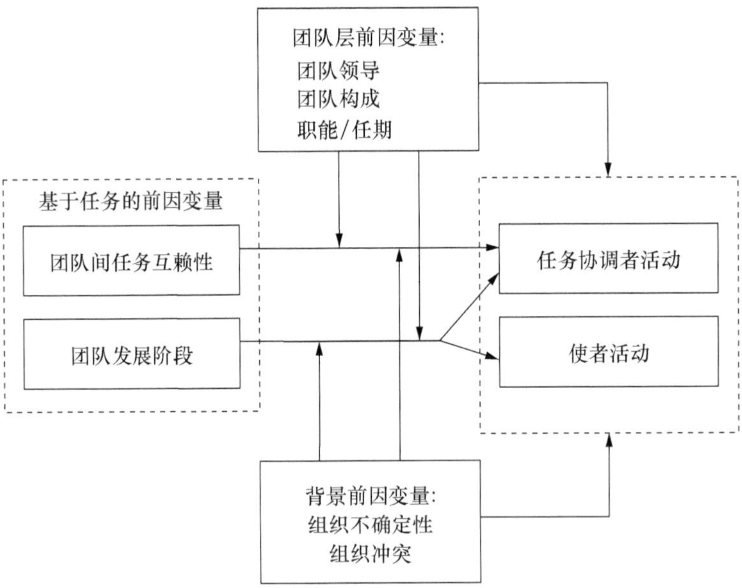

图 2－4　团队边界跨越多层支架模型

Joshi 等（2008）认为，影响使者活动和任务协调者活动的基于任务的前因变量中，团队之间任务相互依赖性积极预测了团队层任务协调者活动；团队发展阶段将预测团队层任务协调者活动和使者活动。具体来说，与团队其他阶段相比，过渡阶段中的团队将展现最高水平的使者活动，行动阶段中的团队将展现最高水平的任务协调者活动。团队层前因变量中，团队领导支持活动、团队功能多样性、任期和任期多样性将积极预测团队层任务协调者活动和使者活动。基于任务的团队层前因变量不仅单独影响边界管理活动，而且相互影响，共同预测边界管理活动，即团队层前因变量对基于任务的前因变量与边界跨越结果之间的关系有中介效应。

Joshi 等（2008）进一步指出，背景前因变量中，组织层不确定性将积极预测团队层使者活动，负向预测团队层任务协调活动。组织层冲突将负向影响团队层任务协调者活动，积极影响团队层使者活动。此外，背景前因变量对基于任务的前因变量与边界跨越结果之间的关系有中介效应。

2.3.3.2　边界管理的结果变量

由于 Ancona 和 Caldwell（1992a，1992b）的先驱性的研究，一些研究者认识到团队外部互动对知识共享、知识传递、创新和效能结果有影响（Oh 等，2004；Tsai 和 Ghoshal，1998；Tsai，2000；Weisz，Vassolo 和 Cooper，2004）。在知识导向的组织中，外部团队相互作用可以促进非编码和复杂形式知识跨越组织单元进行有效传递（Hansen，1999）。一些研究显示，团队之间的边界跨越能够产生新的知识和跨越距离分享知识（Gasson，2005；Malhotra 和 Majchrzak，2004），团队外部协调能力和共享资源程度能够预测团队的成功，并成为组织竞争优势的源泉。

Ancona 和 Caldwell（1992a，1992b）的研究表明，团队使者活动和任务协调者活动与团队绩效显著正相关。他们发现，使者活动对预算和技术创新有显著影响，任务协调者活动积极影响团队的创新。Marrone 等（2007）报告，团队层跨边界管理活动（包括使者和任务协调者活动）对 MBA 咨询团队的客户评价团队绩效有促进作用。Weisz 等（2004）发现，创业型企业家团队的外部互动有助于团队提高商业创意的质量。在一个包括销售、制造和软件开发人员的跨功能团队的研究中，Oh 等（2004）发现，与任务相关的横向网络范围预测了群体效能。Barry 和 Stewart（1997）的研究未能发现其假设的群体外向性和公开沟通之间的关系，但他们的确报告了公开沟通与团队绩效的显著关系。

Faray 和 Yan（2009）通过对 64 个软件开发团队进行了实地的调查，表明了团队边界活动与团队绩效、团队心理安全是有关联的。具体表现为：相比团队任务不确定性低的情况，当团队任务具有高度不确定性时，团队边界活动（边界强化、边界缓冲和边界跨越）将对团队绩效和团队心理安全做出更高的贡献；当团队资源稀缺的情况下，团队边界强化、缓冲能够对团队绩效和团队心理安全做出重要的贡献，但团队跨越边界活动却对团队绩效起阻碍作用。奉小斌（2012）以浙江、湖南等地部分高新技术企业的 131 个研发团队为研究对象，探讨了研发团队跨界行为对创新绩效的影响机制，尤其关注任务复杂性在其中的调节作用，研究结果表明：研发团队跨界行为三个子维度（包括使节行为、协调行为和侦测行为）对创新绩效具有显著的正向影响，任务复杂性增强协调行为和侦测行为对创新绩效的影响，但是对使节行为与创新绩效之间关系的调节作用并不显著。

除了上述有关边界管理的前因变量和结果变量的研究之外，还有一部分学者对团队边界管理进行了整合模型的研究。Choi（2002）的研究提供了一个团队设计特征、外部活动和组织效能之间关系的理论框架，如图2－5所示。该理论框架表明，团队外部活动和效能之间的关系由一组结构因素所调节，团队组成、群体发展和领导等团队特征影响了外部活动的水平。Choi（2002）认为，团队内部活动和外部活动之间因资源有限性而相互竞争，同时，两类活动又可能相互支持与互补，并因此维持一个协同关系。依据结构权变理论，该理论模型的前一部分分析了环境特征、外部相互依赖性、时间波动和任务复杂性等权变因素对外部活动和团队效能之间的关系所具有的调节作用；后半部分分析团队特征，如团队组成、群体发展阶段和领导等外部活动的前因变量对外部活动的影响水平。先前的文献已分别对这些变量做过研究，该研究希望对团队内部动态如何与其外部活动相关进行深入分析，理解内部动态和外部机能相互关联的机制是建立更为有效的团队效能模型的第一步，它将内部视角和外部视角结合起来。

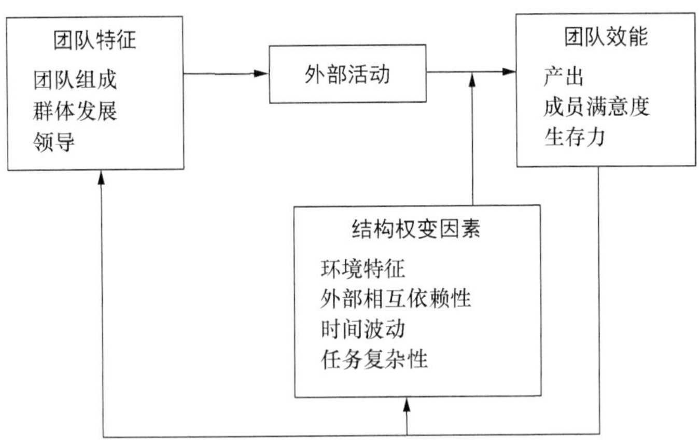

图2－5　团队效能整合框架

Choi（2002）进一步指出，通过灵活的团队边界管理可以有效减少组织中的团队对外部活动的需求。正如Ancona和Caldwell（1998）所指出的，团队常常需要维持一个开放的团队组成，例如，邀请外部专家进入团队、灵活的团队组成，以及将成员划分为核心成员与外围成员。此外，研究者指出，外部活动可能对发展组织成员之间的共同理解和价值观起重要作用。组织文化研究者认为，管理者的影响、成员之间的互动使组织成员发展出共同价值观和共同的认知结构（O'Reilly和Chatman，1996）。然而，群体边界的可渗透性在很大程度上决定了一个组织在不同群体中植根共同价值观的程度。

2.4 心理安全

不确定性管理理论（Uncertainty Management Theory）（Lind 和 Van Den Bos，2002）认为，员工在工作情境中需要建立人际信任和安全（Thau，Bennett，Mitchell 和 Marrs，2009）以应对人际交往中的多方面不确定性和人际风险。由于组织变革中包含着诸多不确定和模糊性，会使员工产生强烈的心理安全感的需要（Edmondson，1999），并迫使组织采取措施满足员工的安全需求。因此，心理安全（Psychological Safety）是关于个体在工作情境中对于人际风险后果的感知，起源于组织变革的研究。

自心理安全感这个概念提出之后，国内外学者对心理安全感开展了广泛的研究。其研究主要集中在三个方面：心理安全感的概念、维度与测量、影响心理安全感的因素以及心理安全感对员工和组织的作用。

2.4.1 团队心理安全的概念

心理安全感是一个多层面的认知型概念（凌斌，段锦云和朱月龙，2010）。Schein 和 Bennis（1965）、Kahn（1990）在个体层面探讨了心理安全感的概念、作用和影响因素，认为心理安全是一种个体特征，个体在展现自我、表达意愿时使自身的地位、形象、前途可避免不利的影响和打击。后来，Tynan 对心理安全的概念进行重新界定，将其分解为两个子水平（Dyadic - level）即自我心理安全感和他人心理安全感，从而使心理安全感的对象由个体扩展到交互的双方。Edmonson 将心理安全引入团队学习中，从而将其概念扩展到群体水平，将其定义为“团队成员认为团队中人际关系是和谐的，人际冒险是安全的”的共同信念。这种信念使得成员认为彼此之间是互相信任、相互关心和尊重的，从而能够在组织中提出不同观点、寻求帮助和反馈，并且能够得到其他成员对错误的容忍，即团队心理安全（Team Psychological Safety）被界定为一种为团队成员普遍接受的信念，这种信念能够让团队成员愿意承担人际关系的风险（Edmondson，1999）。Brown 和 Leigh（1996）在组织层面的研究指出，心理安全感是员工对作为组织环境特征的组织氛围的一种感知，是组织氛围的重要影响因素，将心理安全扩展到组织层面。至此心理安全感形成了个体层、群体层、组织层三层次概念，如表 2 - 5 所示。

表 2－5　心理安全在不同层面的界定

层面	研究者	定义	主要观点
个体	Schein 和 Bennis（1965）；Kahn（1990）	Kahn（1990）提出，个体心理安全感是员工认为在表现和展示自我时，其自我形象、地位和职业生涯不会遭受负面的后果与打击的感知	Kahn（1990）把心理安全感作为员工是否敬业的心理条件之一。心理安全感影响个体内部动机和塑造个体角色的心理状态，当员工体验到更多的心理安全感时，他们就会更积极地参与工作（Kahn，1990）
群体	Edmondson（1999）Edmondson（2002a）Tynan（2005）	Edmondson（1999；2002a）将团队心理安全感定义为团队确保人际风险安全性水平的共享信念 Tyan（2005）将团队心理安全感转化为两个对子水平的构念：自我心理安全感和他人心理安全感	Edmondson 认为，团队心理安全感包含人际信任，但是又超越了信任。Tynan（2005）认为领导行为是心理安全感最强有力的预测变量 自我心理安全感指的是个体从情绪上感知到的他人对于自己安全感的影响。他人心理安全感指的是在与他人的关系中知觉到他人是否感到安全
组织	Brown 等（1996）；Carmeli，Brueller 和 Dutton（2009）；Carmeli 和 Gittell（2009）	Brown 等（1996）认为，组织心理安全感指的是员工对于组织氛围的一种感知，具体包括知觉到的支持性管理、清晰的工作角色和允许自我表达的组织氛围特征	Brown 等（1996）认为，组织中包含更多支持性管理，员工就会从组织中感知到更高水平的心理安全感

Edmondson（1999）认为，团队成员在团队从事任何具有风险的行动时，团队共同的信念都可以让这些风险性行动被接受。也就是说，任何团队成员完成团队任务时所做的任何冒险行为，都不用担心被其他团队成员指责。他主张心理安全就像信仰，汇集于团队中，经由组织内部经验分享或同化熏陶而形成组织气氛，当员工感知到较高的心理安全气氛时，对其个人工作绩效有提升的效果。Ragazzoni 等以组织观点定义员工心理安全气氛，即员工对组织政策、规范及运作理念的分享情形，必须通过个体间相互协调而形成，这种气氛会因为组织的目标或活动的不同而有所不同。Baltes 等采用组织心理学观点，将心理安全气氛定义为员工对工作环境的认知。Baer 等定义心理安全气氛即员工在工作环境中不会因公开谈论而遭排挤或处罚，或能在提出意见或在解决所遭遇问题的对策上，能坦然接受风险的心理状态。在此，我们认为心理安全是成员对“在团队内承担人际风险是安全的”的一种共同信念，在这种信念的指引下，成员在进行自我展示、抒发观点时不用过多地顾虑，并且认为彼此尊重、信任。

2.4.2 团队心理安全的维度

在实证计量分析中，学者们基本都是沿用 Edmondson（1999）提出来的单维度7条目团队心理安全气氛量表。但 Edmondson 并没有明确地阐述团队心理安全感的结构问题，她只是依据学习行为的几个相关内容（如求助、指出错误、提出异议等）编制问卷，这种单维度的简单归类不能清楚地说明团队心理安全的具体表现，而且可能会影响跨情境研究的效度。中国台湾学者汪美伶和李山田（1996）的研究在前测中就发现，该量表 Cronbach's α 值仅为 0.5472，未达标准。因此，研究者也在依据不同情境对量表进行重新开发与修订。Tynan（2005）将团队成员个体心理安全量表划分为自我心理安全与他人心理安全两个维度，更为全面地涵盖了心理安全的组成成分及内涵维度，量表信/效度良好。Detert 等（2007）提出的员工心理安全感知的3题项量表的信度系数达到 0.81，有良好的信度。

西方学者的研究成果为我国团队心理安全气氛的研究提供了有益借鉴。但单维度简单归类并不能完全清楚阐明团队心理安全气氛的具体表现，其内部可能会包含若干成分（Brown 等，1996）。尽管 Brown 等提出了组织心理安全感的三个维度，但是该结构划分不一定适用于其他两个层面的心理安全。同时，由于社会制度与历史文化的差异，不同文化背景下人们对于心理安全气氛的感知条件可能会存在差异。不同的权力距离和不确定规避等文化维度可能会影响个体的心理安全感水平。因此，在开展中国本土化研究时需要考虑该量表的文化差异性。我国文化重视中庸的观念，不倾向于暴露自己的异议，同时也不愿直接表达自己的想法，如果用“提出异议、表达观点”等方式来衡量心理安全感势必会出现测量上的偏差。在这方面，中国台湾学者杨敏禧做了有益的尝试，开发了适用于中国台湾地区的团队心理安全气氛量表，该量表包括五个维度，即畅所欲言、共同信念、彼此尊敬、冒险行为和相互信任，并对其进行了相关实证分析，但其研究成果适用于台湾地区，并没有进行本土化，且其研究成果尚未在公开刊物上发表，所以其量表对于整个中国情境的适用性还无足够的说服力。因此，本书仍继续沿用 Edmondson 的量表。

2.4.3 团队心理安全的前因与结果变量

2.4.3.1 团队心理安全的前因变量

团队心理安全的影响因素主要涉及个体层面、组织层面、团队层面、人际关系等特征因素、情境因素等，其结果包括个体和团队层面的绩效和效能以及组织绩效。从目前的研究看，团队特征是团队心理安全的主要影响因素，所以即使变量测量是在个体、团队和组织三个层面展开的，但团队心理安全的测量仍是概念操作性研究的焦点。

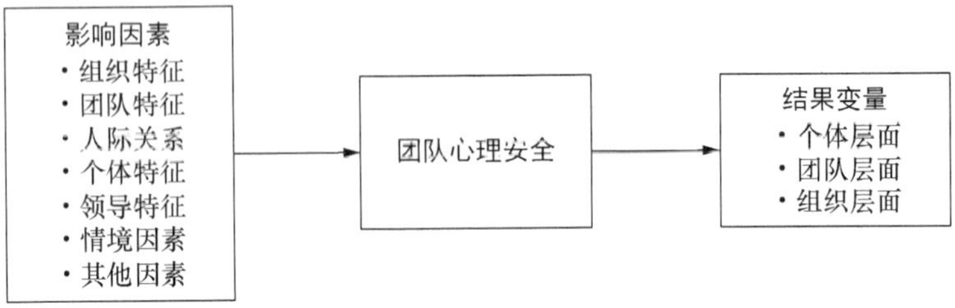

图 2－6　团队心理安全影响因素与结果

（1）影响团队心理安全气氛的个体特征。目前，对个体因素影响心理安全感的研究相对较少，主要涉及个体专业地位、个体自我意识等。Kahn（1990）认为一个可以预测、持续的、清晰的且不具威胁的环境有利于个体心理安全感的形成。Nembhard 和 Edmondson（2006）对医疗保健团队的研究证实，个体专业地位（Professional Status）对团队心理安全感产生积极影响。Roberto（2002）则认为，团队成员之间过高的地位差异能够降低他们对于团队心理安全感氛围的感知，但是领导包容能够缓解个体专业地位差异对团队心理安全感造成的影响（Nembhard 和 Edmondson，2006）。此外，个体自我意识，特别是公共自我意识（Public Self－consciousness）与个体心理安全感呈现显著的负相关（May 等，2004）。

（2）影响团队心理安全气氛的人际关系。Kahn（1990）认为，基于信任和支持的人际关系能够提高员工的个体心理安全感。Carmeli 等（2009）的研究证实了高质量人际关系（人际能力与人际体验）与组织心理安全感的直接正相关关系，同时证实其与组织学习行为之间的积极关系受到组织心理安全感的影响。此外，基于信任和支持的同事关系、工作沟通频次的增加等人际沟通行为分别提升了员工的个体心理安全感与团队心理安全感（May 等，2004；Siemsen，Roth，Balasubramanian 和 Anand，2009）。团队成员对工作环境中的其他成员（Atkinson，2004）和制度（Edmondson，1999；May，2004）的信任被认为会对团队心理安全具有重要影响，团队成员对其工作环境信任度越高，团队心理安全感越强。

（3）影响团队心理安全的群体活动与结构。Edmondson（1999）认为，团队心理安全感是员工感知的外部团队特征，而不是个体特征，因此，群体特征（特别是团队特征）才是对心理安全产生关键影响的因素。影响团队心理安全感的群体特征主要涉及边界管理（Team Boundary Management）（Faraj 和 Yan，2009）、团队目标和设计（Edmondson，1999）、团队地位差异（Roberto，2002）、群体断裂（Faultlines）、群体动力等（Lau 和 Murnighan，2005）。

Faraj 等（2009）认为，通过边界跨越，团队能够察觉并满足其内部与外部需求，向团队成员表达善意，因此可能会提高员工的心理安全感，但是这一假设没有得到数据的支持；边界缓冲强化了团队边界对外部干涉的过滤，降低了不确定性，并营造了保护团队成员的内部氛围，因此，边界缓冲可以提升员工的心理安全感；边界巩固用来稳定和加强团队的边界，帮助成员形成愿景，提高他们的团队凝聚力、认同感和承诺水平，它也能够增强员工的团队心理安全感（Faraj 等，2009）。

Lau 和 Murnighan（2005）证实了"群体断裂"（Group Faultlines）对于团队心理安全感的影响。"断裂模型"（the Faultline Model）认为群体会被有意或无意地分割为若干个亚群体（依据人口学变量、人格、技术和价值观），个体对于所处亚群体的积极评价和认同要大于其对于总群体和其他亚群体的积极评价与认同（Lau 和 Murnighan，1998）。Gibson 和 Vermeulen（2002）认为，极端高异质性的团队可能缺乏学习行为中所必需的心理安全。Lau 和 Murnighan（2005）指出，强断层力将可能导致群体内部冲突、群体政治，降低心理安全。其实证研究结果表明，群内沟通只能对弱断层力群体成员的心理安全具有提升作用，而强断层力群体只能以共同目标或一体化任务来加强团队心理安全氛围，即"群体断裂"水平比较弱时，跨亚群体之间的沟通才能够提升群体成员的心理安全感。

Tucker 等（2007）发现，"如何学"的学习活动在团队心理安全气氛和团队项目实施成功的关系中有部分中介作用。此外，Edmondson（1999）认为清晰的团队目标、团队设计（包括情境支持，诸如获取丰富的资源、信息、奖励）等因素能够提升团队成员的心理安全感。

（4）影响团队心理安全的领导特征。领导行为（Leadership）是群体心理安全感最有力的预测变量，员工是否感受到心理安全很大程度上依赖于上级对于他们的影响（Edmondson，1999；Tyan，2005）。提高员工心理安全感的领导特征主要有支持性特征、管理开放性、变革型领导、伦理型领导风格以及领导包容性等。Edmondson（1999）认为，某些团队领导特征，如教练型和支持型领导，能够提高员工的团队心理安全感（Edmondson，1999；Edmondson，2002a）。Kahn（1990）认为支持、灵活、开放和清晰的管理风格能够提升个体心理安全感。Roberto（2002）也提出了领导的指导与支持行为对提升团队心理安全感的重要性。May 等（2004）认为，在支持性主管建构的支持性的工作环境中员工能够知觉到团队心理安全。Barling 等（2002）、Shin 和 Zhou（2003）指出变革型领导（Transformational Leadership）能够营造团队心理安全的情境氛围。Detert 和 Burris

(2007）研究发现，变革导向的领导行为和管理过程的支持性、公开性和错误容忍性有利于塑造团队心理安全氛围，团队心理安全是变革导向的领导行为与团队成员改进导向的意见表达之间的中介变量。Walumbwa 等（2009）研究发现伦理型领导（Ethical Leadership）重视与下属建立诚实互信的关系，而下属能够将其领导知觉为有充分能力的、仁慈的和正直的。下属即使做出风险性的行为（如建言、创新行为）时也不害怕领导做出不公平的惩戒，因为他们能够从伦理型领导身上预知到言行的安全预期（Walumbwa 等，2009）。卿涛等（2012）研究表明转换型领导行为与团队心理安全正相关，并且信任在两者之间具有中介效应。与此同时，领导包容性（Leader Inclusiveness）特征也能够显著地预测下属的团队心理安全感，并且还能够缓冲专业地位差异与团队心理安全感之间的关系(Nembhard 等，2006)。张鹏程等（2011）研究发现，魅力型领导与心理安全正相关，依靠心理安全机制，能够进一步激发员工的知识共享行为，增进员工的创造力。

Roussin（2006）提出了双重发现（Dyadic Discovery）的概念，其案例研究表明，双重发现的实施有助于增加成员对团队领导的信任及团队心理安全。

（5）影响团队心理安全的组织情境因素。影响团队心理安全感的组织情境因素包括组织信任、组织支持、情境的不一致性（Inconsistency）。Jones 和 George（1998）提出：如果员工彼此之间相互信任与尊敬，可以降低员工对招致其他人报复的担心，从而弱化了团队内部的人际风险，促进了团队内部的心理安全。李宁和严进（2007）的研究发现组织信任、组织支持能够增进员工对于组织安全氛围（Edmondson，2004）和员工心理安全的认知。Kahn 提出群体内部资源的可获取性可以促进员工的心理安全。

Lee，Edmondson，Thomke 和 Worline（2004）的研究发现价值规范（Normative Values）、工具性奖励（Instrumental Rewards）和评估压力（Evaluative Pressure）三种情境成分对于创新行为的作用不一致（即只要有一种情境不支持创新）时就会降低组织心理安全感。

（6）影响团队心理安全的其他因素。影响团队心理安全的其他因素还包括非正式群体的作用、练习平台的使用。在组织中非正式群体在行为和认知上对成员具有较大的影响力，并且员工在非正式组织中能够获取正式组织所不能给予的满足感，以增强心理安全感。

Senge（1990）提出练习平台的概念，通过该平台，员工可以对行动进行模拟，对模拟结果进行讨论，从而减少在实际行动中犯错误的次数，自然削弱了员工对错误的惶恐感，增强了员工之间的沟通与交流，增强了团队成员的心理安全感。

2.4.3.2 团队心理安全的结果变量

目前，有关心理安全感结果变量的研究在个体层面主要关注建言行为、工作敬业度或卷入度、工作绩效，在团队层面聚焦于学习行为、创新和团队绩效。

(1) 个体层面的结果变量。心理安全感在个体层面的研究主要关注建言行为（Edmondson, 1999; Edmondson, 2003; Liang, Farh 和 Farh, 2008; Detert 等, 2007）、工作敬业度或卷入度（Nembhard 等, 2006; Brown 等, 1996; Abraham, 2004; Kark 等, 2009）、工作绩效（Abraham, 2004; Brown 等, 1996; 李宁和严进, 2007）。

在研究建言行为（Voice Behavior）的文献中，心理安全感常作为它的一个前提条件，心理安全感知使员工建言的可能性更大（Edmondson, 2003; Van Dyne, Ang 和 Botero, 2003; Liang, Farh 和 Farh, 2008; Detert 等, 2007）。因为员工建言行为的过程中也包含着人际风险与不确定性，在没有安全感的情境下，员工一般不会轻易做出建言行为（段锦云，钟建安, 2005）。团队心理安全感可以增加员工提供建设性意见的可能性（Edmondson, 1999）。Detert 等（2007）的研究证实，变革型领导与管理开放性是通过团队心理安全感积极地作用于员工建言行为。梁建等发现，个体心理安全感能够积极预测抑制型建言行为（Prohibitive Voice）和促进型建言行为（Promotive Voice），而且心理安全感对于这两种建言行为的预测效果没有显著性差异（Liang 等, 2008）。

工作敬业度（Job Engagement）是个体心理安全感的又一个重要的结果变量（May 等, 2004）。Kahn（1999）的质性研究发现了提升员工敬业度的三种心理条件：心理安全感、心理意义和心理有效性（Kahn, 1999）。Nembhard 等（2006）证实，员工的团队心理安全感能够积极地预测他们在质量提升工作中的参与程度，质量提升工作的参与状况还受到领导包容性的间接影响，而这种影响通过团队心理安全感的中介作用实现。

心理安全感还能够提高员工的工作卷入度（Job Involvement）。Brown 等（1996）认为，组织心理安全氛围可以积极作用于员工的工作卷入度，并通过工作卷入度进一步影响员工的工作努力和工作绩效。Abraham（2004）在其综述性研究中提出了个体心理安全感、心理意义、动机与工作卷入度和绩效之间的关系框架，他认为个体心理安全感能够提高员工工作绩效；Kark 等（2009）研究发现组织心理安全氛围可以增强员工积极参与创新工作的意愿。李宁和严进（2007）认为心理安全感对工作绩效的影响主要通过两种路径：一种是学习机制，即心理安全感通过促进员工的学习和创新行为提升工作绩效；另一种是组织政治机制，当组织员工感受到组织政治的存在时，员工会感到不安全，员工的工作绩效会因此受到限制。他们整合了这两种影响机制，指出心理安全感通过创新和学习或促使员工将精力专注于工作以提高个体绩效。

（2）团队层面的结果变量。有关心理安全感结果的研究在团队层面主要聚焦于学习行为（Edmondson，1999；Edmondson，2002a，2002b；Edmondson，2004；陈国权等，2008；Carmeli，2007；Carmeli 等，2009；Edmondson，Bohme 和 Pisano，2001；Tjosvold，Yu 和 Hui，2004；Tucker，Nembhard 和 Edmondson，2007；Siemsen 等，2009；Lee 等，2004）、创新（Edmondson，2002a；West 等，1996；Hülsheger，Anderson 和 Salgado，2009；Edmondson，2001；Kark 和 Carmeli，2009；唐翌，2005；Burke，2006）和团队绩效（Edmondson，1999；Tucker 等，2007；Faraj 等，2009）。

Edmondson（1999）在研究团队学习行为时提出了团队心理安全感的概念，并指出，团队心理安全感是有效学习的关键。之后，她又将团队心理安全感对于学习行为的积极影响扩展到五个方面：求助（Help－seeking）、寻求反馈（Feedback－seeking）、指出错误与忧患、创新行为、边界跨越行为（Boundary Spanning）（Edmondson，2004）。Carmeli 和 Cittcll（2009）发现心理安全是高质量关系和错误中学习间的中介变量。陈国权等（2008）在团队学习模型的基础上研究发现，团队心理安全与团队学习的 9 种子能力（包括发现、发明、选择、执行、推广、反思、获取知识、输出知识、建立知识库能力）之间存在正相关关系，并且团队学习总体能力在心理安全与团队绩效间的关系中有中介作用。此外，大量研究证实心理安全感与团队学习行为（Edmondson，1999；Carmeli 等，2009；Edmondson，Bohmer 和 Pisano，2001；Edmondson，2002b）、吸取教训（Learning from Failure）（Carmeliet 等，2009；Carmeli，2007）、从错误中学习（Learning from Mistakes）（Tjosvold，Yu 和 Hui，2004）、程序学习（Learn－how）（Tucker，Nembhard 和 Edmondson，2007）、知识分享（Siemsen 等，2009）以及创新行为（Edmondson，2002a；Lee 等，2004）等诸多学习行为积极相关。在这些研究中，心理安全感常作为学习行为的中介变量，这也反映了它与学习行为之间的紧密关系。当然，心理安全感也可以单独作为团队学习的自变量，如研究发现，团队心理安全感能够通过团队学习的中介作用间接影响团队绩效（Edmondson，1999）。也有研究认为，团队心理安全感可以通过程序学习促使组织成功地实施新技术变革（Tucker 等，2007）。此外，研究还发现团队心理安全感与知识分享（Knowledge Sharing）之间的关系被个体掌握知识的信心所调节（Siemsen 等，2009）。

团队心理安全感能促进员工创新（Edmondson，2002a）。团队适应理论（Team Adaptation Theory）认为，团队心理安全感通过三种方式促进团队创新：①心理安全感有助于设计团队规划；②心理安全感能够促进规划的实施；③心理安全感能够提升团队学习（Burke，2006）。Edmondson（2001）在对医院心外科团队的研究中发现，具有高水平心理安全感的团队会参与更多的过程创新。West和Anderson（1996）在对英国医院高层管理团队的研究中发现，组织对创新的支持有利于“参与安全”和员工参与的形成，而这两者反过来又能产生更多的创新。类似的，在对心脏外科团队的研究中发现，心理安全程度高的团队更有可能产生程序创新（Ednlondson等，2001，2000）。唐翌（2005）经过研究证实，团队心理安全能够通过组织公民行为的中介传导作用提高团队创新。同时，研究者在对与心理安全内容相似的概念即参与安全进行研究时发现，参与安全是创新的一个有效预测变量（Hülsheger，Anderson和Salgado，2009），可提高高层管理团队的创新能力（West等，1996）。此外，Kark和Carmeli（2009）研究发现，组织心理安全感能够增强人际关系活力，而人际关系活力进一步提高了员工的创新工作卷入度（Creative Work Involvement）。

对于团队绩效，心理安全感常常通过中介变量间接影响团队绩效。有研究证实，团队心理安全感能够通过团队学习的中介作用间接影响团队绩效（Edmondson，1999），如团队心理安全感通过程序学习促使组织成功地实施新技术变革（Tucker等，2007）。当然，也有研究发现，团队心理安全氛围在团队边界工作与团队绩效之间具有关系（Faraj等，2009）。

（3）组织层面的结果变量。Baer和Frese（2003）研究发现，组织心理安全氛围与企业绩效（两种指标：纵向变化的资产收益率与公司目标的实现）之间正相关。同时，组织心理安全氛围又可以强化过程创新与企业绩效之间的积极关系，即当存在高水平的组织心理安全氛围时，过程创新与企业绩效正相关，但是当心理安全氛围比较低时，过程创新与企业绩效之间存在负向关系。

2.5　团队绩效

蒋跃进、梁樑（2004）认为，对于绩效内涵的理解存在着三种观点，即“绩效为结果”、“绩效为行为”和“绩效为能力”。付亚和、许玉林（2009）总结学术界对绩效的定义，认为关于绩效的定义主要有三种观点：第一种认为绩效是结果，将特定的工作职能或活动的产出作为绩效；第二种认为绩效是行为，将绩效看作个体或组织与目标相关的行为；第三种强调员工潜能与绩效的关系，认为绩效包括在工作必要职责之外能力的提升。随着人们对前两种观点的缺陷的认识，以能力作为绩效的观点得到了广泛的使用。McBer咨询公司和Spencer等是能力主义的倡导者。

团队作为组织活动中越来越重要的基本工作单元，是团队工作产出的直接承担者，其绩效是组织绩效的重要组成。将绩效具体到团队层面可以理解为：团队为达成既定的目标而采取的行为、产生的结果和相应的能力提升。总的来说，团队绩效的定义可分为广义和狭义两种。从狭义的角度，团队绩效仅仅是从团队任务绩效角度去考量，主要是团队的工作是否能够满足组织提出的数量、质量、时效等方面的目标；从广义的角度，对团队绩效还须考虑交流沟通、知识技能、团队成员满意度等其他因素。也就是说，团队绩效应该是一种对于团队有效性或效能的考量。广义角度的团队绩效也趋近于团队效能的概念。

基于不同的研究目的和研究角度，团队绩效概念的界定并不统一，其维度划分也有差别。团队绩效作为涉及个体、群体、组织等不同层面的多样性结果，澄清其维度的重要性不言而喻。对绩效的维度划分主要有三种观点，如表2－6所示。

表2－6　绩效维度划分的主要观点

	学者	效能指标
绩效、成员满意度和生存力	Nadler，Hackman，Lawler（1979）	产出、成员满意度、合作能力
	Hackman（1987）	绩效、成员满意度、共同工作的能力
	Sundstrom等（1990）	工作团队输出变量、团队对其成员的影响、团队未来有效完成工作任务能力的提高
绩效、成员态度和行为结果	Cohen，Bailey（1997）	绩效、成员态度、行为结果
	戚振江，王端旭（2003）	以产品的数量和质量进行描述的绩效、成员态度、行为结果
任务绩效和周边绩效	Boland等（1993）	任务绩效、周边绩效

2.5.1　将绩效界定为绩效、团队满意度和生存力

Nadler，Hackman和Lawler（1979）认为绩效是团队最终活动的结果，可以从产出、成员满意度和合作能力三方面来评价。产出（Output）指团队生产的产品必须符合或超过组织所规定的质量、产量标准；成员满意度（Member Satisfaction）指团队活动的结果带来成员之间良好的关系，使成员具有满意感，并有利于他们之间长期的合作和发展；合作能力（Cooperationing Ability）是指团队在完成任务后，成员之间的人际关系得到进一步的加强，有利于成员继续一起工作。

Hackman（1987）则认为团队绩效是指团队实现预定目标的实际结果，主要包括任务绩效、共同工作的能力和成员满意度三个方面。任务绩效是指团队产出的产品达到的绩效标准；共同工作的能力包括承诺、凝聚力等；团队对其成员的

影响主要包括成员满意度等指标。

Sundstrom 等（1990）认为，团队绩效是指团队实现预定目标的实际结果，主要包括三个方面：工作团队输出变量（数量、质量、速度、顾客满意感等）、团队对其成员的影响、团队未来有效完成工作任务能力的提高。

上述学者的定义大致相似，将效能界定为绩效、成员满意度和团队生存力。绩效可以用团队产出表明（数量或质量、顾客满意度、所获分数等）；成员满意度可以通过成员对团队结果的愉悦或积极情感态度表示；团队生存力可以通过成员未来共同工作的程度和团队能力表示。

2.5.2　将效能界定为绩效、成员态度和行为结果

Cohen 等（1997）在回顾了 1990～1996 年关于团队效能的研究文献后指出，Guzzo 等（1996），Sundlstrom 等（1990）和 Hackman（1987）将效能界定为绩效、成员满意度和团队生存力等多个维度，但并没有注意到效能的行为结果。因此，Cohen S. G. 和 Bailey D. R.（1997）将效能划分为三个主要维度：绩效、成员态度和行为结果。绩效包括效率、生产力、响应速度、质量、顾客满意度和创新；成员态度包括成员满意度、承诺和管理中的信任；行为结果包括缺勤、离职成员和成员等安全。

戚振江、王端旭（2003）对团队效能的界定，采用较为宽泛的思路，将与团队情境相关的多方面结果均作为团队效能。他们把团队效能划分为三个维度：以产品的数量和质量进行描述的绩效、成员态度和行为结果。绩效包括效率、生产力、反应时间、产品和服务质量、客户满意和创新；态度包括团队成员满意感、成员承诺、管理信任；行为结果则包括缺勤、离职和安全。

上述研究将团队效能界定为绩效、成员态度和行为结果。

2.5.3　将效能界定为任务绩效和周边绩效

Borlnan 等（1993）提出的任务绩效（Task Performance）和周边绩效（Contextual Performance）的概念受到研究者的广泛认同。任务绩效是指任务的完成情况，是传统绩效评估的主要成分，从团队目标的达成情况、完成任务的熟练程度等方面衡量；周边绩效是指一种有助于完成组织工作的活动，侧重于测量成员在工作职责之外具备的与工作绩效相关的某些品质特征，从团队成员满意度、承诺感、责任心和人际关系等方面衡量。

在回顾团队绩效研究相关文献后，本书认为团队绩效应包括绩效结果与态度结果两方面，这也是许多学者共同的看法（Barrick M. R.，Stewart G. L. 和 Neubert M. J. 等，1998；Gladstein D.，1984；Janz B. D.，Colquitt J. A. 和 Noe R.

A.，1997；Kahai S. S.，Sosik J. J. 和 Avolio B. J.，1997）。

“绩效是团队为了完成任务所表现出来的一种目标导向行为（Nieva V. F. F. E.，1978）。”不同学者在界定绩效指标时基本包括质量、产量（Nadler D.，Hackman J. R. 和 Lawler E. E.，1979；Hackman J. R.，1987；Sundstrom E.，De Meuse K. P. 和 Futrell D.，1990），在此基础上还包括响应速度、顾客满意度（Hackman J. R.，1987；Sundstrom E.，De Mcuse K. P. 和 Futrell D.，1990；Cohen S. G. 和 Bailey D . R.，1997；戚振江和王端旭，2003），或者创新、效率和生产力（Cohen S. G. 和 Bailey D. R.，1997；戚振江和王端旭，2003）。另外，许多研究使用了团队结果测量的综合指标，如满足委托人需要、实现目标，以及识别关键生存因素（Lester S. W. M. B.，2002）（计划、问题解决、支持和体谅、指导和发展），以及整体绩效（Hiller N. J.，Day D. V. 和 Vance R. J.，2006），知识、质量、数量、主动精神、人际关系技巧、计划和团队承诺（Barrick M. R.，Stewart G. L.，Neubert M. J. 和 Mount M. K.，1998）。

效能概念中的满意度等态度以及情感等概念更为研究者所重视，并在此基础上对其做了进一步的研究。Mathieu 等（2008）指出，团队承诺（Janz B. D.，Colquitt J. A. 和 Noe R. A.，1997；Mathieu J.，Maynard M. T. 和 Rapp T. 等 2007）、团队满意度、工作满意度和组织满意度（Janz B. D.，Colquitt J. A. 和 Noe R. A.，1997）以及其他情感因素今后将受到学者的关注，如 Janssen O.，Vliert E . 和 Veenstra C.（1999）要求成员评价“团队是否有一个好气氛”和“是否受到尊敬”以衡量团队绩效。

本书用以衡量团队绩效的变量分为绩效和团队态度结果两个方面，其中绩效用团队任务绩效代表，团队态度结果变量用团队合作满意度代表。关于任务绩效的评估方法，由团队成员自评与管理者他评的主观任务绩效两方面构成，合作满意度采用团队成员自评的主观表现衡量。

2.6 研究综评

2.6.1 分布式领导研究综评

虽然早在20世纪90年代分布式领导的概念就已被提出（金建生，2008），但其理论和内涵不断丰富并呈现出日渐扩张的趋势仅仅始于21世纪初（吕胜男，2011）。目前，分布式领导理论还算不上是一种完整的理论，它只是一种对领导实践进行观察、分析和探讨的新的“概念视角”（Conceptual Lens）（Harris 和 Alma，2002），而且研究者对于分布式领导的研究基本以定性研究为主，鲜有定量研究，在某些领域分布式领导的研究仍然存在较大争论。

第一，目前关于分布式领导可以提高员工满意度、有利于提高团队效能的研究已经被证实，但研究者也越来越走入了另一个极端，他们一味强调分布式领导对组织、团队和员工带来的益处，不仅否认了正式职位上的正式领导，而且忽视了分布式领导有可能会给组织、团队和员工带来的害处。同时也夸大了分布式领导的应用范围。因此，我们在研究分布式领导时不应该忽视正式领导在组织和团队中的重要作用，同时也应该注意全面地分析分布式领导给组织、团队和员工带来的影响，以及该领导方式的适用范围。

第二，研究者对于分布式领导的研究，主要从其前因结果变量展开，构建其相互影响模型。但对于如何在知识型员工中实施分布式领导，如何建设其形成机制，如分布式领导中任务情境与权力转移匹配机制，包括任务情境化机制、权力情境化机制、权力转移机制等的内容仍然较少，尤其是涉及领导权力如何做到员工分享，做到何种程度的分享仍然是我们研究的盲区。

因此，未来对分布式领导的研究必须在特定的情境下，考虑其研究范围，并注重分布式领导在组织实际应用中的情况。

2.6.2 边界管理研究综评

迄今为止，国外学者已经对团队边界管理活动进行了大量的研究，对于边界管理的概念、边界活动的类型以及边界管理的维度都有所涉及，但仍有很多方面存在大量的问题与不足，同时，国内学者对边界管理的研究尚未进行深入探索。

第一，在团队研究的视角方面，以往的研究者要么关注团队内部过程，要么研究团队外部活动，各有其局限性，其研究也发现存在相互矛盾或冲突的地方。未来团队边界活动研究方向应该建立在前人的研究基础之上，采取内部视角与外部视角整合的方式，为团队边界管理提供一个新的思路。

第二，已有的研究大多从团队边界主体的角度展开，而忽略了对边界客体（即边界主体所寻求的资源和支持的载体）的研究。边界主体对客体的选择、边界主体与客体的知识重叠和差异程度以及双方的反应直接关系到边界活动的效果。弄清团队如何识别和选择不同的边界行为客体（如组织横向单元还是纵向单元，在本地还是外地寻求信息和支持）是我们深入理解团队边界活动的必要前提。因此，今后的相关研究应该同时关注两者，在关注边界活动主体的同时不忽视边界活动客体的研究，全面把握边界活动参与对象的相关性。

第三，对团队边界活动的研究层次方面，由于团队活动发生在多个层次——

个体层次、群体层次和组织层次甚至行业层次，但已有的实证研究以单一层次为主，嵌套研究为数甚少（Marrone 等的研究例外）。未来有必要采用多层次方法探讨个体、团队、组织和组织间等多层次边界行为或活动的相互影响及作用机理，以便更加系统、全面地认识团队边界活动。

第四，团队活动对团队绩效的内部影响机理方面，国外的大量研究表明团队边界对团队的绩效具有积极的影响作用，但 Marrone 等（2007）的研究指出，团队表现出过多的外部导向活动会导致团队成员的角色负担过重，从而可能降低团队生存和发展的能力。Faraj 和 Yan（2009）的研究发现，边界跨越阻碍团队的绩效，尤其是在资源稀缺的环境下。有关团队边界跨越对于团队有效性的影响究竟如何还需要未来深入地研究。因此，国内的学者可以在西方学者的研究基础之上，运用权变的思想构建符合我国文化背景下的团队边界管理评价模型。

因此，未来对边界管理的研究应考虑在我国的本土化情境下，整合团队内外部研究的视角，采用多层次探讨的方法解释团队边界管理的作用机理。

2.6.3 团队心理安全研究综评

国内外关于心理安全的研究在个体层面和群体层面展开，有关团队心理安全对于团队绩效的影响机制研究提出，可以通过激发团队成员的学习行为而对团队绩效产生影响，但也有研究将心理安全作为影响团队绩效的中介变量，目前关于心理安全的研究尚有分歧存在。

第一，心理安全的概念性质（Edmondson，1999）决定了心理安全在微观层面和组织层面的研究相对较少，主要聚焦于团队层面，如群体结构特征、领导行为以及人际关系等中观层面的变量，但也有一些学者证实了个体变量（Nembhard 等，2006；May 等，2004）和组织变量（Kahn，1990；Edmondson，2004）对于心理安全感的影响。因此，有必要对心理安全在微观与宏观层面的影响因素做进一步挖掘。

第二，心理安全的结果变量可有两种不同的归类：工作态度与工作行为。现有研究更多地关注心理安全产生的行为结果，而工作态度方面的研究相对较少。心理安全对于工作态度的影响更为值得关注的是对于工作满意度的影响。

第三，在研究心理安全与其他变量的逻辑关系时，有一个问题不容忽视，那就是逻辑关系的方向问题。Carmeli 等（2009）在研究人际关系与心理安全的关系时认为，这两个变量之间的关系可能是相反的，即感知到的心理安全可能有利于建立良好的人际关系。本书将心理安全作为调节变量，探究其对边界管理和团队绩效之间的调节作用。

因此，未来有关心理安全的研究应该从宏观和微观两个层面展开，深入挖掘心理安全的结果变量，同时运用纵向研究探究心理安全与其他变量之间的逻辑关系。

第3章　研究假设与模型构建

3.1　分布式领导对团队绩效的影响

实施分布式领导的团队遇到问题时，拥有解决问题能力的团队成员被赋予权力去解决问题，而不需要经过不了解实际情况的领导层批准，这样知识型员工的自主性将会得到更加充分的发挥。分布式领导水平越高，员工得到的权力越大，就更愿意承担责任。况且，当员工被授权时他们可能会感知自己受到尊重，从而激发工作热情，提高工作效率（赵鹏娟，2011）。Pearce 等（2004）研究发现，分布式领导已经在知识型团队的工作中得到广泛实践，主要集中于医疗诊断、学校教育、新产品开发等知识密集型工作领域，运用分布式领导可以促进组织成长，使其表现出明显的竞争优势。

在分布式领导的团队中，领导活动分散于整个组织内的成员，它是建立在成员的认知和参与基础上的领导力实践。分布式领导重视通过团队成员的内在心理来使其形成一种对事物认知的正确态度，从而产生积极主动的行为，最终实现团队和组织绩效最大化的目标。另外，由于分布式领导包含参与型领导（Gibb，1958）的属性，它同样可以对工作满意度、组织承诺和工作态度产生积极的影响。例如，在高校中，分布式领导鼓励教师参与组织决策，同时提供一定程度的工作自主权（如日程安排、课程开发、教材选择和教学计划等方面），进而增强教师工作的积极主动性，提高其工作绩效。

分布式领导能促进团队成员之间的平等、协作和互动，减少领导与下属之间交流的等级障碍。具体来说，首先，在分布式领导中团队成员拥有共同的目标，在这一前提下，根据任务的不同由相应的成员承担领导角色，因此团队成员可能会更愿意接受来自其他成员的领导；其次，在分布式领导团队内，成员间沟通渠道顺畅、能参与决策以及拥有对工作任务的发言权（Vandyne 和 Lepine，1998）；最后，在分布式领导团队中，成员之间能相互提供支持，包括提供情感、心理和知识方面的支持，以促成团队目标的实现（彭天宇，2010）。综上所述，分布式领导能提供给团队重要的无形资源，且在复杂任务方面增进团队绩效（Day 等，2004）。

根据上述分析，本书提出以下假设：

假设 1：分布式领导对团队绩效有显著的正向影响。

虽然目前对分布式领导的结构及其优势尚有分歧和争论（See Locke，2003；Pearce，Conger 和 Locke，2008），但实证研究表明，在项目团队中，分布式领导是团队任务绩效的一个重要预测指标。

从分布式领导的内涵来看，首先，分布式领导强调团队成员努力提高自身技能，并在团队成员之间进行知识共享，当团队成员充分利用其知识和技能时，能促进团队任务的完成，即有利于提高团队的任务绩效；其次，分布式领导强调权力在成员之间的共享，同时承担相应的责任，因此当每个员工都积极参与团队的管理时，也会有利于团队任务绩效的提高；再次，实施分布式领导的团队，其成员对于彼此的绩效期望使得每位员工都积极工作，从而提高团队的任务绩效；最后，对于团队合作的强调是分布式领导团队中的重点，团队成员的通力合作可以使整个团队形成协同效应，更好地完成团队任务。

另外，已有的研究也表明，分布式领导可以作为一个重要的无形资源（Day 等，2004）。在实施分布式领导的团队中，成员通过在不同情况下担任领导角色有助于积累工作经验（Cox 等，2003），而丰富的工作经验可以带来更高的团队承诺和团队任务绩效。在复杂的团队环境下，一个正式的领导者往往不太可能具备解决所有问题的知识与技能并有效地指导团队（Pearce 和 Sims，2000），因此，分布式领导还通过分发和利用团队成员的知识和技能提高团队任务绩效。

根据上述分析，本书提出以下假设：

假设 1.1：分布式领导中团队进取对任务绩效有正向影响。

假设 1.2：分布式领导中权责共担对任务绩效有正向影响。

假设 1.3：分布式领导中团队期望对任务绩效有正向影响。

假设 1.4：分布式领导中团队合作对任务绩效有正向影响。

团队成员的满意度是指个体成员对团队经历的情感反应，团队的许多方面都可以是此反应的目标（如团队流程、领导、队友等）。领导者的一个重要职责是管理团队成员的情感状态（Humphrey，2002）。由于分布式领导过程有利于提高团队成员之间的交互作用和社会化（Ensley 等，2003），这样的交互和社会化反过来又促进成员对团队及其工作的积极情感反应。

此外，随着越来越多的成员参与并承担分布式领导下的责任，共同负责的情感结果又会增加其对团队及任务的承诺，并产生积极的情感反应。当团队成员参与分布式领导时，成员很可能会认为自己的同事也会关心并致力于团队的成功，因此对团队的决策将更加满意。尤其是实施分布式领导的团队强调成员之间的合作，而团队成员之间相互协调、充分信任又能提高成员的合作满意度。

研究表明，在实施分布式领导的团队中，领导权力分布于整个团队，这意味着每个员工都有权力去影响团队的整体行动，因此可以减少成员冲突，增强其合作水平，促进组织内的信任和凝聚力（Bergman，Rentsch，Small，Davenport 和 Bergman，2012）。因此，当领导是分布式的时候，成员对他们的团队合作更加满意（Loke，2001）。

根据上述分析，本书提出以下假设：

假设1.5：分布式领导中团队进取对合作满意度有正向影响。

假设1.6：分布式领导中权责共担对合作满意度有正向影响。

假设1.7：分布式领导中团队期望对合作满意度有正向影响。

假设1.8：分布式领导中团队合作对合作满意度有正向影响。

3.2 分布式领导对边界管理的影响

Yan 和 Louis（1999）基于组织和环境变化带来的挑战而提出的一个有关边界管理的理论模型表明，正是由于组织内外部的环境变化促使组织积极开展边界管理活动，但是边界管理活动也对工作单元领导者的能力提出了新的要求。在这一背景下，边界管理活动要求工作单元领导者必须具有相应的“边界胜任力”（Boundary - competent）。

分布式领导同样是针对组织内外部环境的变化和任务的不确定提出来的一种新的领导方式。该领导理论认为，在环境剧烈变化的情况下，没有一个领导者能够为组织所面对的所有复杂问题找到所有的正确答案。因此，当组织面临某一个复杂问题时，具有解决问题能力的组织成员应该主动担负领导责任，领导其他成员共同提出解决方案。这要求组织能够在内部营造相互信任、彼此负责的氛围，使领导的角色（不是职位）能在组织成员中“流动”，当面对不同的问题和任务时，具有不同专长和技能的成员能够承担起领导者的责任。这解决了组织在进行边界管理时正式领导者“边界胜任力”不足的问题，从而充分发挥每个组织成员的专业能力，提高了组织的决策速度和应对外部变化的能力。

从团队边界管理的定义上来看，它是团队成员建立和维持边界，管理团队内部与外部环境的交换活动从而实现团队目标的过程。保尔森和赫尼斯（2005）认为团队的边界包括物理边界、社会边界和心理边界。分布式领导是团队的领导者及其下属在一定的情境范围内相互作用，根据任务和各自能力的不同，动态地扮演领导者角色，最终达到组织目标的行为过程。实施分布式领导的团队中，因为成员对团队的强烈归属感使得成员能够主动维护自身团队的利益，尤其是团队成员在与组织外部环境进行交流时，一方面能够遵守组织的相关规章制度；另一方面出于责任感也会在遇到问题时挺身而出。从这个角度来看，实施分布式领导有利于团队物理边界的建立与维护。因此，实施分布式领导必然要求团队拥有明确的目标及相互合作、信任的团队气氛，团队成员在完成组织目标的过程中，领导角色的动态更替使得团队成员之间相互理解，彼此认同，从而逐渐形成了本团队的一种“同一性”及对团队的归属感，即是对团队社会边界和心理边界逐步建立的过程。而分布式领导行为对社会边界和心理边界维护体现在团队成员为了能够掌握相关的技能主动学习并促进知识分享，从而维持同事良好关系的过程中。

根据上述分析，本书提出以下假设：

假设2：分布式领导对团队边界管理有显著的正向影响。

3.2.1 分布式领导对内向边界管理的影响

本书从团队角度将内向边界管理（Inward－facing Boundary Management）界定为，协调边界设定与维持活动，提高成员对团队的认同度与吸引力以利于团队目标实现的过程与方法。内向边界管理活动主要是边界巩固（Boundary Reinforcement），即通过增强成员的边界意识和塑造团队“同一性”，在团队内部设定和开拓其边界的过程（Faraj 和 Yan，2009）。

分布式领导强调领导不应局限于个人，而应是组织成员均可参与的动态过程，是在共同文化下、在合作性工作中发生的集体行为。Gronn（2002）认为，团队中实施领导行为的成员之间既要有角色分工，又要有自发或自觉的互动和合作，从而达成一种实际领导角色相互协作依赖的分布式状态。因此，在实施分布式领导的团队中，成员能够充分协调、沟通与合作，从而使团队形成整体合一、充满凝聚力的集体，这样的行为也促进了团队内向边界的形成。因为，团队成员之间相互沟通、反思、调节及整合等行为正是塑造团队内部“同一性”并形成边界意识的过程。

边界巩固更多的是对团队成员心理边界的巩固。而分布式领导所倡导的彼此期望、相互负责、信任精神使团队成员之间以及对组织产生极大的认同感，这种认同感会使团队成员倾向于以符合团队规范和常规的方式知觉及行动，促进团队中形成同一的价值观、团队信念，并被团队成员广泛接受，同时能增强团队内的相似性，扩大团队间的差异性，建立清晰的自身形象，从而强化、巩固团队边界。分布式领导强调团队之间知识的分布，即团队成员积极学习并分享知识的过程，通过相互学习也增强了团队内的进取与融洽气氛。团队围绕共同的使命或任务，巩固其边界则会使团队有效聚集成员的能量，利用其社会关系网络，整合系统资源，集中完成团队任务。

分布式领导的实施也要求团队必须有清晰的目标。数量观的分布式领导指在团队中有两人以上的成员担任领导者，每一位领导者负责团队任务的一部分，这也是一种静态的分布式领导，它要求每一部分的任务最后能够合成总体的团队任务；过程观的分布式领导要求团队成员根据不同的情境，动态地分配不同的任务部分，且其成员之间技能和知识应该做到互补，使团队任务完成并达到“1 + 1 > 2”的效果。两种分布式领导的观点都要求团队成员目标一致，这样才能在任务的执行中形成合力。因为目标的一致性又会使得团队成员塑造出自身团队的独特性，逐渐形成清晰的身份感。另外，分布式领导通过所有团队成员的合作来实现，团队成员集体参与和管理有利于最后建立共享的价值框架（Liu，Zhang 和 Wang，2011），从而实现对边界的巩固。

根据上述分析，本书提出以下假设：

假设 2.1：分布式领导中团队进取对边界巩固有正向影响。

假设 2.2：分布式领导中权责共担对边界巩固有正向影响。

假设 2.3：分布式领导中团队期望对边界巩固有正向影响。

假设 2.4：分布式领导中团队合作对边界巩固有正向影响。

3.2.2 分布式领导对外向边界管理的影响

我们将外向边界管理（Outward – facing Boundary Management）界定为，识别关键的外部群体、管理团队与其环境之间相互作用、相互影响以利于团队目标实现的过程与方法。外向边界管理活动包括边界跨越（Boundary Spanning）和边界缓冲（Boundary Buffering），边界跨越是指团队深入其环境，为获取重要的资源和支持而采取的行动，这些活动可能有助于团队应对外部行动和获得关键资源，也可能成为团队运行的破坏力量。边界缓冲是团队将自己封闭并与环境相隔离，保护自身免受环境不确定性影响，以提高团队内理性行为可能性的活动（Faraj 和 Yan，2009）。

在非官僚化的组织中，为了完成组织交给的任务，团队成员不得不直接应对团队外部环境，但外部环境对团队成员的要求中有许多是不合理的，因此耗费了团队成员的时间、精力和团队资源。团队边界缓冲是从组织结构方面对团队的一种清晰界定和维护，使团队能保持自身任务和行为的独立性，从而不受他人或其他部门的干涉。分布式领导中，团队进取强调员工通过自主学习和集体研讨来提高团队的技能水平，员工对抗风险的能力也会相应提高；分布式领导也强调员工工作的自主决策，甚至某些时候让某个成员担任领导角色，员工共同完成从决策到执行的一系列工作，使员工有对工作任务充分控制的独立性（Wagner，1994）。同时，团队中成员彼此期望对方能够积极工作，以提高工作效率增加工作绩效，使得员工专注于自己的本职工作而忽视外在人员对其影响。另外，团队成员之间的合作也有利于员工加强防御边界冲突的能力。实施分布式领导并不意味着没有正式的领导，也只有在正式领导对外部信息和资源进行有效过滤，并抵御外部利益相关者对团队进行渗透的情况下，才能在团队内部进行良好的分布式管理。因此，实施分布式管理的过程也是消除团队外部干扰、提高团队运作效率的过程，并形成了对外部干扰的有效缓冲，从而促进了团队绩效。

根据上述分析，本书提出以下假设：

假设 2.5：分布式领导中团队进取对边界缓冲有正向影响。

假设 2.6：分布式领导中权责共担对边界缓冲有正向影响。

假设 2.7：分布式领导中团队期望对边界缓冲有正向影响。

假设 2.8：分布式领导中团队合作对边界缓冲有正向影响。

分布式领导是为了实现组织目标，根据组织任务特点和组织成员个人特长，由多名组织成员交替担任领导角色的动态领导模式。环境的动态变化使得组织无法准确预测组织成员应担任的角色，这要求组织成员有参与或担任领导角色的主动性和责任感，同时组织也要进行充分的授权。只有这样，当任务的要求与成员的个人专长相吻合时，成员才会主动担任领导角色。因此，实施分布式领导的团队，在团队成员与团队外部相关利益者交流时，为了获得团队必需的相关资源，就需要拥有一定的自主性来处理相关问题，同时出于责任感也会在团队受到某些不确定的影响时能够勇于承担责任。

分布式领导强调领导角色是动态更替的，即组织成员可能在某一时点是领导者，在另一时点则是下属，这种转换应根据任务特点和成员能力水平匹配程度而定。对于团队和组织单元，常常需要进行讨价还价、谈判、签订合同以及与利益相关者建立联盟等活动。边界跨越会将团队的活动延伸进入其环境以获取重要资源和支持。实行分布式领导的团队保证了其成员在进行边界跨越活动时，为了获取关键资源，在不同的情境下拥有相关能力的成员能够担当领导角色，避免了传统型领导在不了解具体情境或不具备相关能力时的胡乱指挥。同时，在该项任务完成后，该员工担当的领导角色则自动消失，这样也避免了团队中出现多头领导，导致管理混乱的困境。

从团队进取与期望的角度来看，分布式领导团队中团队成员积极提高自身能力并彼此期望对方提高工作绩效，因此团队整体能力的提升有利于在团队进行跨边界活动时获得更大的收益。此外，分布式领导强调团队成员之间的友好协作，追求合作精神，当团队进行跨边界活动时，彼此之间的互信合作必然也能提高工作绩效。

根据上述分析，本书提出以下假设：

假设2.9：分布式领导中团队进取对边界跨越有正向影响。

假设2.10：分布式领导中权责共担对边界跨越有正向影响。

假设2.11：分布式领导中团队期望对边界跨越有正向影响。

假设2.12：分布式领导中团队合作对边界跨越有正向影响。

3.3 边界管理对团队绩效的影响

关于团队绩效研究，管理学者们最初仅仅关注于团队边界内部特征的影响，如团队成员的性别和年龄等表层人口学特征、知识和能力等深层特征及其异质性构成、团队互动冲突等因素对于团队绩效的影响。随着无边界组织的发展，Ancona（1988）先驱性地提出从外向视角研究团队边界管理活动。因为随着团队对环境的依赖性日益增加，组织更多地要求团队跨越传统组织边界，实现与边界之外的组织成员互动。后继的管理学者和实践者逐渐意识到团队与组织内外环境的密切关系，开始关注团队与外部环境的联系及协调的作用。在这一研究过程中，研究者们普遍认可跨越团队边界可以带给团队在信息和资源方面的好处。本书从内外兼顾的策略视角对边界管理进行探讨。内向边界管理聚焦于团队内在因素，使团队资源和成员心智聚焦于团队任务；外向边界管理为团队争取生存必要的信息和稀缺的资源，同时努力转移来自外部的干扰和冲突性要求，为团队创造安全稳定的工作环境（Yan 和 Louis，1999；Faraj 和 Yan，2009）。可见，实现边界管理活动的动态平衡可以使X－团队内外协同，提高团队工作的质量。

根据上述分析，本书提出以下假设：

假设3：边界管理对团队绩效有着显著的正向影响。

3.3.1 内向边界管理对团队绩效的影响

从边界管理的内部视角来看，边界活动主要指的是边界巩固管理。边界巩固通过设定及开拓团队边界增强成员的边界意识和塑造团队“同一性”。换句话说，边界巩固聚焦于团队内在因素。

首先，强化边界有利于促使团队成员共同创造和维持一个清晰的“同一性”形象。在传统层级结构中，每个雇员的任务都是由全知全能的监督者和管理者帮助排列优先次序的。然而，在传统垂直组织结构中，以行政命令方式规划和控制成员的行为活动使组织难以有效管理基本工作单元，并使之发挥应有的作用（Yan 和 Louis，1999）。为了应对环境的快速多变，传统组织中的管理者努力寻求变革，希望通过建立以客户为导向的工作团队来打破和消除传统垂直组织结构中的垂直组织边界及水平组织边界，建立“无边界组织”。但由于工作团队的建立，在组织内部又形成了新的组织边界，这个边界就是团队与团队之间的物理边界。为了完成组织赋予团队的任务，团队成员必须在他们自己周围环境中划定一条社会心理边界（Hirschhorn 和 Gilmore，1992），并以此创造团队的“同一性”和形成对团队形象的认可。

其次，巩固团队边界可以加强成员对团队的忠诚感。企业团队（如新产品研发团队等）的成员往往来自于组织中不同的部门，他们为完成团队任务集中在一起共同工作，完成任务后他们会回到原来的部门继续工作。因此，对比原来的工作单元，这些跨越不同部门聚集在一起的成员内心可能会产生一种感知上的落差，削弱对所在团队的忠诚。通过创造和维持团队清晰的“同一性”形象，强化团队边界，可以消除成员感知上的落差，增强成员对团队的忠诚。以这种方式，团队能够吸引和保持成员注意力集中于他们的工作任务上。

总体上来说，显著的边界能够使团队成员共同创造和维持一个清晰的“同一性”形象，以便于团队吸引成员注意力、保持团队的活力和维护成员的社会网络关系，使他们可以增强执行团队任务的能力。另外，边界巩固通过加强团队成员对团队的忠诚度，可以提升成员对团队的认同感和承诺感，使边界管理更加有利于团队的发展，即巩固边界有利于保持成员注意力和精力聚焦于团队使命和任务上。此外，Lovelace，Shapiro 和 Weingart（2001）指出，强化边界可以有效提高知识团队中个人与集体的学习能力和创新能力，进而影响团队的最终绩效成果。

根据上述分析，本书提出以下假设：

假设 3.1：边界巩固对团队绩效有显著的正向影响。

假设 3.1.1：边界巩固对团队任务绩效有显著的正向影响。

假设 3.1.2：边界巩固对团队合作满意度有显著的正向影响。

3.3.2 外向边界管理对团队绩效的影响

从边界管理的外部视角来看，边界活动主要包括边界跨越和边界缓冲。边界跨越通过游说团队利益相关者获取团队生存与发展所需的信息和资源以及上级对团队的支持，使团队明确目标和发展方向，制定合理的外向边界管理策略。边界缓冲不仅能够转移环境对团队运行的干扰和要求，而且可以抵御来自行政和其他部门给团队施加的压力与干涉，保护团队成员在安全、宽松的环境中工作（Ancona和 Caldwell，1992a，1992b）。此外，边界跨越给团队带来新的工作理念和方法，提高了团队合作水平；边界缓冲使成员体会到其对团队的归属感和安全氛围，可以提高团队合作满意度。由此可见，外向边界管理是影响团队绩效的重要因素。本书从边界管理外部视角的两个维度（边界跨越和边界缓冲）阐述其作用机理。

Ancona 和 Caldwell（1988，1992a）发现，团队进行的边界跨越活动与团队绩效显著相关。同时指出，产品开发团队要取得成功就必须与团队外部进行大量的接触，如使节活动、协调活动及侦察活动，这样才能获得完成任务所需的信息、资源和支持。此外，实证结果表明，使节和任务协调活动与团队绩效紧密相关，而侦察活动与团队绩效负相关。随后，Ancona 和 Caldwell（1992b）通过研发团队的案例研究进一步验证了团队外向边界管理活动与绩效的关系模式，强调所有成功的团队都进行高水平的使节活动，同时他们认为任务协调活动也对团队成功起关键的作用。Guinan 等（1998）在一项对 66 个软件开发团队的研究中，检测了团队绩效模型，这个模型包括内部团队过程和外部团队过程。他们发现，支持（Championing）活动与利益相关者评价的绩效显著正相关。同样，Keller（2001）发现，研发团队中，任务相关的外部沟通量与利益相关者评价的团队绩效正相关。Druskat 和 Wheeler（2003）在一项制造工厂中的自我管理团队研究中，表明开展跨越边界管理活动会强烈影响团队绩效，这些活动包括建立关系、侦察信息、说服其利益相关者支持团队工作。Faraj 和 Yan（2009）在对软件研发团队的研究中，证明了边界跨越与团队绩效正相关。他们认为，组织中团队工作很少不会受到外部的监督，并很少能够在团队边界内获得它们所需要的所有资源。总而言之，团队需要通过边界跨越向外探查内外部需求，获取必要的资源和信息，促进团队工作，并建立与利益相关者的友好关系。边界跨越活动可以帮助团队实现其目标，提高团队绩效。

根据上述分析，本书提出以下假设：

假设 3.2：边界跨越对团队绩效有显著的正向影响。

假设 3.2.1：边界跨越对团队任务绩效有显著的正向影响。

假设 3.2.2：边界跨越对团队合作满意度有显著的正向影响。

相对于团队边界跨越这种积极的联合（Engagement）策略，边界缓冲是一种与之相对的分隔（Disengagement）策略。这种策略可以使团队不受那些外部环境强加的、与完成团队任务相对立的要求的干扰。团队正是通过边界缓冲的边界管理策略帮助团队避开那些不确定性的因素和不必要的工作中断，从而提高了团队实施理性行为的可能性。Cross等（2000）指出，一个系统（如团队）必须建立和维持明确的边界以保护系统不受干扰。随着无边界组织（Boundaryless Organization）的发展，边界工作或边界活动不但没有消失，相反变得更为重要。因为在这一背景之下，系统的边界变得更为灵活、具有更高的渗透性。所以，团队通过边界跨越获取信息和资源的同时，还必须适时采取团队边界缓冲策略。团队边界缓冲帮助团队成员有效地应对外界不必要的干扰，为团队成员创造了一种受保护的内部气氛，有利于团队凝聚力的提升和团队内部运作的顺利进行，从而有助于促进团队绩效的提高。

根据上述分析，本书提出以下假设：

假设3.3：边界缓冲对团队绩效有显著的正向影响。

假设3.3.1：边界缓冲对团队任务绩效有显著的正向影响。

假设3.3.2：边界缓冲对团队合作满意度有显著的正向影响。

3.4 边界管理在分布式领导与团队绩效间的中介作用

分布式领导已被证明对团队绩效有良好的预测作用，这时，探究分布式领导影响团队绩效的作用机制就很有价值。

没有一个领导能解决所有问题，尤其是面对动态变化的内外部环境中不确定性任务，分布式领导能利用民主、合作的形式让团队成员贡献自己的能力。这种团队成员在面对不同问题和任务时“流动”地行使领导权利并承担领导责任的方式，能有效促进团队成员的团队认同，增强团队成员维护自身团队、为自身团队任务积极贡献的自觉性，而这正是边界管理的内容，即边界巩固、边界缓冲和边界跨越的活动（Faraj和Yan，2009）。

分布式领导强调领导角色的“去中心化”和“动态更替”能有效促进成员对任务的责任心，分布式领导还强调团队成员间的合作行动和团队边界的开放性，使得团队成员因团队任务在团队内部积极协调，在团队外部积极争取资源和维护团队利益，进而促进团队绩效。团队成员在团队内部协调任务，在团队外部维护团队、争取资源的行为就是团队成员建立和维持边界，管理团队内部与外部环境的交换活动，从而实现团队目标的过程，也就是边界管理活动。本书认为，分布式领导就是通过团队边界管理活动的过程积极推动团队任务，提升团队绩效。

根据上述分析，本书提出以下假设：

假设4：边界管理在分布式领导与团队绩效之间有中介作用。

3.4.1 边界管理子维度在分布式领导与任务绩效之间的中介作用

分布式领导是在特定情境和实践领域中，多个组织层面的领导者交互影响，同时吸收广大员工的智慧，以提高组织领导效能的过程（Spillance, 2001）。在实施分布式领导的团队中，团队成员在特定情境下履行领导职责，甚至一个任务的完成都需要领导角色的不断更替，整个团队为完成团队任务，促进团队研讨、团队学习等团队智慧的生发，并表现出团队内部积极进取的氛围，对团队绩效有良好影响。在团队内部，团队进取状态能有效促进团队成员对团队的归属和认同，内固团队、外隔干扰，维护团队与外界的界限，并跨越边界为团队争取资源以完成团队任务。即团队进取通过促进边界巩固、缓冲和跨越以提升团队绩效。

分布式领导的核心即是领导权力在团队中的共享，随着权力的分布，领导的职责也必然需要成员来承担。每一个员工都有机会成为领导者，因此，一方面促进成员以负责任的态度对待任务；另一方面使成员尽力推动任务的完成。权责的分担使成员在内部有意识地将团队看成一个整体，在外部“趋利避害”，为团队赢取利益而消缓压力，为任务绩效创造有利条件，以保证不出现责任重大的不利后果。

任何团队的领导都希望自己团队能良好地完成团队任务，分布式领导的职能与此一致，并且由于领导的“流动”特征，即领导角色的动态更替（Mintzberg, 2006），这种期望便充斥在每个成员的心里，显得尤为强烈。在这种强烈的期望之下，团队成员会严格要求自己、积极有效工作，为团队任务贡献自己的专业才能甚至人际关系。一方面，团队成员会在内部良好沟通，形成统一认识，进而促进任务绩效的提升；另一方面，面对团队外部过度的合作要求时能主动拒绝，甚至为了不辜负团队的期望，能做到利用自身资源从外部寻求任务需求的资源，进而为任务绩效做出贡献。

团队任务都是需要多人合作的，团队合作是团队完成共同任务的基础，而良好的合作本身又会影响成员对团队的身份认同。随着为一个任务而共同奋斗的过程和相处时间的不断增加，使得成员之间相互信任、依赖，在心理上认同彼此之间的关系，愿意为了彼此子任务的完成而贡献自己的能力以促进整体任务的顺利进行。也就是说，团队合作能促进成员把共同完成任务的人（即团队成员）与自己看作一个整体，保证这个整体的利益，对外界不利影响反感并积极排解、对有益因素敏感并积极利用，因而对任务有良好作用。

因此，本书认为分布式领导能通过边界管理影响团队任务绩效，并提出以下假设：

假设4.1：边界巩固在分布式领导与任务绩效之间有中介作用。

假设4.2：边界缓冲在分布式领导与任务绩效之间有中介作用。

假设4.3：边界跨越在分布式领导与任务绩效之间有中介作用。

3.4.2 边界管理子维度在分布式领导与合作满意度之间的中介作用

团队进取性表现在任务完成过程中，即团队成员积极地为任务而奋斗，以完成任务为目标；团队成员努力提高自身技能，并在团队成员之间进行知识共享，以促进团队任务的完成。进取的心态促使团队成员建立和维持团队边界以保护任务完成过程不受打扰，并积极管理团队内部与外部环境的交换活动以实现团队目标，形成良好的任务完成条件。团队成员都为同一任务和塑造有益于任务的环境而努力，从而产生良好的合作状态，继而有良好的合作满意度。

分布式领导注重权力的共享，每个人都有可能在一定时期担当领导角色，在特定情境下履行领导职责。这样，团队成员为表现出自身的领导能力并避免出现对自身不利的结果，会积极整合内部资源和推进任务进程，积极与外界沟通争取支持、避免干扰，赢取团队成员的认可。由于团队成员都有可能对任务承担全部责任或部分责任，基于这种压力，团队成员会在合作过程中表现出较为良好的态度，对问题积极沟通，对冲突积极处理，在团队外界形成统一且良好的形象，进而在团队内部产生良好的合作满意度。因此，本书认为权责共担通过促进边界管理继而促进合作满意度。

实施分布式领导的团队希望成员在工作中严格要求自己、讲效率、讲质量、讲创新并不断提高工作业绩，在这样的期望下，团队成员会以团队内、外兼顾的视角进行自我努力。对内，共同的任务、同样的期望能使成员团结一致；对外，成员会积极消减压力、争取资源，以促进团队合作完成任务，进而表现出良好的合作满意度。

实施分布式领导的团队在工作中既明确分工又提倡合作，成员之间相互信任，为了团队协作而积极消除相互间的冲突，这些特点必然导致合作状态良好。团队合作的良好氛围能促进员工为任务自愿付出，一方面，成员间相互信任、避免冲突，塑造共同的工作环境；另一方面，良好的合作促进成员深入所处环境，整合团队内外资源以促进工作完成，并为塑造合作的良好环境适度隔离外界环境，减少任务环境的不确定性。这种工作中的合作意愿导致成员在团队内外共同努力进而导致合作满意度的提升，即团队合作导致边界管理继而产生合作满意度。

因此，本书认为分布式领导能通过边界管理影响合作满意度，并提出以下假设：

假设4.4：边界巩固在分布式领导与合作满意度之间有中介作用。

假设4.5：边界缓冲在分布式领导与合作满意度之间有中介作用。

假设4.6：边界跨越在分布式领导与合作满意度之间有中介作用。

3.5 心理安全的调节效应

当前，心理安全的研究主要聚焦于心理安全的中介或者前因效用，但本书认为不论是哪个层面（个体、团队、组织等）的心理安全感都是作为一种心理感知而存在，这种心理感知的产生因素是复杂的。尤其是聚焦于非个体（团队、组织等）层面的心理安全，更是一种难以调控的因素，是笼罩于整个群体的一种整体氛围。单一因素很难解释心理安全产生的变化，心理安全感也难以在短时间内发生、改变，因此在组织行为的机制作用中将心理安全作为一种调节变量进行探讨会更有价值。

虽然将心理安全作为调节变量进行研究的并不很多，但已有部分学者做出了有益的尝试。Baer 和 Frese（2003）将心理安全扩展到组织层面，认为心理安全使组织成员敢于说出自己的想法和观点，心理安全在创新过程与公司绩效之间具有调节作用。龙静、汪丽（2011）通过研究发现，员工在并购后感受到的心理安全程度和员工创造力之间存在正向的相关关系，同时，心理安全还会调节威胁感知和员工自我感知与创造力之间的关系。杨华等（2011）研究发现，员工创造力在变革型领导与创新工作绩效之间具有完全中介作用，员工感知心理安全对变革型领导与员工创造力的关系有显著调节作用。

团队心理安全是一个团队层面的氛围，这一氛围对每个团队内每个成员工作态度和工作行为产生作用，同样会对边界管理活动影响团队绩效的过程产生作用。所以，本书为充分探究团队边界管理活动对团队绩效的作用，引入心理安全这一概念，并讨论心理安全在其中的调节效应。

探究心理安全的调节效应就是探究边界管理与心理安全对团队绩效的交互作用。本书已经从理论上论述了边界管理活动对团队绩效的影响，加入团队心理安全氛围这一概念后，其主效应不会改变，即在不同程度的心理安全情况下，边界管理对团队绩效都有正向影响。但是，在不同的心理安全氛围下，其影响效果会有差异。

很多学者研究了心理安全氛围对团队绩效的正向作用（Mayer R. C.，Davis J. H. 和 Schoolman F. D.，1995；Edmondson A.，1999；Edmondson A. C.，Bohmer R. M. 和 Pisano G. P.，2001；陈国权、赵慧群、蒋璐，2008），本书同样认可心理安全氛围本身对团队绩效会有一个良好的作用，并在此基础上探讨边界管理和心理安全对团队绩效的交互作用。一般来说，心理安全较高的情况下，团队成员之间信任度高，合作氛围良好，工作投入高，团队绩效也有一个较高的基准。在这种情况下，在团队中介入边界管理活动，促进团队凝聚力，整合团队内外部资源，团队绩效自然会有提升。而且，这种高心理安全环境，同时又强化边界管理的团队是最为有效的团队。但是，由于较高的团队绩效基准，边界管理的介入会在一定程度上提高团队绩效，但任何团队的工作过程和效果都难以达到完美，因此，边界管理对团队绩效的作用会明显偏低。也就是说，虽然整体团队绩效比较高，且随着边界管理活动的增加会持续提升，但其提升程度比较小，提升速度较缓。

相反，当团队绩效较低时，团队成员之间人际关系紧张，互相信任不足，其团队绩效不容乐观。这时，团队如果通过引入边界管理活动或加强边界管理活动来提高团队绩效，积极促进团队资源和成员心智在团队任务上的聚焦，积极巩固团队边界，为团队成员提供安稳的工作环境，努力从外部获取任务资源并有效排除外界干扰，团队绩效会有质的提升。也就是说，随着边界管理的增加，其绩效水平提高速度比较快，提升程度比较明显。但是团队整体心理安全的不足会使成员之间不够坦诚，依然为人际关系等工作之外的事情耗费精力，团队绩效状况并不能达到最优。即，在团队心理安全低的情况下，边界管理活动对团队绩效的提升作用会非常显著，但较之高心理安全氛围下实施同样边界管理活动的整体绩效水平依然欠缺。

在中度心理安全氛围下，团队成员间既不会有高度信任也不会有剑拔弩张的紧张人际，团队边界管理活动的推进过程和对绩效的影响效果都会显得比较中庸。

综合上述分析，本书认为高心理安全氛围下高边界管理的团队才是工作效果最优的团队。心理安全会影响边界管理对团队绩效的作用过程，心理安全氛围高，虽然团队绩效的整体效应比较好，但边界管理对团队绩效的促进效果反而显得较弱。

根据上述分析，本书提出以下假设：

假设5：心理安全负向调节边界管理活动与团队绩效的正相关关系，即心理安全氛围水平较高时，两者之间的正相关关系将受到削弱，心理安全氛围较低时，两者之间的正相关关系将得以增强。

本书认为在边界管理子维度与团队绩效子维度的正相关关系间，心理安全具有同样的调节效应，并提出以下假设：

假设5.1：团队心理安全在边界巩固与任务绩效之间有负向调节作用。

假设5.2：团队心理安全在边界缓冲与任务绩效之间有负向调节作用。

假设5.3：团队心理安全在边界跨越与任务绩效之间有负向调节作用。

假设5.4：团队心理安全在边界巩固与合作满意度之间有负向调节作用。

假设5.5：团队心理安全在边界缓冲与合作满意度之间有负向调节作用。

假设5.6：团队心理安全在边界跨越与合作满意度之间有负向调节作用。

第4章　研究设计和方法

本书分预测试和正式测试两个阶段，通过定量分析方法对 X－团队建设机制理论模型进行实证检验。本章共6节，内容依次为研究工具介绍，问卷设计，研究对象与抽样设计，问卷发放与回收，数据跨层面处理，问卷预测试。

4.1　研究工具

在研究设计中，不仅要全面考虑各变量及其相互关系，还要说明用什么方法测量变量。以下是本书在文献回顾基础上对本书涉及变量的内涵和测量工具进行的说明。

4.1.1　分布式领导的研究工具

分布式领导是影响团队边界活动和团队绩效的重要前因变量，本书借鉴刘博逸的观点，将分布式领导模式划分为四项可观察变量：团队进取、权责共担、团队期望和团队合作。

一般将分布式领导划分为五个维度（Pearce 和 Sims，2002；Avolio 等，2003）或者四个维度（Wood，2005；刘博逸，2009）。刘博逸（2009）基于我国文化背景而将分布式领导划分为四维度，并开发了量表，这一量表有良好的信度和效度。

本书的研究对象为本土文化背景下的新疆/兵团企业，所以，分布式领导的测量量表选用刘博逸（2009）开发的20个条目、四维度的量表。刘博逸（2009）的原问卷包含团队协作、权责共享、绩效期望以及相互协作四个维度，每个维度由5个题项进行测量，共20个题项。

本书主要以小组为单位进行团队层面的数据整合，因此笔者对刘博逸的问卷选项做了简单修改。首先，将原问卷中的“我们团队（部门）……”替换为“我们小组……”。其次，最后一题“我们团队（部门）的成员积极消除相互之间的冲突以利于团队协作”在本书的正式问卷中改为“我们小组的成员为了团队协作而积极消除相互间的冲突”，以便于作答者更容易理解。

4.1.2 边界管理活动的研究工具

与以往的研究相一致，本书将边界管理活动定义为一个团队层集合现象（Ancona 和 Caldwell，1992a，1992b；Oh 等，2004；Reagans 等，2004；Tsai 和 Ghoshal，1998；Tsai，2000；Weisz 等，2004；Faraj 和 Yan，2009），把团队边界管理活动看作是“团队共同的属性”。本书依据以往学者（Ancona 和 Caldwell，1992a，1992b；Faraj 和 Yan，2009）的研究将边界管理活动界定为内向与外向边界管理活动。

Ancona 和 Caldwell（1992a）开发了跨边界管理活动的测量问卷，该问卷包括使节活动、任务协调者活动、侦察活动和卫士活动四个维度的 24 个题项，测量了团队的外向边界管理活动。基于 Ancona 和 Caldwell（1992a）的研究，Faraj 和 Yan（2009）的研究进一步开发出内向与外向边界管理活动的测量量表。

本书采用 Faraj 和 Yan（2009）开发的问卷，通过边界跨越、边界缓冲和边界巩固三个构面测量了内向边界管理活动（巩固）和外向边界管理活动（跨越和缓冲）。但 Faraj 和 Yan（2009）的问卷是英文问卷，因而需要根据我国文化背景和语言特点将其平行翻译，并根据我国企业团队的实际活动内容将其完善，以适应我国文化背景。

在这份有 12 个问题的问卷中，各有 4 个题项分别测量了边界跨越、边界缓冲和边界巩固。测量边界跨越的 4 个问题评价了团队鼓励其成员努力获取关键信息和资源、影响重要外部利益相关者，以及建立关系网络的程度。Faraj 和 Yan（2009）的研究证实了该量表在概念和测量上得到了支持，在他们的研究中，边界跨越量表在个体层面、团队层面的 Cronbach's α 系数分别为 α individual level = 0.73，α aggregate level = 0.81；评分者内部一致性系数的中位数为 Rwg = 0.87；组间相关系数和组内相关系数分别为 ICC1 = 0.17，ICC2 = 0.50。

测量边界缓冲的 4 个问题评价了团队和其领导者抵制或吸收外部干扰，竞争市场需求以及他们保护团队成员免受过度负荷的程度。在 Faraj 和 Yan（2009）的研究中，边界缓冲量表在个体层面、团队层面的 Cronbach's α 系数分别为 α individual level = 0.79，α aggregate level = 0.82；评分者内部一致性系数的中位数为 Rwg = 0.85；组间相关系数和组内相关系数分别为 ICC1 = 0.06，ICC2 = 0.24。

测量边界巩固的 4 个问题评价了团队创造与团队成员之间的一种边界意识和

建立一个清晰、独特的团队“同一性”的努力程度。在 Faraj 和 Yan（2009）的研究中，边界巩固量表在个体层面、团队层面的 Cronbach's α 系数分别为 α individual level = 0.83，α aggregate level = 0.84；评分者内部一致性系数的中位数为 Rwg = 0.92；组间相关系数和组内相关系数分别为 ICC1 = 0.17，ICC2 = 0.49。

4.1.3 团队心理安全的研究工具

Edmondson（1999）将心理安全引入团队学习中，从而将其概念扩展到群体水平，其是指团队成员的一种共同信念，即共同认为在团队内承担人际风险是安全的，亦即相信团队不会为难、拒绝或者惩罚勇于发表真实意见的人，这种共同信念的建立根植于成员间的彼此信任、相互尊重和互相关心。本书沿用 Edmondson 对心理安全的解释。

在有关团队心理安全的实证计量分析中，以 Edmondson 的 7 条目量表使用最为广泛，除此之外，还有研究者依据不同情境对量表进行重新开发与修订。Detert 等（2007）提出的员工心理安全感知的 3 个题项量表的信度系数达到 0.81，有良好的信度。Brown 等（1996）提出了组织心理安全感的三个维度，但是该结构划分不一定适用于其他两个层面（个体、团队）的心理安全。中国台湾学者杨敏禧（2002）尝试开发了适用于台湾地区的团队心理安全气氛量表，该量表包括五个维度，即畅所欲言、共同信念、彼此尊敬、冒险行为和相互信任，并对其进行了相关实证分析。吴志平（2011）在此基础上做了进一步修订，其研究认为团队心理安全气氛包括四个方面：直抒己见、互敬互重、人际冒险和彼此信任。

本书采用使用最为广泛的 Edmondson 7 条目心理安全量表。该问卷为单维量表，由团队成员提供团队绩效的评价方式。

4.1.4 团队绩效的研究工具

本书将团队绩效界定为任务绩效和合作满意度。

4.1.4.1 任务绩效的研究工具

任务绩效测量了团队实现其项目目标的程度。任务绩效定义为团队目标的达成状况、计划进度、决策质量等。

本书通过两种方式测量团队的任务绩效，首先是以利益相关者（团队上级主管）的主观评价表示团队任务绩效结果；其次是以被调查团队成员对团队主观评价代表团队任务绩效结果。

研究者认为测量任务绩效的客观指标并不能真实反映团队目标的实现程度，因为每人每月的标准产量等指标难以获得，是否准确也存在疑问，并且在任何情况下，这些指标都被认为可能受到操纵（Henderson 和 Lee，1992）。有学者认为，相对于传统的生产性团队，研发、新产品开发、质量管理、解决问题或其他专项团队中的知识工作者的绩效，往往是多维度的，并且很难给予适当的评估（Ancona 和 Caldwell，1992a；Faraj 和 Sproull，2000）。例如，与外部利益相关者相比，团队所在的组织成员可能采用不同的绩效标准对团队绩效进行评价。因此，在本书中，我们从利益相关者（团队上级主管）和团队成员两方面收集任务绩效评定，产生多来源的任务绩效评价数据，避免了数据的同源方差；同时，团队的上级主管和团队成员对项目团队的工作最熟悉。

本书引用中国台湾学者张翊祥（2004）、王建忠（2001）、王美玲（2002）等人参考修订自 Tjosvold（1988）的团队绩效量表，包括 5 个题项。这 5 个问题聚焦于团队完成任务的好坏程度，即目标达成、计划进度、工作成果、问题解决和资源运用成效等。在张翊祥（2004）的研究中，该量表测量了团队效能中的任务绩效，问卷调查了每位成员的主观感受，以代表团队主观任务绩效结果。与之相符，本书也主要聚焦于团队任务或目标的完成，因此，本书保持了原量表的基本语句、题项数目以及尺度。在王建忠（2001）、王美玲（2002）等人的研究中，该量表的 Cronbach's α 系数都大于 0.91。在本书中，主因子分析表明这 5 个题项集中在同一个维度上，验证了利益相关者和团队成员的整体绩效。

4.1.4.2 合作满意度的研究工具

合作满意度的核心是团队成员对于目前彼此互动的感觉，以及对于未来合作成功是否乐观的程度。

本书引用中国台湾学者黄敏萍（2000）修订自 Tjosvold（1988）的团队合作满意度的测量量表。该量表包含 3 个题项，在黄敏萍（2000）针对跨功能任务团队的研究中，该量表的 Cronbach's α 系数为 0.91。

综上所述，本书涉及分布式领导、边界管理、团队心理安全和团队绩效 4 个研究变量。本书中所有变量均使用李克特 5 点计分方式，“1”表示很不符合，“2”表示不太符合，“3”表示不确定，“4”表示有些符合，“5”表示非常符合，分数越高，表示分布式领导、边界管理、团队绩效、成员间合作满意度、心理安全等程度越高。被试者根据自身对问题描述的感知与实际情形符合程度，分别给每个问题评出 1 分、2 分、3 分、4 分、5 分，后续分析以团队成员的平均分数来计量每个变量的符合程度。

研究数据采集自团队成员个体层面，但本书架构的概念模型是团队层面的变量，表 4－1 指明了所有变量的测量项目的来源和测量水平。因此，在后面的数据处理过程中，本书将个体层面的数据通过一定的方法聚合到团队层面。

表 4－1　测量项目来源和测量水平

变量		项目	测量项目来源	测量水平
分布式领导	团队进取	5	刘博逸（2009）	个体
	权责共担	5		
	团队期望	5		
	团队合作	5		
团队心理安全		7	Edmondson（1999）	个体
边界管理	边界跨越	4	Faraj 和 Yan（2009）	个体
	边界缓冲	4		
	边界巩固	4		
团队绩效	任务绩效	5	Tjosvold（1988）；张翊祥（2004）；王建忠（2001）；王美玲（2002）	个体

4.2　问卷设计

本书在问卷设计过程中主要有以下几个步骤：研究变量的测量工具、搜索本书所需变量的量表、进行量表的翻译与修订、听取专家和现场工作团队成员的意见、问卷修改、问卷发放、量表质量评估等主要步骤，进行调查工具的确定和问卷的设计，然后正式发放问卷进行调查。其基本流程如图 4－1 所示。

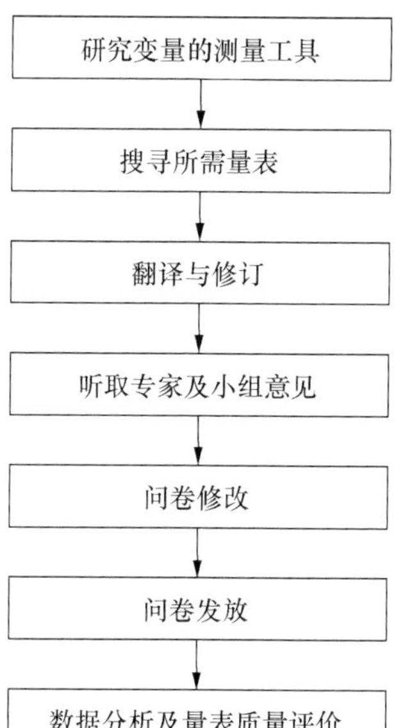

图 4－1　问卷调查流程

首先，在对国内外文献回顾基础上，本书聚焦于本研究涉及变量的不同定义与测量工具，根据本书的研究意图，初步筛选出适合在本书中使用的定义和测量量表。本书采用已研究开发并由实际检验证明信度、效度较好的成熟测量问卷（见附录）作为研究工具。各部分的测量项目的理论来源如表4－1所示。

其次，研究者对筛选出的量表进行整理分析。对于边界管理问卷，采用中英文对照的问卷修订方式。由本研究成员对照筛选出的英文量表和已经翻译且使用的相应中文量表，对题项进行依次讨论，将有异议题项标出。对有异议题项重点讨论并重新翻译，然后让本专业研究生进行尝试作答并提出意见和建议。再由研究小组对题项含义、用词准确性等方面进行分析讨论，并结合项目团队成员的理解程度和对问卷编制的技术性问题进一步修正研究问卷题项，如避免出现用语不当、语法错误、句意模糊等使阅读者产生歧义的问题。本书中的心理安全和团队绩效问卷是借鉴国外研究者使用过的成熟量表，对比国内学者研究中实际使用情境，进行必要修正而成的。

在多数研究中，认为性别、年龄等都会对领导行为的感知和工作表现有差别，本书的主要研究对象为知识型员工，因此受教育程度也是本书需要考虑的因素。因此，本书选取性别、年龄、受教育程度、工龄、职位为控制变量。

有研究者认为问卷的开头若能安排简单易答的问题，会使问卷的填答比较容易顺利进行。本书的测量工具包含项目47个，采取简单题目靠前的意见，题项安排依次为分布式领导、团队心理安全、团队边界管理和团队绩效。问卷中所有题项全部采用李克特5点计分方式。

在问卷内容相对确定后，进行问卷预调研，利用收回的数据对测量量表进行信度及效度的评估。最后进行正式问卷的数据分析，并根据回收的数据评估量表的质量。量表质量评估将根据获得数据进行分析，结果将在对数据的分析处理部分体现。

4.3 研究对象与抽样设计

团队依据其功能、结构、与外部利益相关者的关系不同而发展其独特的边界管理模式。同样，进行边界管理的不同动机（如采集信息、调动资源、任务协调、获得合法性和创建同一性）可能导致不同的边界管理类型（Faraj和Yan，2009；Ancona和Caldwell，1992a）。所有这些因素都会造成外部活动的概念及功能多样性。为了验证这些问题，本书需要不同背景下运转的团队不同类型的实证数据。

为使概念模型更具有普遍适用性，本书最初拟采用简单抽样的方法进行调研，但随着后期工作量的不断增加，调研难度的不断增大，遂放弃简单抽样的方法，转而采用方便性抽样的方法。由于本书的研究对象为团队层面，调研过程是对团队员工个体层面发放的问卷，在数据处理中存在问卷的团队归属问题，因此采用简单随机抽样的方法进行问卷调查，一是能尽量扩大样本数量和抽样的范围；二是能保证数据的准确性和完整性。

由于研究对象为新疆/兵团企业，本书所选取的全部是新疆地区范围内的企业，以石河子、昌吉、乌鲁木齐三地为主。本书以组织经营过程中的研发、质量管理、技术、咨询、服务等团队和因需要而设立的专项小组（项目小组、品管小组或临时任务小组等）为基本工作单位进行调研。在具体调研过程中，一般调研 3 ~6 个小组成员。

调查问卷的发放与回收采取两种方式：第一，由研究人员到其工作现场进行发放，统一填写完毕并马上回收；第二，对不方便采用第一种方式的工作团队，研究人员委托被调查单位的相关人员对选定的工作团队成员进行问卷发放、调查与回收，并按照要求对每个团队样本编号。

4.4 问卷发放与回收

测试问卷发放与回收于 2013 年 10 ~12 月在新疆区域内进行，以石河子、昌吉、乌鲁木齐三市为主。测试数据通过问卷对团队成员进行调查获得。预测试以正式问卷中数量的一半作为测试数据。

本书对石河子、乌鲁木齐等新疆区域内乌鲁木齐商业银行石河子分行、特变电工昌吉市总部、中国移动石河子分公司、天山铝业、中国建设银行石河子分行、康师傅石河子分公司、乌鲁木齐火车站、天业总部、石河子烟草局等多家企业的研发、销售、质量管理、服务、物流及其他专项小组等共 147 个团队发放问卷进行正式测试。共发放纸质版调查问卷 641 份，回收 638 份，剔除团队信息严重缺失、同一小组问卷少于 3 份的问卷，最终获得 128 个团队的成员有效问卷 510 份。有效员工问卷回收率 86. 44%，有效团队回复率 87. 07%。问卷发放与回收情况如表 4 -2 所示。

表 4－2　问卷发放与回收情况

样本	团队成员	上级主管	合计
发放问卷总数（份）	590	147	737
回收有效问卷（份）	510	128	638
有效回收率（%）	86.44	87.07	86.57

为了提高调查的准确性，在调查过程中，首先，向被调查者简要、准确地说明本书的目的、内容，以及填写、发放和回收问卷的要求，并附上填写说明；其次，严格要求被调查者按照问卷填写、问卷发放和回收的要求进行；最后，在调查过程中对被调查对象进行适当的培训，以便让其对调查的目的和内容有恰当的认识。

本书在问卷发放与回收过程中，对未能按时回收问卷的调查对象，隔一段时间后会进行电话提醒，督促其完成问卷并及时收取或回发。

4.5　数据跨层面处理

在以往进行的有关团队问题的研究中，有三种方法对团队层面的概念进行测量。第一种方法是测量团队成员的个体特性，将其评分进行综合叠加，平均后作为团队层特性的评价值，这种方法在 20 世纪 90 年代中期之前应用最为普遍。但这种方法往往被认为更多反映了个体层面上的认知，而有可能并没有抓住团队的集体特点，使测量不够准确（Gist 和 Mitchell，1992）。第二种方法与第一种方法接近，但测量的是个体成员对团队某一特性的看法，然后将每个团队成员的评价进行叠加得到团队特性的评价值。该方法确实测量了团队层面上的特点，同时针对团队特性的评价题项会增加团队内部的一致性和团队间的变化性，但不足之处在于它仍然是通过个体测量得到团队层面的评价值。第三种方法是由团队整体对问卷的每个项目进行讨论，从而形成团队对问题的看法。第三种方法虽然更能反映团队整体特性，但很难进行实际操作。

以往的研究者（Ancona 和 Caldwell，1992a；Faraj 和 Yan，2009；LePine，Hollenbeck，Ilgen 和 Hedlund，1997；唐宁玉和王重鸣，2007）多采用第二种方法，并认为团队水平的叠加方法更适于任务导向并相互依赖的团队（LePine 等，1997）。James 在 1982 年提出可以通过累加方法获得的组间一致性（ICC）指标评价值以代表团队层特性的程度，即聚合可靠性（James，Demaree 和 Wolf，1993），用不同评分者之间一致性（Rwg）指标评价团队成员之间对问卷填答的收敛性，即聚合的合理性（James，Demaree 和 Wolf，1984）。因与上述研究情形类似，故本书也主要采用第二种方法取得团队数据，并用 ICC 和 Rwg 评价聚合的合理性与可靠性。

将个体被试者的数据聚合到团队层面之前，本书采取了四个步骤（Faraj 和 Yan，2009）：第一，为确保从测量个体感知获取的数据匹配的理论层次，所有调查题项的措辞均尽量与团队环境和团队活动相关联。第二，为证明聚合的合理性，本书用 Rwg 程序计算了不同评分者之间的一致性（Interrater Agreement）统计值（James，Demaree 和 Wolf，1984），以评价团队成员之间对问卷填答的收敛性。一般而言，Rwg 的中值高于 0.7 被认为是可以接受的水平，表示不同评分者之间的强烈一致性（Bliese，2000；Castro，2002）。第三，本书报告了组内相关系数（ICCs），以检测测量数据是否能够足够可靠地被聚合到团队层面（Bliese，2000；Chen，Mathieu 和 Bliese，2004）。James 提出可以采用 ICC1 和 ICC2 两个指标来分析将个体层面上的数据聚合为团队或群体层面指标的契合性。ICC1 表示同一团队成员意见的一致性，ICC2 表示团队是否在研究的这些指标上可以得以区分，或者说是小组均数的可靠性。James 的研究发现，大量研究报告的 ICC1 值在 0.00 ~0.50 间，而 ICC2 则期望超过 0.7。第四，为确保测量的内在一致性，我们对所有个体层和团队层变量计算了 Cronbach's α 值。

4.6 问卷预测试

通过访谈对问卷进行修改和完善可以增强调查量表的内容效度与效标关联效度。效度可以分为三种：内容效度（Content Validity）、效标关联效度（Criterion – related Validity）和建构效度（Construct Validity）。内容效度是指量表涵盖研究主题的程度。判断方法为：第一，测量工具是否可以真正测量到研究者所要测量的变量。第二，测量工具是否涵盖了所要测量的变量。为了获得良好的内容效度，量表的设计应遵循合理的程序和规则。虽然本书使用的是研究者开发的成熟量表，但由于文化背景的差异，要使问卷内容完整且题意清晰，必须在翻译完成问卷初稿后，进行访谈和预测试，以修正问卷使之涵盖所测量的内容。

访谈可以提高调查量表的内容效度与效标关联效度，但在最终确定正式调查问卷之前仍需对问卷进行预调研。预调研的目的主要有两个，一是通过小样本测验来过滤问卷的测量问项，并检验问卷的信度，二是通过被试者的回答进一步修正问卷，包括用语、措辞与文化的适用性等。基于上述原因，笔者对问卷进行了预调研。

依据本书前述的量表设计，预试问卷也对团队成员进行发放，问卷内容包括团队成员填写的个体层面的分布式领导、团队边界管理活动、团队心理安全和团队绩效的所有47个题项。

首先，运用个案访谈法，邀请团队成员和团队主管对问卷内容与问卷编制的技术性问题提出修改意见。研究者对新疆电信、新疆天业集团、新疆天富电力股份有限公司和新疆邮政储蓄银行等组织中的研发、设计等项目团队的6位成员和3位团队主管各进行了一次初步访谈，通过与被访谈者的沟通，了解问卷中各测量项目是否合理、清晰及易于理解，以获得团队对调查题项的清晰度、形式和内容的评价。在访谈中，基于他们的洞察力，笔者发现了问卷中的模糊和不易理解之处，并修正和精确了调查题项。如被访者认为，原始问卷中的“边界管理活动”部分的第五题项（“为了不受干涉地自由工作，小组顶住或吸收外部压力的程度”）和第八题项（“我对本小组成员的工作环境有效缓解外部冲击的感知程度”）中“顶住或吸收”和“缓解”等词语不明确并且较难理解，被访者在阅读题项时因不得不进行较长时间的思考而产生对答题的抵触情绪。因此，本书将上述两个项目分别修改为“为了不受干涉地自由工作，小组能够消解外部压力”和“我们小组成员能够在不受他人干扰的环境中工作”。问卷中其他项目的用语和问法亦从反馈信息中进行了逐步的修正，这里不一一详述。

其次，使用通过访谈修订过的问卷进行预测试。进行预测试的目的在于检验本书中假设研究以及概念模型构建的有效性和客观性，以确保正式测试时的大范围调查问卷回收数据的有效性。在2013年11～12月期间，本书对中国移动石河子分公司、中国银行石河子分行、新疆神内股份公司、新疆天业集团及其下属分公司与化工研究院、新疆天富供热股份有限公司以及新疆特变电工集团下属线缆分公司等企业进行了调研，共取得131个团队的个体成员的有效问卷201份。本书随机抽取了65个团队数据进行了预测试。

4.6.1 调查数据中缺失值的处理

本书关注的焦点是团队，缺失值的处理对测试数据样本规模较小时有较大影响。如果有缺失值的个体数据被简单的剔除，将可能影响该个体所在团队整体数据的结果，甚至由于删除数据使该团队有效成员问卷数低于要求的最小规模而使该团队所有成员的数据不得不被废弃而不能使用。因此，在进行数据的统计分析之前对数据进行检查与筛选是很重要的，缺失值的处理是进行其他数据处理之前必须要进行的工作。

缺失数据的处理方法有多种。针对数据缺失的性质不同，对缺失值的处理方法通常包括 Iistwise Deletion 法（将样本完全删除）、填补法（Imputation）（通常可填上平均值或回归预测值）等，但显然上述两种方法对最终数据结果影响较大。为解决这个问题，SPSS19.0 提供的 EM（Expectation and Maximization）填补法是当前比较精确的缺失值填补的方法（张文彤，2004），因此本书使用 EM 填补法处理数据缺失值。

4.6.2　预测试的信度检验

信度（Reliability）可以被定义为真实分数（True Score）的方差与观察分数（Observed Score）的方差比例（吴明隆，2003）。信度也可以解释为某一特定被试群体测验分数的特性，测试分数因为受试者的不同而有所不同。可见，在研究过程中，即使使用前人编制或修订过的量表，最好还是经过预试工作，重新检验其信度。

内部一致性系数是指测验量表内部所有题目间的一致性程度，在实证研究中，Cronbach's α 系数是普遍用于检验数据可靠性的一种内部一致性系数。为确保测量的内在一致性，本书对所有个体层和团队层变量计算了 Cronbach's α 系数值，具体结果如表 4－3 所示。

结果显示，各变量测试的 Cronbach's α 系数值均比较理想，除团队心理安全的 α 系数值低于 0.70 以外，其余均大于 0.70，显示了各指标具有较好的信度。基于这些分析结果，个体数据被聚合到团队层，并在团队层被分析。

表 4－3　问卷预测试的信度分析结果（个体层面，n＝247；团队层面，n＝65）

变量	项目	$\alpha_{个体层面}$值	$\alpha_{团队层面}$值	参考值	结果
团队进取	5	0.805	0.879	0.7	信度良好
权责共享	5	0.826	0.900	0.7	信度良好
团队期望	5	0.876	0.899	0.7	信度良好
团队合作	5	0.916	0.951	0.7	信度良好
共享型领导	20	0.933	0.954	0.7	信度良好
边界巩固	4	0.824	0.896	0.7	信度良好
边界缓冲	4	0.827	0.904	0.7	信度良好
边界跨越	4	0.738	0.848	0.7	信度良好
边界管理活动	12	0.841	0.900	0.7	信度良好
团队心理安全	7	0.705	0.806	0.7	信度较差
任务绩效	5	0.927	0.966	0.7	信度良好
合作满意度	3	0.920	0.950	0.7	信度良好
团队绩效	8	0.939	0.962	0.7	信度良好

4.6.3 预测试的效度检验

正如前文所述，本书选择并采用已研究开发并由实际检验证明信度、效度较好的成熟测量问卷作为研究工具（见附录），因此，研究者期望对结构变量实际测量的效度与以往研究文献证明的结构变量的内涵界定相对应。

所谓效度（Validity）是指一个检验能够测验到的该测验想要测得（研究者所设计的）的心理或行为特质的程度（吴明隆，2003）。建构效度分为两种：收敛效度（Convergent）与区别效度（Discrimninat）。收敛效度指相同概念中的项目，彼此之间相关度高。区别效度指不同概念里的项目，彼此相关度低。通过因子分析检验量表的建构效度，即检验结构变量的内涵界定与预期的测量项目的对应理想程度。同一因子中，因子负荷值越大（通常为0.5以上），表示收敛效度越高；每一个项目只能在其所属因子中出现一个大于0.5以上的因子负荷值，符合这个条件的项目越多，则量表的区别效度越高。

因子分析前，先要对取样进行适宜性检验，即使用KMO（Kaiser－Meyer－Olkin Measure of Sampling Adequacy）指标和Bartlett球体检验（Bartlett Test of Sphericity）来验证数据是否适合做因子分析。KMO越接近1，越适合于做因子分析；KMO过小，则不适合做因子分析。本书测量问卷各分量表的KMO和Bartlett球体检验值结果如表4－4所示。

表4－4 问卷小样本KMO测度和巴特利球体检验结果

量表	KMO值	近似卡方值	Df	显著性概率
分布式领导	0.923	2952.588	190	0.000
团队边界管理	0.849	1120.698	66	0.000
团队心理安全	0.663	197.222	6	0.000
团队绩效（主管）	0.923	2952.588	190	0.000

吴明隆认为KMO值小于0.5则不适宜进行因子分析，KMO值越大时，表示变量间的共同因素越多，越适合进行因子分析（吴明隆，2003）。表4－4的检验结果显示，KMO值均大于0.6、Bartlett统计值显著（sig. =0.000），表明适合进行因子分析。本书使用65个团队247个样本数据对团队成员各分量表和团队上级主管问卷进行主成分因子分析，采用Varimax旋转法后得到如表4－5、表4－6、表4－7和表4－8所示的结果。

表 4-5　分布式领导量表因子载荷表（团队成员）

项目	因子载荷			
a18	0. 802	0. 165	0. 298	0. 243
a20	0. 790	0. 209	0. 265	0. 164
a19	0. 779	0. 133	0. 291	0. 237
a17	0. 752	0. 192	0. 242	0. 263
a16	0. 654	0. 424	0. 154	0. 270
a8	0. 508	0. 296	0. 231	0. 342
a13	0. 084	0. 864	0. 161	0. 073
a12	0. 141	0. 828	0. 091	0. 090
a15	0. 252	0. 769	0. 109	0. 117
a14	0. 170	0. 711	0. 078	0. 248
a11	0. 226	0. 693	0. 289	0. 042
a2	0. 247	0. 090	0. 737	0. 183
a4	0. 319	0. 215	0. 718	0. 034
a3	0. 143	0. 085	0. 708	0. 299
a5	0. 283	0. 255	0. 663	0. 148
a10	0. 189	0. 042	0. 080	0. 859
a9	0. 366	0. 168	0. 168	0. 721
a6	0. 272	0. 116	0. 416	0. 538
a7	0. 293	0. 299	0. 358	0. 525
a1	0. 196	0. 247	0. 376	0. 458

表 4-6　边界管理活动量表因子载荷表（团队成员）

项目	因子载荷		
e3	0. 791	0. 210	0. 078
e4	0. 786	0. 150	0. 160
e1	0. 780	0. 247	-0. 042
e2	0. 757	0. 144	0. 085
e11	0. 165	0. 822	0. 188
e12	0. 184	0. 803	0. 107
e10	0. 138	0. 786	0. 036
e9	0. 376	0. 661	0. 170
e8	-0. 007	0. 088	0. 805
e7	-0. 071	0. 076	0. 780
e6	0. 269	0. 129	0. 729
e5	0. 442	0. 220	0. 562

表4-7　心理安全量表因子载荷表（团队成员）

项目	因子载荷	
d5	0.837	0.119
d6	0.743	0.108
d1	0.659	-0.323
d2	0.367	0.703
d7	0.224	0.664
d3	0.555	-0.576
d4	0.024	0.456

表4-8　团队绩效量表因子载荷表（上级主管）

项目	因子载荷	
g3	0.836	0.352
g4	0.830	0.348
g1	0.799	0.349
g2	0.793	0.357
g5	0.782	0.338
g7	0.346	0.873
g8	0.386	0.854
g6	0.374	0.829

从表4-5中可以看到，题项a8没有与a6、a7、a9和a10一同被归入权责共享因子中，而是被归入团队合作因子；从表4-6中可以看到，题项e1、e2、e3、e4和e5、e6、e7、e8分别被归入边界缓冲因子和边界跨越因子中，e9、e10、e11、e12被归入边界巩固因子；从表4-7可看出d1、d5和d6被归于一个因子，d2、d3、d4、d7被归于另外一个因子，与理论不符；从表4-8可看出g1、g2、g3、g4、g5被归于任务绩效因子，g6、g7、g8被归于合作满意度因子。

分析问卷设计的每个步骤和调查过程中可能存在的原因，本书认为，可能存在以下三种影响问卷质量和调研数据真实性的因素：第一，样本容量比较小。从理论上说，边界管理活动分量表中的题项a8（我们小组的成员共同对团队负责），阐明了团队成员在面对工作时能够与领导、团队成员一起合作负责完成任务，并不存在认识上的误差。因此，按照理论先导的原则，题项a8应该归入权责共担因子。第二，问卷设计存在技术性问题。在问卷中的团队心理安全分量表中，除了题项d2、d4和d7外，d1、d3、d5和d6均被设计为反向题，因而笔者认为，正是这一设计问题造成原本应该是一个因子的心理安全量表变为两个因子。第三，题项的措辞可能仍然存在模糊和不易理解之处。

针对上述分析指出的可能存在的问题，问卷通过以下措施被进一步修正：第一，在正式调查中增大样本量；第二，修改问卷的排版格式；第三，进一步修正项目的语言使之简明，易于理解。

第5章 正式研究数据分析与结果

本书通过描述性统计分析呈现调查数据的基本情况，并通过量表信度与效度分析来评价问卷质量。描述性统计分析包括样本团队的基本信息和调查样本团队成员的人口统计学特征，并对数据进行均值、均方差（或标准差）分析。量表的信度和效度通过两种方法分析：第一，通过 Cronbach's α 系数和因子分析检验量表的信度；第二，通过验证性因子分析检验量表的效度。在问卷评价基础上，本书采用 SPSS19.0 和 AMOS17.0 软件包对调查数据进行相关分析、回归分析和路径分析以验证本研究的假设。

5.1 样本概况

5.1.1 样本团队统计描述

通过实地调研，本书最后获得了 128 个团队，共 510 个成员的有效样本数据。其中，有 3 个填答者的团队 56 个，有 4 个填答者的团队 35 个，有 5 个填答者的团队 25 个，有 6 个或更多填答者的团队 12 个，如表 5-1 所示。

表 5-1 团队成员中问卷填答人数统计

团队成员答卷人数	频数	百分比（%）	累计百分比（%）
3	56	43.75	43.75
4	35	27.34	71.09
5	25	19.53	90.62
≥6	12	9.38	100
汇总	128	100.0	

5.1.2　样本团队成员统计描述

510个团队成员有效样本反映的团队成员基本情况如表5－2所示。由表5－2可以看出，被调查的个体样本中，男性占54.71%，女性占44.71%，男女比例为1.22∶1，表明被试样本男女比重均等；被试样本中60.78%的团队成员年龄在21～30岁，表明团队成员比较年轻；被试样本中，具有大学专科和大学本科学历的人数占84.9%，硕士以上学历占7.64%，表明团队成员的学历基本集中在大学专科和本科，符合样本的知识型员工选取标准；被试样本中，89.02%的成员在公司任职超过一年以上，表明被试团队成员在公司中工作相对稳定；被试样本中，国有企业（62.94%）及民营企业（27.06%）比例之和高达90%，表明本书样本主要取自于国有企业和民营企业；被试样本中组织规模为1000人以下的占76.48%，表明本书样本主要涉及中小型企业；被试样本中，普通员工（74.12%）和基层管理者（17.84%）比例之和达91.96%，表明本书的涉及样本为组织工作单元中的基层人员。

表5－2　团队成员基本情况

属性	类别	人数	有效百分比（%）	累计百分比（%）
性别	男	279	54.71	54.71
	女	228	44.71	99.42
	未回答	3	0.58	100.00
	汇总	510	100.00	
年龄（岁）	≤20	18	3.53	3.53
	21～30	310	60.78	64.31
	31～40	133	26.08	90.39
	41～50	44	8.63	99.02
	≥51	5	0.98	100.00
	汇总	510	100.00	
学历	高中、中专	38	7.45	7.45
	大专	143	28.04	35.49
	本科	290	56.86	92.35
	硕士	37	7.25	99.61
	博士	2	0.39	100.00
	汇总	510	100.00	

续表

属性	类别	人数	有效百分比（%）	累计百分比（%）
工龄（年）	≤1	56	10.98	10.98
	1～2	228	44.71	55.69
	3～5	127	24.90	80.59
	6～10	55	10.78	91.37
	≥11	44	8.63	100.00
	汇总	510	100.00	
单位类型	国有企业	321	62.94	62.94
	民营企业	138	27.06	90.00
	合资企业	12	2.35	92.35
	政府部门	21	4.12	96.47
	事业单位	18	3.53	100.00
	汇总	510	100.00	
组织规模（人）	≤100	230	45.10	45.10
	100～300	108	21.18	66.28
	300～1000	52	10.20	76.48
	＞1000	120	23.53	100.00
	汇总	510	100.00	
职级	普通员工	378	74.12	74.12
	基层管理者	91	17.84	91.96
	中层管理者	31	6.08	98.04
	高层管理者	1	0.20	98.24
	其他	9	1.76	100.00
	汇总	510	100.00	
工作性质	市场类	113	22.16	22.16
	技术类	138	27.06	49.22
	制造类	8	1.57	50.79
	行政和服务类	178	34.90	85.69
	其他	73	14.32	100.00
	汇总	510	100.00	

通过对样本基本资料的统计分析，我们认为，调查样本所包含的团队特征和团队成员人口统计特征符合研究要求，并具有广泛的代表性。由此，本书获得的数据可以进行进一步的研究分析。

5.2　描述性统计分析

本书对理论模型中涉及的各主要研究变量进行描述性统计分析，主要包括各主变量测量题项的均值、标准差、偏态与峰度的统计量，具体参见表 5 - 3。总体来看，正式调研样本数据的偏态绝对值均小于 1.6，低于临界值 3，峰态绝对值均小于 2.2，低于临界值 10，表明本研究各测量题项的数据总体服从正态分布（吴明隆，2003），满足了进行后续数据处理分析的基本条件。

表 5 - 3　各变量测量项目团队成员层面数据的描述性统计量

项目	样本量统计	极小值统计	极大值统计	均值统计	标准差统计	偏态		峰态	
						统计	标准差	统计	标准差
a1	510	1	5	4.00	0.981	-0.944	0.108	2.156	0.216
a2	510	1	5	4.09	0.900	-0.934	0.108	1.566	0.216
a3	510	1	5	3.82	0.935	-0.567	0.108	0.682	0.216
a4	510	1	5	4.14	0.855	-0.964	0.108	0.579	0.216
a5	510	1	5	3.98	0.881	-0.842	0.108	1.181	0.216
a6	510	1	5	3.77	1.092	-0.662	0.108	1.036	0.216
a7	510	1	5	3.97	0.989	-0.831	0.108	-0.419	0.216
a8	510	1	5	4.07	0.977	-0.917	0.108	-0.221	0.216
a9	510	1	5	3.78	0.983	-0.615	0.108	-0.925	0.216
a10	510	1	5	3.63	1.050	-0.483	0.108	-0.837	0.216
a11	510	1	5	4.34	0.799	-1.319	0.108	0.080	0.216
a12	510	1	5	4.36	0.817	-1.515	0.108	-0.214	0.216
a13	510	1	5	4.39	0.818	-1.445	0.108	0.887	0.216
a14	510	1	5	4.28	0.828	-1.209	0.108	-0.322	0.216
a15	510	1	5	4.40	0.756	-1.338	0.108	1.100	0.216
a16	510	1	5	4.25	0.890	-1.296	0.108	-0.005	0.216
a17	510	1	5	4.15	0.891	-0.995	0.108	-0.309	0.216
a18	510	1	5	4.12	0.942	-1.014	0.108	0.880	0.216
a19	510	1	5	4.22	0.927	-1.222	0.108	-0.554	0.216
a20	510	1	5	4.15	0.948	-1.167	0.108	-0.140	0.216

续表

项目	样本量	极小值	极大值	均值	标准差	偏态		峰态	
	统计	统计	统计	统计	统计	统计	标准差	统计	标准差
d1	510	1	5	2.74	1.046	0.350	0.108	-0.148	0.216
d3	510	1	5	2.59	1.010	0.436	0.108	-0.337	0.216
d5	510	1	5	3.47	1.203	-0.353	0.108	0.809	0.216
d6	510	1	5	3.19	1.108	-0.177	0.108	0.755	0.216
e1	510	1	5	3.65	0.979	-0.624	0.108	0.745	0.216
e2	510	1	5	3.50	1.016	-0.457	0.108	1.120	0.216
e3	510	1	5	3.90	0.907	-0.890	0.108	0.431	0.216
e4	510	1	5	3.67	1.064	-0.575	0.108	0.619	0.216
e5	510	1	5	4.09	0.835	-0.927	0.108	1.283	0.216
e6	510	1	5	3.92	0.961	-0.693	0.108	1.444	0.216
e7	510	1	5	3.59	1.050	-0.500	0.108	2.156	0.216
e8	510	1	5	3.99	0.888	-0.878	0.108	1.566	0.216
e9	510	1	5	3.86	0.889	-0.368	0.108	0.682	0.216
e10	510	1	5	3.81	0.899	-0.444	0.108	0.579	0.216
e11	510	1	5	3.76	0.892	-0.396	0.108	1.181	0.216
e12	510	1	5	3.84	0.854	-0.396	0.108	1.036	0.216
g1	510	1	5	4.11	0.834	-0.935	0.108	-0.419	0.216
g2	510	1	5	4.10	0.830	-0.937	0.108	-0.221	0.216
g3	510	1	5	4.14	0.810	-0.909	0.108	-0.925	0.216
g4	510	1	5	4.06	0.870	-0.999	0.108	-0.837	0.216
g5	510	1	5	4.05	0.853	-0.812	0.108	0.080	0.216
g6	510	1	5	4.18	0.856	-1.005	0.108	-0.214	0.216
g7	510	1	5	4.24	0.836	-1.150	0.108	0.887	0.216
g8	510	1	5	4.28	0.841	-1.235	0.108	-0.322	0.216

5.3 评分者之间一致性和组内一致性

5.3.1 评分者之间一致性

按照前文阐明的多水平研究的通用方法，在将团队成员评估数据聚合到团队层评估之前，必须先考察 RWG 值，以检验每个团队的成员数据是否可以加总到团队水平。RWG 用于评价同一组评估者评估同一对象属性的一致性程度。被评估对象属性可以是单一指标，也可以是具有相同理论基础构建的项目组指标。这些指标必须符合两项前提：具有可接受的心理测量学要求的项目测量质量（如项目组具备较高的内部一致性），项目测量尺度近似于等距尺度。在数理统计与测量学上，群体评估内部一致性可定义为系统方差（Systematic Variance）在总方差（Total Variance）中的比例。因此，James，Demaree 和 Wolf（1984）在综合前人研究的基础上，发展出新的群体评估内部一致性检验指标 RWG。

根据 James F. R. 等的观点，RWG 的计算值超过 0. 70 则可以将个体水平数据转换成为群体水平的数据进行分析。由于 SPSS 软件没有直接提供现成的函数计算 RWG 值，本书采用李超平博士编写的 SPSS 程序计算了各个团队的 RWG 值。由于样本量较大，本书主要报告了各研究变量 RWG 的中位数，具体结果如表 5 –4 所示。

表 5 –4 研究变量的 RWG 和 ICC 值

问卷	维度	ICC1	ICC2	RWG 中位数
分布式领导	团队进取	0. 196	0. 479	0. 818
	权责共担	0. 186	0. 472	0. 752
	团队期望	0. 112	0. 334	0. 844
	团队合作	0. 209	0. 512	0. 844
团队心理安全		0. 148	0. 394	0. 707
边界管理	边界巩固	0. 219	0. 522	0. 801
	边界跨越	0. 186	0. 471	0. 787
	边界缓冲	0. 198	0. 494	0. 772
团队绩效	任务绩效	0. 282	0. 610	0. 881
	合作满意度	0. 216	0. 524	0. 889

5. 3. 2 组内一致性

在确定采用团队层面分析时，可再进一步验证 ICC 值，ICC 值代表组内相关（Intra – Class Correlation），计算公式如下

ICC1 = ［MSB – MSW］／［MSB + （n – 1） × MSW］

ICC2 = ［MSB – MSW］／MSB

式中，MSB 为组间变异数，MSW 为组内变异数，n 为组内的平均成员人数，

各个变量ICC值如表5－4所示。从表中可以看到，ICC1值为0.1～0.3，ICC2值接近0.6。同时，本研究采用RWG值检验，对这些变量进行进一步的补充分析。

如表5－4所示，RWG中值均在0.7以上，范围为0.7～0.9，表明使用团队层面分析比个人层面分析更为合适（Zhang，Hempel，Han和Tjosvold，2007）。ICC1、ICC2与RWG的分析表明，同一团队的测量表现具有较高一致性，因此，以取平均数的方法将个体数据聚合到团队层面对变量进行分析是合适的。

5.4 信度与效度分析

5.4.1 内部一致性分析

本书使用SPSS19.0软件分别计算团队成员个体样本、团队层数据中各变量的内部一致性（Cronbach's α）系数值，结果如表5－5所示。团队成员各个变量的内部一致性系数为0.711～0.939，说明本书中所有变量的测量量表和数据是可靠的。基于这些分析结果，个体数据被聚合到团队层，并在团队层被分析，分析得出，团队层面各个变量的内部一致性系数为0.797～0.961。

表5－5 问卷预测试的信度分析结果（个体层面，n＝510；团队层面，n＝128）

变量	项目	$\alpha_{个体层面}$值	$\alpha_{团队层面}$值	参考值	结果
团队进取	5	0.829	0.902	0.7	信度良好
权责共享	5	0.828	0.891	0.7	信度良好
团队期望	5	0.876	0.909	0.7	信度良好
团队合作	5	0.913	0.955	0.7	信度良好
分布式领导	20	0.939	0.961	0.7	信度良好
心理安全	4	0.711	0.797	0.7	信度良好
边界巩固	4	0.842	0.913	0.7	信度良好
边界跨越	4	0.761	0.834	0.7	信度良好
边界缓冲	4	0.827	0.908	0.7	信度良好
边界管理	12	0.872	0.917	0.7	信度良好
任务绩效	5	0.914	0.956	0.7	信度良好
合作满意度	3	0.899	0.943	0.7	信度良好
团队绩效	8	0.931	0.960	0.7	信度良好

5.4.2 探索性因子分析

本书在510个样本中随机抽取一半数据进行验证性因子分析，另一半数据进行探索性因子分析。在对正式调查数据进行探索性因子分析之前，对本书测量问卷的各分量表进行KMO和Bartlett球体检验，具体统计值如表5-6所示。

表5-6 问卷小样本KMO测度和Bartlett球体检验结果

量表	KMO值	近似卡方值	df	显著性概率
分布式领导	0.940	6181.900	190	0.000
边界管理活动	0.875	2552.036	66	0.000
心理安全	0.676	408.429	6	0.000
团队绩效	0.908	3089.775	28	0.000

表5-6显示的检验结果表明，KMO值均大于0.6，Bartlett统计值显著（sig.=0.000），表示适合进行因子分析。

本书对团队成员各分量表问卷数据采用Varimax旋转法进行主成分因子分析后得到如表5-7至表5-11所示的结果。表5-7至表5-11显示的因子分析结果表明，结构变量的实际测量的效度与以往研究文献证明的结构变量的内涵界定相符合。

表5-7 分布式领导各题项因子载荷

因素	题项	因子载荷			
		F1	F2	F3	F4
F1	a18	0.823	0.144	0.277	0.221
	a19	0.775	0.170	0.291	0.224
	a20	0.761	0.195	0.274	0.177
	a17	0.756	0.226	0.237	0.268
	a16	0.611	0.419	0.203	0.300
	a8	0.522	0.286	0.370	0.284
F2	a13	0.125	0.859	0.166	0.070
	a12	0.168	0.824	0.153	0.031
	a15	0.263	0.738	0.097	0.190
	a14	0.124	0.733	0.080	0.226
	a11	0.197	0.687	0.359	0.071

续表

因素	题项	因子载荷			
		F1	F2	F3	F4
F3	a2	0.284	0.160	0.748	0.126
	a3	0.165	0.094	0.721	0.265
	a4	0.360	0.254	0.677	0.107
	a5	0.215	0.212	0.620	0.244
	a1	0.314	0.184	0.523	0.327
F4	a10	0.195	0.138	0.142	0.823
	a9	0.303	0.171	0.266	0.727
	a6	0.285	0.075	0.337	0.551
	a7	0.346	0.250	0.371	0.501

从表5-7中可以看到，题项a1、a2、a3、a4和a5被一同归入团队进取因子；题项a6、a7、a9和a10被一同归入权责共担因子；a11、a12、a13、a14和a15被一同归入团队期望因子；a8、a16、a17、a18、a19和a20被一同归入团队合作因子。但a8题目应被归于权责共担因子，在表中却被归于团队合作因子中，从题意上看，a8题“我们小组的成员共同对团队负责”明确表明了责任共担的意思，因此按照技术要求将其删除。在删除a8题项后各因子划分清晰，如表5-8所示。

表5-8 分布式领导删除a8后各题项因子载荷

因素	题项	因子载荷			
		F1	F2	F3	F4
F1	a13	0.860	0.114	0.166	0.072
	a12	0.825	0.163	0.155	0.033
	a15	0.739	0.258	0.099	0.192
	a14	0.734	0.121	0.080	0.227
	a11	0.688	0.185	0.360	0.076
F2	a18	0.149	0.817	0.287	0.231
	a19	0.175	0.767	0.300	0.234
	a20	0.200	0.759	0.284	0.185
	a17	0.231	0.757	0.246	0.274
	a16	0.422	0.612	0.210	0.305

续表

因素	题项	因子载荷			
		F1	F2	F3	F4
F3	a2	0. 163	0. 273	0. 752	0. 132
	a3	0. 095	0. 159	0. 722	0. 267
	a4	0. 257	0. 347	0. 681	0. 113
	a5	0. 213	0. 216	0. 623	0. 244
	a1	0. 187	0. 297	0. 526	0. 336
F4	a10	0. 139	0. 189	0. 142	0. 825
	a9	0. 173	0. 288	0. 267	0. 731
	a6	0. 076	0. 278	0. 338	0. 553
	a7	0. 253	0. 325	0. 373	0. 510

从表 5 -9 中可以看到，题项 e1、e2、e3 和 e4 被一同归入边界巩固因子；题项 e5、e6、e7 和 e8 被一同归入边界缓冲因子；e9、e10、e11 和 e12 被一同归入边界跨越因子。但 e5 题目在因子 1（边界巩固）和因子 3（边界跨越）上的因子载荷分别为 0. 488 和 0. 533，即存在跨因子负载（Crossing - loading），按照技术要求应将其删除，但由于以下两个原因，本书将其保留：第一，从理论上说，该题目内容反映了边界跨越概念的重要内容，不应被删除；第二，删除该题目并不能改善其他题目的载荷，且可能造成其他题目在不同因子间的跨因子负载。因此，本书依据文献回顾和理论推断保留该题目。

表 5 -9　边界管理活动量表因子载荷表

因素	题项	因子载荷		
		F1	F2	F3
F1	e1	0. 795	0. 260	0. 040
	e2	0. 762	0. 189	0. 092
	e3	0. 749	0. 223	0. 136
	e4	0. 748	0. 206	0. 136
F2	e11	0. 214	0. 824	0. 189
	e12	0. 261	0. 806	0. 096
	e10	0. 158	0. 789	0. 148
	e9	0. 413	0. 645	0. 148

续表

因素	题项	因子载荷		
		F1	F2	F3
F3	e7	－0.054	0.098	0.801
	e8	0.080	0.153	0.793
	e6	0.305	0.125	0.737
	e5	0.488	0.228	0.533

从表 5－10 可以看到，团队心理安全量表经过主成分分析只提取出一个因子，说明该量表为单一维度量表，与理论相符。

表 5－10　团队心理安全量表因子载荷表

项目	因子载荷
c2	0.767
c3	0.762
c1	0.711
c4	0.685

表 5－11　团队绩效量表因子载荷表

因素	题项	因子载荷	
		F1	F2
F1	g4	0.817	0.337
	g3	0.802	0.340
	g2	0.795	0.358
	g1	0.791	0.331
	g5	0.767	0.310
F3	g7	0.338	0.868
	g8	0.325	0.868
	g6	0.422	0.775

从表 5－11 中可以看到，题项 g1、g2、g3、g4 和 g5 被一同归入任务绩效因子，而题项 g6、g7 和 g8 被一同归入合作满意度因子。因此，通过正式调查数据的内部一致性与探索性因子分析表明，本书设计的调查问卷具有良好的信度与效度。

探索性因子分析（Exploratory Factor Analysis，EFA）是研究者并未对数据的因素结构有任何预期和立场，而借由统计数据分析因素的结构，此种分析策略带有浓厚的尝试错误的意图。而验证性因子分析（Confirmatory Factor Analysis, CFA）具有理论检验与确认的功能（邱皓正和林碧芳，2009），常被用来验证因子结构的正确性，更适于有待研究的有理论或实证研究基础的理论模型。探索性因子分析与验证性因子分析最大的不同在于测量的理论架构（因素结构）在分析过程中所扮演的角色与检验时机。CFA 的应用必须有特定的理论观点或概念架构作为基础，然后借由数学程序确认该理论观点所导出的计量模型是否准确、适当（邱皓正和林碧芳，2009）。因此，本书除进行内部一致性与探索性因子分析外，还要使用结构方程模型进行验证性因子分析以检验量表的信度与效度。

5.4.3　测量工具的验证性因子分析

结构方程模型的运行通常需要较大的样本量才能获得精确、稳定的估计（吴明隆，2009）。本研究有效个体样本为 510，可以认为该样本数量满足 SEM 分析对样本数量的要求。无论是研究变量的验证性因子分析还是对理论假设关系的拟合检验，都需要同时采用多个指标综合判断结构方程建模拟合程度（吴明隆，2009）。卡方值（χ^2）、卡方自由度比（χ^2/df）、拟合优度（GFI）、规范拟合指数（NFI）、修正拟合指数（IFI）、比较拟合指数（CFI）和近似误差的均方根（RMSEA）是研究者常常采用的评价指标（Wang，Law，Hackett，Wang 和 Chen，2005），因此，本研究也采用这几项指标来检验模型。

学者认为 χ^2 值对样本数敏感，即当样本越大时，χ^2 值越容易达到显著，从而导致理论模型被拒绝的概率增大（吴明隆，2009）。为了减少样本规模对拟合检验的影响，多数学者建议采用 χ^2/df 指标。吴明隆认为，χ^2/df 值若大于 3（较宽松值为 5）表示模型适配度不佳，如其值介于 1 至 3 表示模型适配度良好，较严格的适配度准则是 χ^2/df 值介于 1 至 2，也有学者认为 χ^2/df 值介于 2 至 5 亦可接受（侯杰泰、温忠麟和成子娟，2004）。

RMSEA 属于绝对指数中的近似误差指数，RMSEA 低于 0.10 表示好的拟合；低于 0.05 表示很好的拟合；低于 0.01 表示非常出色的拟合。也有学者对 RMSEA 推荐采用 0.08 的传统界值（温忠麟、侯杰泰和马什赫伯特，2004）。黄芳铭（2005）指出当 RMSEA 值小于 0.05 表示理论模型可以接受，是“良好适配”；0.05 至 0.08 被认为是“不错的适配”；0.08 至 0.10 为“中度适配”；大于 0.10 则表示“不良适配”。本研究对应这两项指标均选取 0.10 作为最高限值，一般希望能够满足在小于 0.08 的范围内。

GFI 的理论取值范围在 0 至 1，通常认为超过 0.90，假设模型就可以接受，表示拟合良好（吴明隆，2009），温忠麟等（2004）建议可采用 0.85 作为可接受的界值。

NFI、IFI 和 CFI 这三类指数均是从设定模型的拟合与独立模型的拟合之间的比较中求得的，属于相对指数。NFI、IFI 和 CFI 值介于 0 与 1 之间，值越大表示模型适配越好，一般而言，这些指标用于判断模型路径与实际数据是否适配的指标均为 0.90 以上（吴明隆，2009）。综合上述分析，本研究将采用的拟合指标，以及对应的取值范围与临界值信息进行汇总，如表 5-12 所示。

表 5-12　最佳适配度指标及其建议值

指标	数值范围	建议值
χ^2/df	0 以上	小于 5，小于 2 更佳
RMSEA	0 以上	小于 0.10，小于 0.05 更佳
GFI	0~1，但可能出现负值	大于 0.90（大于 0.85 也可接受）
NFI	0~1	大于 0.90
IFI	0 以上，大多在 0~1	大于 0.90
CFI	0~1	大于 0.90

资料来源：根据相关文献汇总整理。

测量模型能否被接受，除了从模型整体拟合来看外，还必须从模型内在质量来衡量每一个潜变量的适切性，即内部拟合（邱皓正和林碧芳，2009）。因此，本研究在各研究变量测量模型适配度评价基础上，还将通过验证性因子分析检验各变量的项目质量、组合信度、收敛效度，并考察同一概念内部各维度两两间的区分效度。

因子载荷反映了潜变量观测项目的质量。一般认为，当因子载荷大于 0.71 时，即可以认为项目具有理想的质量，因为此时潜变量能够解释观察变量将近 50%的变异。但邱浩正和林碧芳（2009）认为，社会科学研究者所编制量表的因子载荷都不会太高，建议采用 Tabachnica 与 Fidell 所建议的标准（因子载荷 λ≥0.55 即可宣称良好），而不必坚守 λ≥0.71 原则。

组合信度（Composite Reliability，CR）是判断各潜变量测量模型信度水平的指标。依据古典测量理论的观点，量表信度需达到 0.70 以上才属于比较稳定的测量，但达到这个标准必须使各题项因子载荷平均达到 0.70 以上，社会科学领域的量表不易达到此水平，因此有学者（吴明隆，2009）建议 CR 达到 0.60 即可，Raine-Eudy（1988）研究指出，组合信度达到 0.50 时，测量工具在反映真实分数时即可获得基本稳定性（邱浩正和林碧芳，2009），即表示潜变量的组合信度良好。

在具体的 CFA 操作技术上，有三种方法可以检验潜变量的区分效度（邱皓正和林碧芳，2009）。第一种方法是相关系数区间估计法，如果两个潜在变量的相关系数的95%置信区间没有涵盖1.00，表示因素间具有区分度，否则表明因素间缺乏区分度。第二种方法是竞争模型比较法，利用两个CFA模型进行竞争比较。第三种方法是平均方差萃取量的比较法，比较各变量的AVE的平方根是否大于各潜在变量的相关系数（Fornell和Larcker，1981；Netemeyer，Johnston和Burton，1990；Wang等，2005）。本研究采用第二种方法检验因素的区分效度。

5.4.3.1　分布式领导活动测量模型的信度、效度分析

分布式领导四个维度的验证性因子分析模型如图5－1所示，验证性因子分析的结果如表5－13所示。

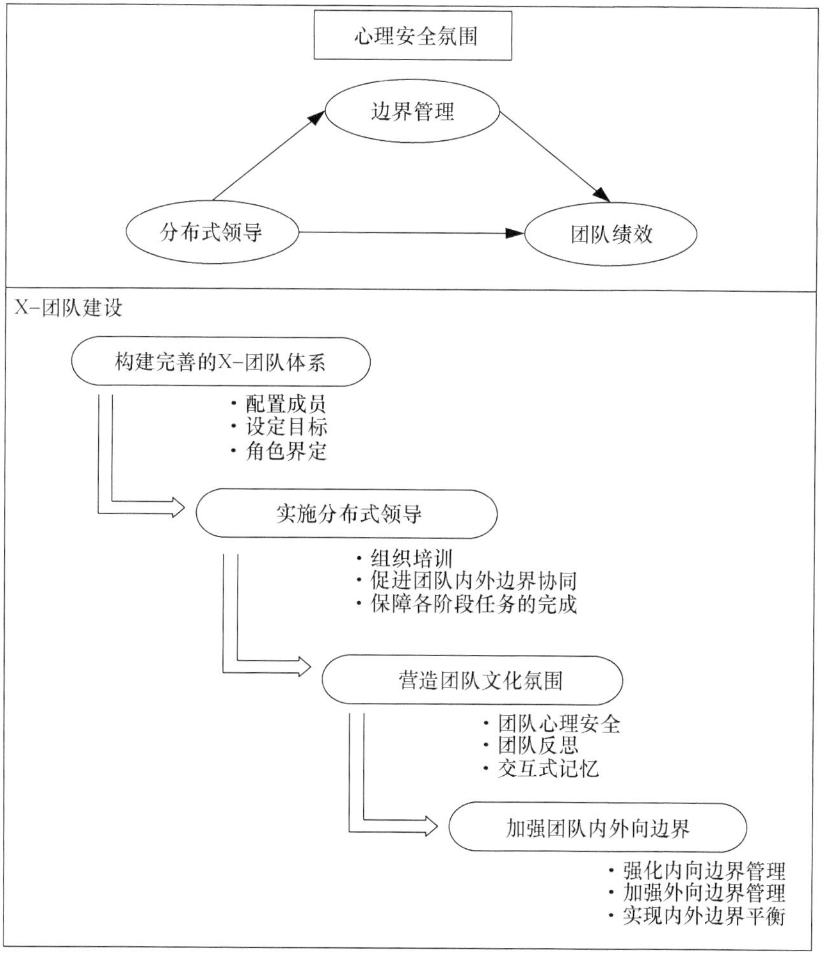

图5－1　分布式领导验证性因子分析模型

表5－13 修正后分布式领导测量模型的验证性因子分析

	测量项目	标准化因子负载	标准误差（S.E.）	临界比（C.R.）	CR
团队进取	a4	0.645			0.68
	a3	0.523	0.065	14.765	
	a2	0.438	0.062	16.579	
	a1	0.587	0.068	15.127	
	a5	0.558	0.062	14.564	
权责共担	a10	0.71			0.78
	a9	0.761	0.07	13.164	
	a7	0.704	0.07	11.655	
	a6	0.547	0.076	11.418	
团队期望	a14	0.694			0.69
	a13	0.747	0.076	16.73	
	a12	0.452	0.075	16.283	
	a15	0.449	0.068	14.476	
	a11	0.42	0.072	14.76	
团队合作	a19	0.524			0.67
	a18	0.606	0.043	24.712	
	a17	0.469	0.041	23.399	
	a16	0.47	0.043	20.214	
	a20	0.577	0.045	21.69	

拟合优度指标值：CMIN＝571.483，df＝146，$\chi^2/df = 3.914$，RMSEA＝0.076，而GFI＝0.895，NFI＝0.903，IFI＝0.926，CFI＝0.925

由分布式领导的验证性因子分析结果可知，分布式领导测量模型整体拟合效果良好，其中，CMIN＝571.483，df＝146，$\chi^2/df = 3.914$，小于5；RMSEA＝0.076，在0.08以内，为“适配良好”；而GFI＝0.895，NFI＝0.903，IFI＝0.926，CFI＝0.925，接近或优于0.90的标准，因此可认为，该测量模型有效。

从测量模型的内部拟合度来看，各测量项目的标准化因子载荷值都达到0.55

的基本标准以上，介于 0.55 至 0.86，表明这些因子对应的观察项目的质量良好；各测量项目的信度 CR 值均在 0.7 左右，表明各维度具有良好的信度，测量模型符合研究要求（Wang 等，2005）。

为了进一步证明各因子间的区分效度，我们使用竞争模型比较法，利用四因子模型和其另外 7 个可选择 CFA 模型进行竞争比较。除四因子模型外，本研究将验证的另外 7 个可选择模型分别是：模型 1 将团队进取与权责共担合并为一个因子，团队期望与团队合作分别为两个因子；模型 2 将团队进取与团队合作合并为一个因子，权责共担与团队期望分别为两个因子；模型 3 将权责共担和团队合作合并为一个因子，团队进取与团队期望分别为两个因子；模型 4 将团队进取与权责共担并为一个因子，团队期望与团队合作合并为一个因子；模型 5 将团队进取与团队合作合并为一个因子，权责共担与团队期望合并为一个因子；模型 6 将权责共担和团队合作合并为一个因子，团队进取与团队期望合并为一个因子；模型 7 将四个因子整个合并为一个因子。表 5 - 14 显示各因子区分效度的验证性因子测量模型比较的结果。

表 5 - 14　分布式领导因子分区 CFA 测量模型比较

模型	因子	χ^2	df	χ^2/df	$\Delta\chi^2$	GFI	NFI	IFI	CFI	RMSEA
四因子模型	四个因子	571.483	146	3.914	—	0.895	0.903	0.926	0.925	0.076
模型 1	进取 权责	656.593	149	4.407	85.11	0.878	0.888	0.911	0.911	0.082
模型 2	进取 合作	794.229	149	5.330	222.746	0.847	0.865	0.887	0.887	0.092
模型 3	权责 合作	740.257	149	4.968	168.774	0.861	0.874	0.897	0.896	0.088
模型 4	期望 合作	1382.455	151	9.155	810.972	0.722	0.765	0.785	0.784	0.127
模型 5	权责 期望	1351.165	151	8.948	779.682	0.727	0.770	0.790	0.790	0.125
模型 6	进取 期望	1304.366	151	8.638	732.883	0.730	0.778	0.799	0.798	0.123
模型 7	四个因子合并	1590.226	152	10.462	1018.743	10.462	0.729	0.749	0.748	0.136

从不同模型的 χ^2 增加量来看，模型1、模型2、模型3、模型4、模型5、模型6和模型7比四因子模型的 χ^2 值增加分别为76.327、168.111、139.737、699.753、619.295、571.261和843.671。根据模型精简原则，可以认为四因子模型更合理，即四因子间具有显著区分差异。

从模型拟合度比较情况看，比较其他7个模型，四因子模型更好的拟合了数据。四因子模型各项指标均达严格标准，拟合度明显优于其他模型，说明团队进取、权责共担、团队期望和团队合作是四个不同的因子，表明因子间具有良好的区分效度。

5.4.3.2 团队绩效的验证性因子分析

团队绩效二维度的验证性因子分析模型如图5－2所示，验证性因子分析的结果如表5－15所示。

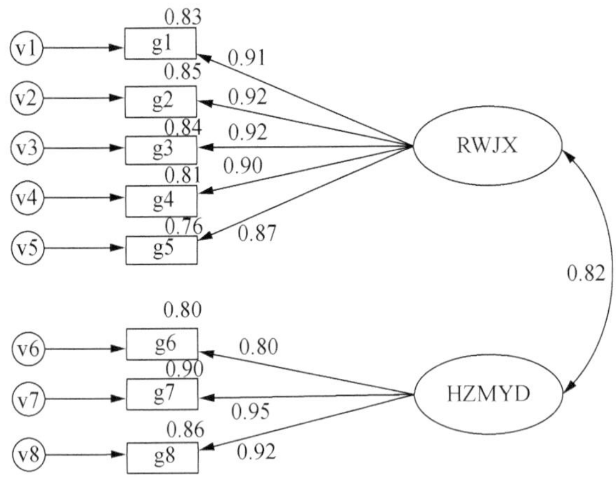

图5－2 团队绩效的验证性因子分析模型

由团队绩效的验证性因子分析结果可知，团队绩效测量模型整体拟合效果良好，其中CMIN＝45.558，df＝19，χ^2/df＝2.398，小于3；RMSEA＝0.105，接近0.1，可以接受；而GFI＝0.914，NFI＝0.962，IFI＝0.978，CFI＝0.978，均优于0.90的标准，因此可认为，该测量模型有效。

从测量模型的内部拟合度来看，各测量项目分别对任务绩效与合作满意度的标准化因子载荷值均达到0.85的基本标准以上，表明这些因素对应的观察项目的质量良好；边界巩固、缓冲和跨越这三者各自的组合信度CR值均接近0.7，表明边界管理活动各维度具有良好的组合信度，测量模型符合研究要求（Wang等，2005）。

表 5－15　团队绩效测量模型的验证性因子分析

	测量项目	标准化因子负载	标准误差（S. E.）	临界比（C. R.）	变量 CR
任务绩效	g3	0.919			0.96
	g2	0.921	0.055	18.026	
	g1	0.909	0.057	17.373	
	g4	0.898	0.063	16.742	
	g5	0.869	0.062	15.368	
合作满意度	g8	0.925			0.95
	g7	0.947	0.051	19.543	
	g6	0.897	0.058	16.777	

拟合优度指标值：CMIN＝45.558，df＝19，χ^2/df＝2.398，RMSEA＝0.105，GFI＝0.914，NFI＝0.962，IFI＝0.978，CFI＝0.978

为了进一步证明各因子间的区分效度，我们使用竞争模型比较法，利用二因子模型和单因子模型进行竞争比较，将两个因子整个合并为一个因子，表 5－16 显示各因子区分效度的验证性因子测量模型比较的结果。

表 5－16　团队绩效因子分区 CFA 测量模型比较

模型	因子	χ^2	df	χ^2/df	$\Delta\chi^2$	GFI	NFI	IFI	CFI	RMSEA
二因子模型	二因子	45.558	19	2.398	—	0.914	0.962	0.978	0.978	0.105
模型 1	单因子	178.495	20	8.925	132.937	0.717	0.853	0.867	0.866	0.250

从不同模型的 χ^2 增加量来看，单因子模型比二因子模型的 χ^2 值增加为 132.937。根据模型精简原则，可以认为二因子模型更合理，即二因子间具有显著区分差异。

从模型拟合度比较情况看，相比较单因子模型，二因子模型更好地拟合了数据。二因子模型各项指标均达到严格标准，拟合度明显优于单因子模型，说明任务绩效与合作满意度是两个不同的因子，表明因子间具有良好的区分效度。

5.4.3.3　团队边界管理的验证性因子分析

边界管理活动三个维度的验证性因子分析模型如图 5－3 所示，验证性因子分析的结果如表 5－17 所示。

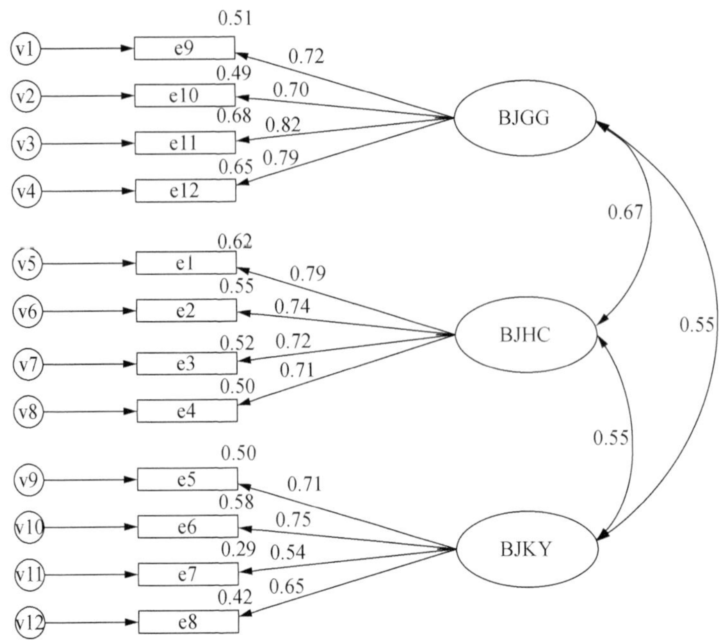

图5－3 边界管理活动验证性因子分析模型

表5－17 修正前边界管理活动测量模型的验证性因子分析

	测量项目	标准化因子负载	标准误差（S. E.）	临界比（C. R.）	CR
边界巩固	e12	0. 793			0. 85
	e11	0. 823	0. 057	19. 149	
	e10	0. 703	0. 059	15. 756	
	e9	0. 715	0. 059	15. 988	
边界缓冲	e4	0. 709			0. 83
	e3	0. 718	0. 06	14. 365	
	e2	0. 739	0. 068	14. 698	
	e1	0. 786	0. 067	15. 287	
边界跨越	e8	0. 65			0. 76
	e7	0. 541	0. 097	10. 153	
	e6	0. 748	0. 103	12. 127	
	e5	0. 709	0. 088	11. 635	

拟合优度指标值：CMIN = 238. 090，df = 51，χ^2/df = 4. 668，RMSEA = 0. 085，GFI = 0. 908，NFI = 0. 926，IFI = 0. 940，CFI = 0. 925

由边界管理活动的验证性因子分析结果可知，边界管理活动测量模型整体拟合效果良好，其中 CMIN = 238.090，df = 51，χ^2/df = 4.668，小于 5；RMSEA = 0.085，在 0.08 以内，为“适配良好”；而 GFI = 0.908，NFI = 0.926，IFI = 0.940，CFI = 0.925，均优于 0.90 的标准，因此可认为，该测量模型有效。

从测量模型的内部拟合度来看，各测量项目分别对边界巩固、边界缓冲与边界跨越的标准化因子载荷值都达到 0.54 的基本标准以上，介于 0.54 至 0.83，表明这些因子对应的观察项目的质量良好；边界巩固、缓冲和跨越这三者各自的组合信度 CR 值均在 0.75 以上，表明边界管理活动各维度具有良好的组合信度，测量模型符合研究要求（Wang 等，2005）。

为了进一步证明各因子间的区分效度，我们使用竞争模型比较法，利用三因子模型和其另外 4 个可选择 CFA 模型进行竞争比较。除三因子模型外，本研究将验证的另外 4 个可选择模型分别是：模型 1 将边界巩固与边界缓冲合并为一个因子；模型 2 将边界巩固与边界跨越合并为一个因子；模型 3 将边界缓冲和边界跨越合并为一个因子；模型 4 将三个因子整个合并为一个因子，表 5 - 18 显示各因子区分效度的验证性因子测量模型比较的结果。

从不同模型的 χ^2 增加量来看，模型 1、模型 2、模型 3 和模型 4 比三因子模型的 χ^2 值增加分别为 260.819（$\Delta\chi^2$ = 260.819）、267.587（$\Delta\chi^2$ = 267.587）、243.656（$\Delta\chi^2$ = 243.656）和 482.424（$\Delta\chi^2$ = 482.424），各模型 χ^2 增加值在 0.01 水平上均达到显著。根据模型精简原则，可以认为三因子模型更合理，即三因子间具有显著区分差异。

从模型拟合度比较情况看，比较其他 4 个模型，三因子模型更好地拟合了数据。模型 1 中，χ^2/df = 4.668，GFI = 0.908，NFI = 0.926，IFI = 0.940，CFI = 0.925，RMSEA = 0.085。相比其他模型，三因素模型各项指标均达严格标准，拟合度明显优于其他模型，说明边界巩固、缓冲和跨越为三个不同的因子，表明因子间具有良好的区分效度。

表 5 - 18　边界管理活动因子分区 CFA 测量模型比较

模型	因子	χ^2	df	χ^2/df	$\Delta\chi^2$	GFI	NFI	IFI	CFI	RMSEA
三因子模型	三个因子	238.090	51	4.668	—	0.908	0.926	0.940	0.925	0.085
模型 1	巩固与缓冲合并	498.909	53	9.413	260.819	0.829	0.806	0.823	0.822	0.129
模型 2	巩固与跨越合并	505.677	53	9.541	267.587	0.840	0.804	0.821	0.820	0.130
模型 3	缓冲和跨越合并	481.746	53	9.090	243.656	0.839	0.813	0.830	0.829	0.126
模型 4	三个因子合并	720.514	54	13.343	482.424	0.775	0.720	0.736	0.735	0.156

5.4.3.4 团队心理安全验证性因子分析

将团队心理安全题项d1、d3的残差合并后，进行验证性因子分析，结果如图5-4和表5-19所示。

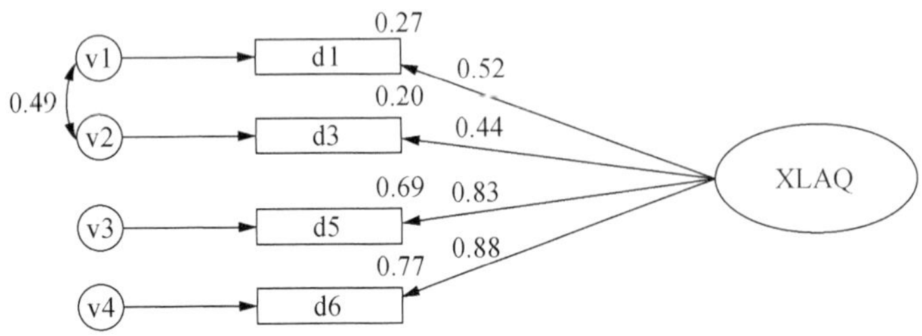

图5-4 心理安全测量的验证性因子分析模型

表5-19 心理安全测量模型的验证性因子分析

	测量项目	标准化因子负载	标准误差（S.E.）	临界比（C.R.）	CR
团队心理安全	d6	0.875			0.77
	d5	0.832	0.145	7.086	
	d3	0.444	0.084	4.653	
	d1	0.52	0.097	5.464	
拟合优度指标：CMIN=0.102，df=1，χ^2/df=0.102，RMSEA=0.000，GFI=1.000，NFI=0.999，IFI=1.005，CFI=1.000					

从整体拟合度看，绝对拟合指数χ^2/df=0.102，RMSEA接近0，GFI=1.000，NFI=0.999，IFI=1.005，CFI=1.000，效果较好。

从测量模型的内部拟合度来看，各观察项目的标准化因子载荷值基本在0.50以上，表示观察项目的质量较好；组合信度CR值为0.77，表明团队心理安全具有可以接受的组合信度，测量模型符合本书的研究要求。

综合上述各变量测量模型信度与效度分析可知，本研究框架中涉及的主要变量均表现出良好的项目质量（$\lambda \geqslant 0.55$）、组合信度（CR值均大于或接近0.70）和变量间的区分效度。在对本研究理论模型涉及的各关键变量进行信度与效度分析的基础上，通过数据加总将个体层面的数据整合至团队层面的数据，然后利用团队数据进行本研究理论模型的假设检验。

第6章　假设检验和结果

本书采用SPSS19.0统计分析软件作为检验理论模型研究假设的分析工具。使用的统计方法主要包括相关分析和回归分析。本书要检验的分布式领导、边界管理活动、团队心理安全与团队绩效之间关系模型如图6-1所示。

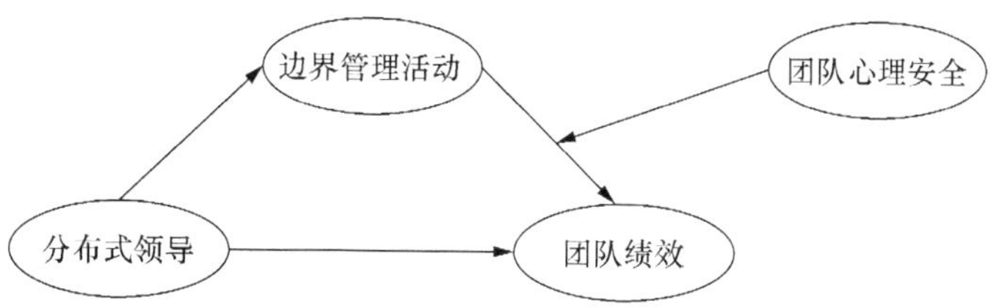

图6-1　分布式领导、边界管理活动、团队心理安全与团队绩效之间关系模型

在假设检验前，我们需要检验进行团队层面分析的样本规模是否符合研究的要求。依据Cohen（1988）提出的基准，以及以往研究者（Ancona和Caldwell，1992a；Nidumolu，1995；Smith等，1994；Faraj和Yan，2009）的经验，在团队层研究的样本容量至少需要61个团队样本。因此，本书通过调研获得128个团队的样本，满足进行回归分析的要求。

6.1　团队层面变量的相关分析

通过文献回顾可知，边界管理活动会对团队绩效产生显著的影响，同时团队特征也有可能在不同程度上影响团队绩效。为了能够准确分析边界管理活动对绩效产生何种影响以及影响程度如何，本书将员工性别、年龄、受教育程度、工龄、职位、团队规模作为控制变量。同时，了解各研究变量间的相关关系情况。

表6-1 分布式领导、边界管理活动、团队心理安全与团队绩效的描述性统计（n=128）

变量	M	SD	xb	nl	jy	gl	zw	rs	分布式领导	团队进取	权责共担	团队期望	团队合作	边界管理	边界巩固	边界缓冲	边界跨越	团队心理安全	团队绩效	任务绩效	合作满意度
xb	1.49	0.41	1																		
nl	2.40	0.44	-0.150	1																	
jg	2.65	0.55	0.178*	-0.208*	1																
gl	2.58	0.74	-0.001	0.621**	-0.131	1															
zw	1.39	0.50	0.064	0.130	0.050	0.162	1														
rs	17.90	32.11	0.103	0.098	-0.107	0.106	-0.003	1													
分布式领导	81.75	9.15	-0.077	-0.001	-0.028	0.091	0.039	0.035	1												
团队进取	19.95	2.57	-0.048	0.025	-0.009	0.086	-0.013	-0.024	0.897**	1											
权责共担	19.17	2.82	-0.159	-0.044	0.000	-0.008	0.094	0.002	0.914**	0.769**	1										
团队期望	21.80	2.06	-0.024	0.004	-0.030	0.175*	-0.002	0.049	0.759**	0.575**	0.579**	1									
团队合作	20.84	2.93	-0.028	0.014	-0.059	0.092	0.045	0.093	0.925**	0.780**	0.812**	0.606**	1								
边界管理	45.48	5.40	-0.108	0.054	0.013	0.024	0.062	-0.004	0.784**	0.761**	0.737**	0.593**	0.655**	1							
边界巩固	15.24	2.11	-0.072	0.095	-0.011	0.037	0.124	0.012	0.728**	0.713**	0.677**	0.511**	0.640**	0.890**	1						

续表

变量	M	SD	xb	nl	jy	gl	zw	rs	分布式领导	团队进取	权责共担	团队期望	团队合作	边界管理	边界巩固	边界缓冲	边界跨越	团队心理安全	团队绩效	任务绩效	合作满意度
边界缓冲	14.68	2.35	-0.086	0.025	-0.061	-0.080	0.006	0.030	0.704**	0.674**	0.688**	0.456**	0.627**	0.869**	0.720**	1					
边界跨越	15.56	1.99	-0.116	0.017	0.119	0.121	0.030	-0.060	0.525**	0.514**	0.473**	0.531**	0.361**	0.747**	0.507**	0.417**	1				
团队心理安全	12.03	2.21	0.023	-0.214*	0.178*	-0.205*	-0.133	0.158	0.265**	0.166	0.228**	0.195*	0.327**	0.068	0.096	0.104	-0.042	1			
团队绩效	33.05	4.14	-0.020	0.033	-0.056	0.016	0.053	0.033	0.839**	0.790**	0.741**	0.568**	0.816**	0.776**	0.749**	0.755**	0.422**	0.306**	1		
任务绩效	20.39	2.73	-0.043	0.029	-0.062	0.006	0.054	0.050	0.802**	0.792**	0.716**	0.528**	0.751**	0.791**	0.750**	0.769**	0.445**	0.251**	0.970**	1	
合作满意度	12.66	1.63	0.021	0.034	-0.040	0.032	0.045	0.000	0.789**	0.681**	0.684**	0.559**	0.816**	0.648**	0.647**	0.630**	0.329**	0.358**	0.915**	0.791**	1

注：* 为 $p<0.05$，** 为 $p<0.01$，*** 为 $p<0.001$，下同。

相关分析是指对两个变量之间的关联程度进行分析，通过相关分析可以明确两个变量之间的关系，通常用皮尔逊相关系数表示，它是多元回归分析的基础。本书运用 SPSS19.0 进行描述性统计，并得出皮尔逊相关系数，具体见表 6 - 1 所示。相关分析的结果表明了本理论模型中分布式领导、边界管理、心理安全以及团队绩效之间存在显著相关性，为明确各变量间的相关程度、方向等关系，回归分析可以对分布式领导、边界管理活动、团队心理安全与团队绩效之间的定量关系做进一步分析。

6.2 分布式领导与团队绩效之间关系的假设检验

由于本书的理论命题欲检验分布式领导对团队绩效的直接关系，因而本书将进行层级回归（Hierarchical Regression）分析，并对变量均值进行中心化处理（Cohen，Cohen，West 和 Aiken，2003），以降低多重共线性的可能性。为了证明不存在多重共线性问题，我们需要考察每个自变量的方差膨胀因子（Variance Inflation Factor，VIF）和序列相关性。

多重共线性指自变量间存在线性相关关系，如果无法对多重共线性做出修正，回归分析就无法进行。多重共线性可用方差膨胀因子和条件指数（Condition Index）来衡量。一般认为 VIF 不应大于 10，或 CI 条件指数不应大于 0.30，否则说明变量间存在多重共线性（Cohen 等，2003；吴明隆，2003；张文彤，2003）。

序列相关是指回归模型中的不同残差项之间具有相关关系，其检验是通过回归模型中的 Durbin - Watson（简称 D - W）检验值来判断的。当 D - W = 0 时，完全正自相关；当 D - W = 2 时，完全没有自相关；D - W = 4 时，完全负相关（吴明隆，2003）。但本书采集数据为截面数据，同时，本书所有模型的 D - W 值均接近于 2，因此不存在序列相关问题。

6.2.1 验证分布式领导对团队绩效的整体影响效应

该部分进行层级回归的步骤如下：第一步，将员工性别、年龄、受教育程度、工龄、职位、团队人数作为自变量，团队绩效作为因变量构建模型 1；第二步，把员工性别、年龄、受教育程度、工龄、职位、团队人数作为控制变量，分布式领导作为自变量，团队绩效作为因变量构建模型 2。具体分析结果如表 6 - 2 所示。

表6-2 分布式领导与团队绩效关系的层次分析结果

预测	团队绩效		任务绩效		合作满意度	
变量	M1	M2	M3	M4	M5	M6
xb	-0.015	0.070	-0.040	0.017	0.030	0.073
nl	0.019	0.125	0.016	0.089	0.020	0.116
jy	-0.052	-0.040	-0.052	-0.042	-0.043	-0.009
gl	-0.015	-0.148	-0.027	-0.144	0.008	-0.127
zw	0.057	0.025	0.062	0.054	0.041	0.014
rs	0.029	-0.005	0.050	0.036	-0.011	-0.076
DL		0.856***				
TDJQ				0.504**		0.071
QZGD				0.088		0.006
TDQW				0.053		0.115
TDHZ				0.258*		0.703***
F值	0.154	44.538***	0.227	26.378***	0.104	26.42***
F值	0.154	308.501	0.227	64.885	0.104	65.563
R^2	0.008	0.722	0.011	0.693	0.005	0.693
ΔR^2	0.008	0.715	0.011	0.682	0.005	0.688

注：DL为分布式领导；TDJQ为团队进取；QZGD为权责共担；TDQW为团队期望；TDHZ为团队合作，下同。

可以发现，各个变量的VIF值基本都在1.026~1.729，分布式领导的VIF值为1.026，表明变量之间不存在多重共线性。表6-2显示了自变量对因变量的解释能力。模型1、模型3、模型5中的R^2值均不显著，表明这些回归模型的效果不理想，所有变量的t检验均不显著。说明员工性别、年龄、受教育程度、工龄、职位、团队人数等控制变量对团队绩效的影响均不显著，即这些变量没有一个能明显解释团队绩效的变化。

在模型1中放入分布式领导形成模型2之后，ΔR^2为0.715，说明模型2比模型1的拟合效果好，自变量对因变量有预测力。分布式领导对团队绩效的β值为0.856（$p<0.001$），从而验证了假设1。

6.2.2 验证分布式领导各维度分别对任务绩效的影响

模型3、模型4（见表6-2）中各个变量的VIF值基本都在1.040~3.981，分布式领导各维度的VIF值分别为3.180、3.981、1.767和3.946，表明变量之间不存在多重共线性。模型3中以任务绩效为因变量，在加入前因变量形成模型

4之后，ΔR^2 为0.682，说明模型4比模型3的拟合效果好，自变量对因变量有预测力。团队进取对任务绩效的β值为0.504（$p<0.01$），从而验证了假设1.1；权责共担对任务绩效的β值为0.088（$p=0.440>0.05$），即假设1.2不成立；团队期望对任务绩效的β值为0.053（$p=0.012>0.05$），从而假设1.3不成立；团队合作对任务绩效的β值为0.258（$p<0.05$），从而验证了假设1.4。

6.2.3 检验分布式领导各维度对合作满意度的影响

模型5、模型6（见表6－2）中各个变量的VIF值基本都在1.073～3.981，分布式领导各维度的VIF值分别为3.180、3.981、1.767和3.946，表明变量之间不存在多重共线性。模型5中以合作满意度为因变量，在加入前因变量形成模型6后，ΔR^2 为0.688，说明模型6比模型5的拟合效果好，自变量对因变量有预测力。团队进取对合作满意度的β值为0.071（$p=0.438>0.05$），从而假设1.5不成立；权责共担对合作满意度的β值为0.006（$p=0.950>0.05$），即假设1.6不成立；团队期望对合作满意度的β值为0.115（$p=0.093>0.05$），说明假设1.7不成立；团队合作对合作满意度的β值为0.703（$p<0.001$），从而验证了假设1.8。

6.3 分布式领导与团队边界管理之间关系的假设检验

6.3.1 验证分布式领导对团队边界管理的整体影响效应

该部分进行层级回归的步骤如下：第一步，将员工性别、年龄、受教育程度、工龄、职位、团队人数作为自变量，团队边界管理作为因变量构建模型7；第二步，把员工性别、年龄、受教育程度、工龄、职位、人数作为控制变量，分布式领导作为自变量，团队边界管理作为因变量构建模型8。具体分析结果如表6－3所示。

可以发现，各个变量的VIF值基本都在1.039～1.745，分布式领导的VIF值为1.026，表明变量之间不存在多重共线性。表6－3显示了自变量对因变量的解释能力。模型7、模型9、模型11、模型13中的 R^2 值均不显著，表明回归模型的总体效果不理想，所有变量的t检验均不显著，员工性别、年龄、受教育程度、工龄、职位、团队人数等属性变量对团队绩效的影响均不显著，即这些变量没有一个能明显解释边界管理活动的变化。

表6-3 分布式领导与团队边界管理关系的层次分析结果

预测	边界管理		边界巩固		边界缓冲		边界跨越	
变量	M7	M8	M9	M10	M11	M12	M13	M14
xb	-0.114	-0.035	-0.070	0.005	-0.070	0.023	-0.153	-0.086
nl	0.040	0.139	0.096	0.173	0.091	0.166	-0.100	-0.016
jy	0.038	0.049	0.011	0.010	-0.047	-0.050	0.147	0.132
gl	-0.007	-0.131	-0.043	-0.151	-0.150	-0.232	0.204	0.082
zw	0.063	0.034	0.122	0.108	0.025	-0.009	0.012	0.018
rs	0.009	-0.023	0.016	0.013	0.039	0.031	-0.040	-0.020
DL		0.794***						
TDJQ				0.451***		0.346**		0.391**
QZGD				0.226		0.367**		0.232
TDQW				0.125		0.060		0.382***
TDHZ				0.034		0.037		-0.365*
F值	0.383	200.851***	0.574	16.476***	0.502	14.936***	1.307	8.429***
ΔF值	0.383	29.564	0.574	39.239	0.502	35.721	1.307	18.008
R^2	0.019	0.633	0.028	0.585	0.024	0.561	0.061	0.419
ΔR^2	0.019	0.614	0.028	0.557	0.024	0.536	0.061	0.358

在模型7中放入分布式领导形成模型8之后，ΔR^2 为0.614，说明模型8比模型7的拟合效果好，自变量对因变量有预测力。分布式领导对团队边界管理的β值为0.794（$p<0.001$），从而验证了假设2。

6.3.2 验证分布式领导各维度分别对边界巩固的影响

模型9、模型10（见表6-3）中各个变量的VIF值基本都在1.073~3.981，分布式领导各维度的VIF值分别为3.180、3.981、1.767和3.946，表明变量之间不存在多重共线性。模型9中以边界巩固为因变量，在加入前因变量形成模型10之后，ΔR^2 为0.557，说明模型10比模型9的拟合效果好，自变量对因变量有预测力。团队进取对边界巩固的β值为0.451（$p<0.001$），从而验证了假设2.1；权责共担对边界巩固的β值为0.226（$p=0.059>0.05$），则假设2.2不成立；团队期望对边界巩固的β值为0.125（$p=0.118>0.05$）说明假设2.3不成立；团队合作对边界巩固的β值为0.034（$p=0.773>0.05$），即假设2.4不成立。

6.3.3 检验分布式领导各维度分别对边界缓冲的影响

模型11、模型12（见表6-3）中各个变量的VIF值基本都在1.040～3.981，分布式领导各维度的VIF值分别为3.180、3.981、1.767和3.946，表明变量之间不存在多重共线性。模型11中以边界缓冲为因变量，在加入前因变量形成模型12后，ΔR^2 为0.536，说明模型12比模型11的拟合效果好，自变量对因变量有预测力。团队进取对边界缓冲的β值为0.346（$p=0.002<0.01$），从而验证了假设2.5；权责共担对边界缓冲的β值为0.367（$p=0.003<0.01$），从而验证了假设2.6；团队期望对边界缓冲的β值为0.060（$p=0.464>0.05$），从而假设2.7不成立；团队合作对边界缓冲的β值为0.037（$p=0.761>0.05$），从而假设2.8不成立。

6.3.4 检验分布式领导各维度分别对边界跨越的影响

模型13、模型14（见表6-3）中各个变量的VIF值基本都在1.039～3.981，分布式领导各维度的VIF值分别为3.180、3.981、1.767和3.946，表明变量之间不存在多重共线性。模型13中以边界跨越为因变量，在加入前因变量形成模型14后，ΔR^2 为0.358，说明模型14比模型13的拟合效果好，自变量对因变量有预测力。团队进取对边界跨越的β值为0.391（$p=0.002<0.01$），从而验证了假设2.9；权责共担对边界跨越的β值为0.232（$p=0.102>0.05$），即说明假设2.10不成立；团队期望对边界跨越的β值为0.382（$p\leqslant0.001$），从而验证了假设2.11；团队合作对边界跨越β值为-0.365（$p=0.0104<0.05$），即假设2.12不成立。

6.4 团队边界管理与团队绩效之间关系的假设检验

6.4.1 验证团队边界管理对团队绩效的整体影响效应

该部分进行层级回归的步骤如下：第一步，将员工性别、年龄、受教育程度、工龄、职位、团队人数作为自变量，团队绩效作为因变量构建模型15；第二步，把员工性别、年龄、受教育程度、工龄、职位、团队人数作为控制变量，分布式领导作为自变量，团队绩效作为因变量构建模型16。具体分析结果如表6-4所示。

表6-4 团队边界活动与团队绩效关系的层次分析结果

预测	团队绩效		任务绩效		合作满意度	
变量	M15	M16	M17	M18	M19	M20
xb	-0.015	0.075	-0.040	0.028	0.030	0.079
nl	0.019	-0.013	0.016	-0.058	0.020	-0.055
jy	-0.052	-0.081	-0.052	-0.043	-0.043	-0.027
gl	-0.015	-0.009	-0.027	0.049	0.008	0.085
zw	0.057	0.007	0.062	0.002	0.041	-0.018
rs	0.029	0.022	0.050	0.028	-0.011	-0.032
BJGL		0.786***				
GG				0.386***		0.414***
HC				0.472***		0.359***
KY				0.057		-0.029
F值	0.154	27.234***	0.227	27.779***	0.104	12.471***
ΔF值	0.154	188.291	0.227	81.970	0.104	37.019
R^2	0.008	0.614	0.011	0.679	0.005	0.487
ΔR^2	0.008	0.606	0.011	0.668	0.005	0.482

可以发现，各个变量的VIF值基本都在1.019~1.731，团队边界管理的VIF值为1.019，表明变量之间不存在多重共线性。表6-4显示了自变量对因变量的解释能力。模型15、模型17、模型19中的R^2值均不显著，表明回归模型的总体效果不理想，所有变量的t检验均不显著，员工性别、年龄、受教育程度、工龄、职位、团队人数等属性变量对团队绩效的影响均不显著，即这些变量没有一个能明显解释团队绩效的变化。

在模型15中放入分布式领导形成模型16之后，ΔR^2为0.606，说明模型16比模型15的拟合效果好，自变量对因变量有预测力。分布式领导对团队绩效的β值为0.786（$p<0.001$），从而验证了假设3。

6.4.2 验证团队边界管理各维度分别对任务绩效的影响

模型17、模型18（见表6-4）中各个变量的VIF值基本都在1.045~2.419，团队边界管理各维度的VIF值分别为2.419、2.203和1.487，表明变量之间不存在多重共线性。模型17中以任务绩效为因变量，在加入前因变量形成模型18之后，ΔR^2为0.668，说明模型18比模型17的拟合效果好，自变量对因变量有预测力。边界巩固对任务绩效的β值为0.386（$p<0.001$），从而验证了

假设3.1；边界缓冲对任务绩效的β值为0.472（$p < 0.001$），从而验证了假设3.2；边界跨越对任务绩效的β值为0.057（$p = 0.372 > 0.05$），从而假设3.3不成立。

6.4.3 检验团队边界各维度对合作满意度的影响

模型19、模型20（见表6－4）中各变量的VIF值基本都在1.045～2.419，团队边界管理各个维度的VIF值分别为2.419、2.203和1.487，表明变量之间不存在多重共线性。模型19中以合作满意度为因变量，在加入前因变量形成模型20之后，ΔR^2为0.482，说明模型20比模型19的拟合效果好，自变量对因变量有预测力。边界巩固对合作满意度的β值为0.414（$p < 0.001$），从而验证了假设3.4；边界缓冲对合作满意度的β值为0.359（$p < 0.001$），从而验证了假设3.5；边界跨越对合作满意度的β值为－0.029（$p = 0.716 > 0.05$），从而假设3.6不成立。

6.5 团队边界管理中介作用的假设检验

为检验边界管理对分布式领导与团队绩效关系的中介作用，本书遵循三个步骤：第一步，自变量影响因变量；第二步，自变量影响中介变量；第三步，控制中介变量后，自变量对因变量的作用消失或明显减小（罗胜强和姜嬿，2008）。也就是说，如果分布式领导（自变量）与团队绩效（因变量）、团队边界管理（中介变量）之间均显著相关，而分布式领导与团队边界管理同时进入回归模型时，团队边界管理与团队绩效之间显著相关，但分布式领导与团队绩效之间的关系变得不显著或明显较小，这体现了边界管理的中介效应。同时，若分布式领导的回归系数变得不显著，表明团队边界管理起完全中介作用；如果分布式领导的回归系数仍然显著，但比直接效应的回归系数降低，则表明团队边界管理有部分中介作用。

依据中介变量检验三部曲，已经完成第一步分布式领导对团队绩效的影响检验和第二步分布式领导对团队边界管理的影响验证，因此进行第三步，把自变量与中介变量一起放入回归模型，具体分析如表6－5所示。

表6-5 边界管理的中介作用检验

预测	团队绩效		任务绩效		合作满意度	
变量	M2	M21	M4	M22	M6	M23
xb	0.070	0.081	0.041	0.038	0.110	0.095
nl	0.125	0.084	0.117	0.021	0.121	0.074
jy	-0.040	-0.054	-0.041	-0.033	-0.032	-0.011
gl	-0.148	-0.109	-0.154	-0.038	-0.118	-0.055
zw	0.025	0.015	0.031	0.012	0.011	-0.003
rs	-0.005	0.002	0.018	0.017	-0.042	-0.050
DL	0.856***	0.621***	0.816***	0.439***	0.808***	0.711***
BJGL		0.296***				
GG				0.214**		0.136
HC				0.307***		0.092
KY				-0.009		-0.136*
F值	44.538***	45.6628***	33.35***	34.535***	30.692***	23.157***
ΔF值	308.501	15.600	229.512	13.324	213.126	2.64
R^2	0.722	0.754	0.66	0.747	0.621	0.664
ΔR^2	0.715	0.032	0.649	0.086	0.688	0.023

6.5.1 验证团队边界管理在分布式领导与团队绩效之间起部分中介作用

模型21、模型22和模型23中各变量的VIF值都在1~10，团队边界管理的VIF值分别为2.725，其他变量VIF值均在2~4，表明模型不存在多重共线性。

从表6-5中可以看到，在模型2的基础上放入团队边界管理这一变量，$\Delta R^2 = 0.032$，表明模型21比模型2拟合度好，同时分布式领导的β系数由0.856降至0.621且显著（$p < 0.001$），验证了假设4。

6.5.2 分别验证团队边界管理三个维度在分布式领导与绩效之间的部分中介作用

模型4、模型22（见表6-5）以任务绩效为因变量，以分布式领导为前因变量，在加入中介变量团队边界管理后，ΔR^2为0.086，说明模型22比模型4的拟合效果好。同时，在加入中介变量团队边界管理三个维度后，团队分布式领导的β系数在不同程度上发生了变化，说明了边界管理活动可能在分布式领导与团队绩效之间具有中介作用。具体来说，加入边界巩固变量后，分布式领导的β值由0.816降至0.439并显著（$p<0.001$），同时边界巩固（$\beta=0.214$，$p<0.01$）和边界缓冲（$\beta=0.307$，$p<0.001$）对团队任务绩效有显著的影响，所以团队边界巩固和边界缓冲在分布式领导与任务绩效之间仅起部分中介作用，从而验证了假设4.1和假设4.2。假设4.3因为边界跨越对任务绩效影响不显著，不符合验证中介作用的条件而不成立。

6.5.3 分别验证团队边界管理三个维度在分布式领导与合作满意度之间的部分中介作用

模型6、模型23（见表6－5）以合作满意度为因变量，以分布式领导为前因变量，在加入中介变量团队边界管理后，ΔR^2为0.023，说明模型23比模型6的拟合效果好。分布式领导的β值由0.808降低为0.711并显著（$p<0.001$），但边界巩固（$\beta=0.136$，$p<0.05$）对团队合作满意度影响不显著，因此边界巩固在分布式领导与团队合作满意度之间不具有中介作用，即假设4.4不成立。同时，边界缓冲（$\beta=0.092$，$p<0.05$）对团队合作满意度不显著，因此边界缓冲在分布式领导与团队合作满意度之间不具有中介作用，即假设4.5不成立。假设4.6因为边界跨越对团队合作满意度影响不显著，故不符合验证中介作用条件而不成立。

6.6 团队心理安全调节作用的假设检验

本书引入团队心理安全作为调节变量。理论上如果有两个变量，而且变量Y和变量X之间的关系是某个变量M的函数，也就是说变量Y与变量X的关系能够用变量M表示的话，变量M就是变量Y与变量X的调节变量。

调节变量分为两种类型，定性变量与定量变量。调节变量的加入会在一定程度上影响变量Y与变量X作用的方向或强弱。因为本书设计调节作用的变量皆为连续变量，所以在分析调节效应时，首先将自变量X与调节变量M做中心化处理，这样就可以降低多重共线性的可能。一般的调节模型为：

$$Y = aX + bM + cXM + e$$

本书参照温仲麟（2005）检验调节作用的方法，在对变量进行了中心化处理后，用上述模型做层次回归分析，通过t检验或F检验来验证调节效应。

因此，对于团队心理安全在团队边界管理与团队绩效之间的调节作用检验，首先，对团队变量心理安全与边界管理做中心化处理。其次，构建分层回归模型，通过考察团队边界管理与调节变量团队心理安全之间的乘积系数是否具有显著性来验证团队心理安全的调节作用。在放入回归模型时，第一步，将员工性别、年龄、受教育程度、工龄、职位、团队人数作为自变量，团队绩效作为因变量构建模型1；第二步，将中心化处理后的变量团队心理安全和团队边界管理进行回归分析，构建模型24；第三步，再将变量团队心理安全与边界管理的交互项进行回归分析，构建模型25。通过两次回归分析得到的数据总结如表6－6所示。

表6－6 团队心理安全的调节效应检验

预测	团队绩效		
变量	M1	M24	M25
xb	－0.015	0.084	0.071
nl	0.019	0.024	－0.010
jy	－0.052	－0.132	－0.124
gl	－0.015	0.024	0.034
zw	0.057	0.040	0.032
rs	0.029	－0.038	－0.029
XLAQ		0.298***	0.352***
BJGL		0.762***	0.732***
XL×BJ			－0.147*
F值	0.154	33.231***	31.619***
ΔF值	0.154	131.470	6.480
R^2	0.008	0.691	0.707
ΔR^2	0.008	0.683	0.016

模型1、模型24和模型25中各变量的VIF值都在1～10，团队心理安全与团队边界管理的VIF值分别为1.151和1.026，其他变量VIF值均在2～4，表明模型不存在多重共线性。模型1中的R^2值均不显著，表明回归模型的总体效果不理想，所有变量的t检验均不显著，员工性别、年龄、受教育程度、工龄、职位、团队人数等属性变量对团队绩效的影响均不显著，即这些变量没有一个能明显解释团队绩效的变化。

模型24中R^2值为0.691，模型25中R^2值为0.707，两次R^2值的变化可导出$\Delta R^2=0.016$，而且$F=31.619$是显著的（$Sig.=0.000<0.001$），由此可见加入了交互项之后的回归模型中，其自变量对因变量的解释增加了1.6%。再分析模型25，其交互项的T值为－2.546，而且是显著的，同时又因为交互项回归系

数 β 值为 -0.147，小于 0，由此说明了团队心理安全在团队边界管理与团队绩效之间具有显著的负向调节作用，即团队心理安全感越低的知识型员工，边界管理活动对其团队绩效的影响越强。因此，假设 5 成立。

对于团队心理安全在团队边界管理三个维度与任务绩效之间的调节作用进行检验时，第一步，将中心化处理后的变量团队心理安全和团队边界管理各维度进行回归分析，构建模型 26；第二步，将变量团队心理安全与边界管理各维度的交互项进行回归分析，构建模型 27。通过两次回归分析得到的数据总结如表 6-7 所示。

表 6-7　团队心理安全的调节效应续表

预测	任务绩效		合作满意度	
变量	M26	M27	M28	M29
xb	0.038	0.034	0.096	0.081
nl	-0.027	-0.026	-0.001	-0.030
jy	-0.081	-0.057	-0.094	-0.066
gl	0.063	0.062	0.109	0.111
zw	0.027	0.016	0.024	0.014
rs	-0.010	0.003	-0.099	-0.075
XLAQ	0.198***	0.214***	0.344***	0.428***
GG	0.353***	0.349***	0.357***	0.294**
HC	0.462***	0.484***	0.343***	0.357***
KY	0.086	0.043	0.022	0.002
XL×GG		0.009		-0.117
XL×HC		-0.142		-0.161
XL×KY		0.108		0.055
F 值	29.009***	22.911***	16.652***	14.897***
ΔF 值	71.388	1.455	41.268	4.320
R^2	0.713	0.723	0.587	0.629
ΔR^2	0.701	0.011	0.582	0.042

模型 26 中 R^2 值为 0.713，模型 27 中 R^2 值为 0.723，两次 R^2 值的变化可导出 $\Delta R^2 = 0.011$，而且 $F = 22.911$ 是显著的（$Sig. = 0.000 < 0.001$），由此可见，加入了交互项之后的回归模型中，其自变量对因变量的解释增加了 1.1%。再分析模型 27，其交互项的 T 值分别为 0.090、-1.396、1.583，但却都不显著，同时由于边界巩固和边界缓冲与任务绩效关系显著，边界跨越与任务绩效关系不显著。

由此说明了团队心理安全在边界巩固、边界缓冲与任务绩效之间具有调节作用，且团队心理安全越低，边界缓冲与任务绩效之间的关系也越强（β = -0.142），而团队心理安全在边界巩固与任务绩效间起微弱的正向调节作用（β = 0.009）；团队心理安全在边界跨越与任务绩效之间无调节作用。因此，假设5.2成立，假设5.1、假设5.3不成立。

对团队心理安全在团队边界管理三个维度与合作满意度之间的调节作用进行检验时，第一步，将中心化处理后的变量团队心理安全和团队边界管理各维度进行回归分析，构建模型28；第二步，再将团队心理安全与边界管理各维度的交互性进行回归分析，构建模型29。通过两次回归分析得到的数据总结如表6-7所示。

模型28中R^2值为0.587，模型29中R^2值为0.629，两次R^2值的变化可导出$\Delta R^2 = 0.042$，而且F = 14.897是显著的（Sig. = 0.000 < 0.01），由此可见加入了交互项之后的回归模型中，其自变量对因变量的解释增加了4.2%。再分析模型29，其交互项的T值分别为-1.051、-1.374、0.695，但却都不显著，同时由于边界巩固和边界缓冲与合作满意度关系显著，边界跨越与合作满意度关系不显著。由此说明了团队心理安全在边界巩固、边界缓冲与合作满意度之间具有调节作用，且团队心理安全越低，边界巩固、边界缓冲与合作满意度之间的关系也就越强（β分别为-0.117和-0.161）；而团队心理安全在边界跨越与合作满意度之间无调节作用。因此，假设5.4、假设5.5成立，假设5.6不成立。

表6-8 假设检验结果汇总

序号	假设	结果
1	假设1：分布式领导对团队绩效有正向影响	成立
2	假设1.1：团队进取对任务绩效有正向影响	成立
3	假设1.2：权责共担对任务绩效有正向影响	不成立
4	假设1.3：团队期望对任务绩效有正向影响	不成立
5	假设1.4：团队合作对任务绩效有正向影响	成立
6	假设1.5：团队进取对合作满意度有正向影响	不成立
7	假设1.6：权责共担对合作满意度有正向影响	不成立
8	假设1.7：团队期望对合作满意度有正向影响	不成立
9	假设1.8：团队合作对合作满意度有正向影响	成立
10	假设2：分布式领导对团队边界管理有正向影响	成立
11	假设2.1：团队进取对边界巩固有正向影响	成立

续表

序号	假设	结果
12	假设2.2：权责共担对边界巩固有正向影响	不成立
13	假设2.3：团队期望对边界巩固有正向影响	不成立
14	假设2.4：团队进取对边界巩固有正向影响	不成立
15	假设2.5：团队进取对边界缓冲有正向影响	成立
16	假设2.6：权责共担对边界缓冲有正向影响	成立
17	假设2.7：团队期望对边界缓冲有正向影响	不成立
18	假设2.8：团队合作对边界缓冲有正向影响	不成立
19	假设2.9：团队进取对边界跨越有正向影响	成立
20	假设2.10：权责共担对边界跨越有正向影响	不成立
21	假设2.11：团队期望对边界跨越有正向影响	成立
22	假设2.12：团队合作对边界跨越有正向影响	不成立
23	假设3：团队边界管理对团队绩效有正向影响	成立
24	假设3.1：边界巩固对任务绩效有正向影响	成立
25	假设3.2：边界缓冲对任务绩效有正向影响	成立
26	假设3.3：边界跨越对任务绩效有正向影响	不成立
27	假设3.4：边界巩固对合作满意度有正向影响	成立
28	假设3.5：边界缓冲对合作满意度有正向影响	成立
29	假设3.6：边界跨越对合作满意度有正向影响	不成立
30	假设4：边界管理在分布式领导与团队绩效之间有中介作用	成立
31	假设4.1：边界巩固在分布式领导与任务绩效之间有中介作用	成立
32	假设4.2：边界缓冲在分布式领导与任务绩效之间有中介作用	成立
33	假设4.3：边界跨越在分布式领导与任务绩效之间有中介作用	不成立
34	假设4.4：边界巩固在分布式领导与合作满意度之间有中介作用	不成立
35	假设4.5：边界缓冲在分布式领导与合作满意度之间有中介作用	不成立
36	假设4.6：边界跨越在分布式领导与合作满意度之间有中介作用	不成立
37	假设5：心理安全负向调节边界管理与团队绩效的正相关关系	成立
38	假设5.1：团队心理安全在边界巩固与任务绩效之间有负向调节作用	不成立
39	假设5.2：团队心理安全在边界缓冲与任务绩效之间有负向调节作用	成立
40	假设5.3：团队心理安全在边界跨越与任务绩效之间有负向调节作用	不成立
41	假设5.4：团队心理安全在边界巩固与合作满意度之间负向有调节作用	成立
42	假设5.5：团队心理安全在边界缓冲与合作满意度之间有负向调节作用	成立
43	假设5.6：团队心理安全在边界跨越与合作满意度之间有负向调节作用	不成立

本书共43个假设，22个成立，其中各个主要变量之间的假设都成立。

6.7 结果分析与讨论

从本书假设检验的结果可以看到，X－团队中分布式领导对团队绩效有显著直接影响，边界管理在分布式领导与团队绩效之间有显著的部分中介作用，而且心理安全在边界管理对团队绩效的影响中有显著的调节作用。本书研究了知识型团队中分布式领导对边界管理和团队绩效的影响、团队心理安全的调节作用，并进行了结论分析和讨论总结。

6.7.1 分布式领导与团队绩效的结果与讨论

分布式领导对团队绩效有显著正向影响。Ensley，Hmieleski 和 Pearce（2006）认为分布式领导和团队绩效之间存在正向关系，本书同样验证了该观点，尤其是团队中形成的学习氛围（$\beta = 0.504$，$p < 0.01$），使得员工积极提高自身的素质，以便能够在适当的时候担当领导角色。此外，团队成员的积极进取也有助于促进团队内知识的分享，因此团队成员努力提高自身素质的过程，也有利于提高团队的效能。本书中也证实了团队进取对于任务绩效有显著的正向影响（$\beta = 0.504$，$p < 0.01$）。

理论上认为实施分布式领导可以增加员工的责任感，使员工在工作时尽职尽责，进而有利于提高任务绩效；分布式领导强调权利与责任的分享也使得每位员工都可以参与到团队的管理中去，有利于提高员工的工作积极性以及使其对本团队形成归属感，因此在与本团队成员进行合作时会有较高的满意度。但本书的结论显示，分布式领导中权责共担不仅与团队任务绩效无关，也与合作满意度没有关系。这可能是因为实施分布式领导，有时在权利和责任的分享上没有做到让有能力的人来担任领导，或者是权责分配不对等，可能使团队成员感觉到不公平，不仅不利于任务绩效的提高，反而会造成团队内部争权夺利，使得团队内人际关系紧张，也会影响到团队合作的满意度。另外可能的原因是本书的调查对象基本为国有大型企业、政府部门以及合资企业，这些企业可能更注重垂直领导，虽然在某种程度上有分布式领导行为，但在职责的划分上却很明确，很少有共享权利和共担责任的情况。因此，可能造成了权责共享这一维度和任务绩效、合作满意度都没有显著正向关系。

团队期望是指团队当中成员期望彼此能够提高工作业绩、讲效率、有创新，从此视角来看，彼此的期望可以使得团队成员形成工作的动力，从而有利于工作的完成。当然，团队成员真诚的期望也可以协调团队内的人际关系，促进融洽的团队氛围，在这样的环境下工作可以提高员工的合作满意度。但本书表明，团队期望与任务绩效、合作满意度都无显著正相关关系。一方面，可能是由于团队期望会导致成员不愿在工作中自己出力，而是期望他人努力工作，因此不会提高任务绩效，同时本职工作的推诿也不利于团队合作，并造成他人不满；另一方面，可能是本书研究的数据样本较少造成的，当增加样本数量时可能会增强团队期望与任务绩效、合作满意度的关系。

分布式领导强调团队合作，可以增强员工的责任感和义务感并提高团队成员的士气和工作质量（边慧敏等，2010）。另外，团队中的合作意识和合作精神使得成员在工作中既有明确分工又有相互合作，彼此之间相互信任、合作默契能积极消除相互间的冲突，一方面可以产生协同效应增加任务绩效；另一方面成员之间的默契协作也能提高员工合作的满意度。本书的研究表明，团队合作确实能够提高任务绩效，也有利于增加员工的合作满意度（$\beta = 0.258$，$p < 0.05$；$\beta = 0.703$，$p < 0.001$）。

6.7.2 分布式领导与边界管理的结果与讨论

分布式领导对团队边界管理有显著正向影响（$\beta = 0.794$，$p < 0.001$）。分布式领导是在复杂的情境下，由具备解决问题技能的员工承担领导角色的领导方式，它把正式领导的某些权力分享给了员工，如某种程度的决定权。一方面，有利于解决正式领导者在面对复杂任务时“边界胜任力”不足的问题；另一方面，也有利于充分发挥员工的才智，提高组织的决策速度和应对外部变化的能力。而边界管理是团队成员建立和维持边界，管理团队内部与外部环境的交换活动从而实现团队目标的过程。分布式领导的实施必然要求团队拥有明确的目标及相互合作、彼此认同，从而逐渐形成本团队的一种“同一性”及对团队的归属感，即团队社会边界和心理边界逐步建立的过程。分布式领导行为对社会边界和心理边界维护体现在团队成员为了能够掌握相关的技能主动学习，并促进知识分享，从而维持同事良好关系的过程中。

本书的结果显示团队进取对于团队边界巩固有显著的正向影响（$\beta = 0.451$，$p < 0.001$），说明如果团队经常开展集体研讨来提高团队成员智力、使成员自觉学习新的知识或技能、经常训练员工的专长、把工作过程当作学习过程以及学会在问题中发现机会的行为，都将提高员工自身能力并使得员工感受到团队对自身的关怀，进而增强员工内部的凝聚力，这也是巩固团队内部边界的过程；权责共担、团队期望与团队合作对边界巩固没有显著影响，从理论上看，领导权力在员

工中分布有利于调动员工的积极性，但在知识型团队中领导权力也有可能意味着巨大的责任，这时有的员工可能并不想承担。同时，在新疆这一经济与管理都比较落后的地区，领导权力和责任在员工中分布的情况较少，因此调研数据并没有显示出权责共担对边界巩固的显著影响。团队期望与团队合作对边界巩固的影响不显著有可能是本书研究样本过小导致的。

团队进取和权责共担对于团队边界缓冲有显著的正向影响（$\beta=0.346$，$p=0.002<0.01$；$\beta=0.367$，$p=0.003<0.01$）。团队进取指团队成员积极提高自身能力的活动，而权责共担指知识型团队中每个员工都有可能承担领导角色，在活动中有较大自主权。因而，在员工自身能力提高的基础上，且员工有较大的自主权时，员工对于团队外部的干扰有能力且有权力去过滤，因此提高了团队的边界缓冲能力。而团队期望与团队合作虽然提高了员工之间的凝聚力，增加了团队绩效，但对于团队来说其抵御外部干扰的能力并没有增强，所以在本书中团队期望、团队合作与边界缓冲之间并没有显著正向影响。

团队进取、团队期望与团队合作对团队边界跨越有显著影响（$\beta=0.391$，$p=0.002<0.01$；$\beta=0.382$，$p<0.001$；$\beta=-0.365$，$p=0.010<0.05$）。

边界跨越指团队拓展内向边界活动，并将其活动延伸到团队外部的环境中，以获取重要的资源和支持而采取的行动。

通过在团队中实施分布式领导，可以提高团队成员对高绩效与高效率的期望，且使成员努力提高自身的能力。因此，在面对团队外部利益者、努力完成团队共同任务的过程中，成员表现出较高的外向型边界活动（跨越行为）动机和倾向，进而保证团队能获得关键性的信息与资源；同时，出于满足同事期望的考虑，成员也会在进行跨边界活动时积极表现。本书在理论分析中，推演出分布式领导的团队合作对边界跨越有正向的影响。

通过对新疆地区企业团队的实证研究得出，团队合作与边界跨越有显著关系，但关系却是负向的。本书认为可能存在以下几个方面的原因：第一，新疆/兵团企业注重团队合作的建设，以致成员仅聚焦于团队边界内部，积极营造彼此间相互合作的氛围，进而忽视了边界跨越活动的重要性。第二，新疆地区企业可能受到我国传统文化的影响，团队即使采用分布式领导模式，也仍具有集权命令式领导的色彩，从而使得团队成员具有较高的权力距离感，并认为团队边界跨越活动（侦察、使节、协调）只是团队领导的职责，与他们自身无关，只要在团队边界内部做好传统意义上的合作即可。第三，在新疆/兵团特殊体制下，团队成员感知到从事边界跨越可能会遭到团队领导的责备，导致他们进行边界跨越行为的动机大大降低，只会选择性做好边界内部合作的本职工作。

从理论上看，权责共担是指在不同的情境下拥有相关能力的成员能够担当领导角色，在跨边界活动时有较大的自主权，有利于员工针对不同情况采取不同措施，从而提高边界跨越活动的有效性。但研究结果显示，权责共担对边界跨越没有显著正向影响，可能的原因是知识型员工更多的工作是专注于内部复杂任务而不是专注于边界跨越活动。同时，在新疆地区知识型团队本身可能并不具备程度较高的分布式领导，如有较大的自主决策权。因此，本书中权责共担并没有对边界跨越活动产生显著影响。

6.7.3 边界管理与团队绩效的结果与讨论

作为 X－团队建设的一个重要因素，团队边界管理可以通过对 X－团队内部和外部边界活动进行有效管理，实现其内外协同效应，进而提高团队绩效（$\beta = 0.786$，$p < 0.001$）。

6.7.3.1 内向边界管理活动对团队绩效有显著影响（$\beta = 0.386$，$p < 0.001$；$\beta = 0.414$，$p < 0.001$）

边界巩固是 Yan 和 Louis（1999）提出的关于边界管理的新内容，并经过 Faraj 和 Yan（2009）的实证检验证实了这一变量对团队心理安全和团队绩效的显著影响和重要意义。与之相似，本书证明：内向边界管理活动，即边界巩固有利于提高团队的经济结果（团队绩效）和非经济结果（合作满意度）。内向边界管理（边界巩固）聚焦于团队内在因素，使团队资源和成员心智聚焦于团队任务。换言之，强化 X－团队的内部边界管理，提升了成员对团队的认同感和承诺感、保持了团队的活动和成员的社会网络关系，并通过设定和管理团队边界使成员积极投入到团队任务中去。此外，强化边界可以有效提高 X－团队成员的学习能力和创新能力，进而提高团队绩效。这一结果强调了团队内向边界管理活动的重要性，进一步丰富了边界管理理论和传统团队研究的理论文献。

6.7.3.2 外向边界管理活动对团队绩效有显著影响的大部分假设得以验证（$\beta = 0.472$；$p < 0.001$；$\beta = 0.359$，$p < 0.001$）

基于资源稀缺理论，团队完成任务所需要的资源和信息是稀缺的和分散的。因而，X－团队需要跨越团队边界通过侦察活动了解其外部环境的变化，为团队反馈关键信息，并通过交际活动劝服和游说组织内或组织外部利益相关者，使他们支持团队的发展。基于任务依赖理论，团队任务的顺利完成需要组织内其他部门或团队的配合，为此，X－团队需要通过协调活动以寻求他们的帮助。从理论上说，边界跨越活动对团队绩效有显著影响。但我们通过对新疆地区企业的实证研究发现，虽然边界跨越与团队绩效具有高度相关性，但在回归分析中两者却没有显著的线性关系。这与 Ancona 和 Caldwell's（1988）基于访谈研究获得的关于在企业团队中使用、侦察等跨越活动对团队有直接影响作用的观点相矛盾。本书与前人研究结论的不一致，存在以下几方面原因：

第一，研究对象团队工作任务类型不同。Faraj 和 Yan（2009）指出，这种表面矛盾最大的可能是由于团队执行任务类型的差异造成的，因为边界跨越活动对团队的组织背景高度敏感。如在新产品研发团队中，边界跨越自始至终对团队可能都是决定性的，而软件研发团队更多的是在任务的早期阶段从边界跨越活动中受益，当用户提出新的需求时，研发者需要重新修改设计。在后期，软件研发的这一主要阶段，团队的努力向内聚焦于编码（编写计算机指令）和进行软件测试。因此，如果团队最紧迫的任务是编写和测试的时候，在边界跨越活动上花费时间是有害的。依据内向与外向边界管理动态平衡机制，边界跨越一方面可以获取外部资源，向外实现团队自我推销以及网络建设，同时，跨越活动可以产生信息和资源，进而提升团队绩效；另一方面外向边界管理活动如跨越和缓冲需要花费团队资源，资源的分散、注意力的减弱会给绩效带来负面结果。因此，这种不必要的外向边界管理活动直接阻碍了团队目标的实现。

第二，研究对象团队所处文化背景的差异。在与调查对象进行访谈过程中，团队上级主管一般认为，组织中并不鼓励团队成员进行边界跨越活动，而对上级主管的游说、与团队客户组织的沟通、与团队其他协作部门和人员的磋商及沟通主要由团队主管进行。同时，团队主管对团队成员的要求主要是按照计划和时间要求完成任务，这种认识与团队成员的回答是一致的。在与团队成员的访谈中，团队成员普遍认为，工作中的所需资源、与其他部门的沟通协调，以及保护团队免受外界干扰，为团队成员创造一个宽松的工作环境理是主管应该解决的问题。这似乎印证了霍夫斯泰德（1999）的跨文化差异的研究。与美国、日本等国的企业组织相比，我国企业组织中具有较大的权力距离（下属一般不会直接去找上司并和上司发生冲突）和高度不确定回避倾向，这种文化差异使西方组织中的团队成员比我国组织中的团队成员能够更主动地与团队利益相关的部门和人员进行沟通及协调。由于这种文化的差异，团队内缺少心理安全氛围，使得本书中的团队成员表现出主动进行边界跨越活动的意识与动机较弱，在跨越活动上花费的时间与精力少，因而会出现跨越活动对绩效影响不显著的结果。此外，边界跨越活动也会给团队内部成员带来工作或情感上的压力。为此，X－团队需要通过边界缓冲而转移来自外部的干扰和冲突性的要求，避免团队成员负担过重，进而使其集中精力完成团队任务。边界缓冲活动的主要作用在于保护团队免受外界干扰因素的影响，包括缓解行政命令的压力、帮助成员有效处理来自客户部门的要求。因此，边界缓冲可以为团队成员创造感到宽松的工作环境，并且有利于人际关系的和谐发展，进而有利于团队承诺、合作满意度的提高和团队凝聚力的形成。本书发现，边界缓冲对团队绩效影响显著，并且对团队绩效的各个维度的影响均显著

($\beta = 0.472$, $p < 0.001$; $\beta = 0.359$, $p < 0.001$)。这与 Faraj 和 Yan（2009）与 Choi（2002）的研究结论一致，即边界缓冲活动能有效地预测团队绩效的变化。

6.7.4 边界管理中介效应的结果与讨论

数据检验得出，假设1即分布式领导对团队绩效有正向影响成立（$\beta = 0.856$, $p < 0.001$），为检验边界管理的中介的作用奠定了基础；检验得到假设2、假设3成立，即分布式领导对边界管理（$\beta = 0.794$, $p < 0.001$）、边界管理对团队绩效有正向影响（$\beta = 0.786$, $p < 0.001$）；检验假设4部分成立，即得到边界管理在分布式领导与团队绩效之间有部分中介作用。这为本书提出的理论分析及模型检验提供了数据支持，说明本书理论分析和模型构建具有合理性。

已有研究表明，分布式领导能促进团队绩效，本书也证明分布式领导对团队绩效有直接影响，边界管理在分布式领导和团队绩效之间具有部分中介作用。当今社会竞争的不断加剧，使环境的不确定性、任务的复杂性逐渐提升，分布式领导的实施日显重要。在这样的环境中，团队的边界管理问题越来越重要，实施边界管理活动是团队为自身发展而进行的有效努力。首先，分布式领导的使用促进了成员的团队归属感、工作积极性的提高，会直接导致团队绩效的增加。其次，分布式领导的实施使得团队更加关注自身与外界的界线问题，团队成员一方面更加稳固自身团队以任务为中心的聚合；另一方面积极协调与团队外界关系，既有效汲取外界资源，又避免了外界过度干扰，从而为任务的完成做好内外兼顾的准备。因此，分布式领导通过边界管理对团队绩效也有良好作用。

中介效用的检验，要在自变量对因变量、自变量对中介变量、中介变量对因变量有显著影响的前提下检验才有意义。由于边界跨越对任务绩效、合作满意度没有显著作用（$\beta = 0.057$, $p = 0.372 > 0.05$; $\beta = -0.029$, $p = 0.716 > 0.05$），因此对边界跨越中介作用的检验不具意义，即边界跨越在分布式领导与任务绩效（假设4.3）、合作满意度（假设4.6）之间的中介效应不具有检验意义，因此放弃对这两个假设的检验。而且，前文已经对边界管理分维度与团队绩效分维度的关系及结果进行了叙述及讨论，在此不再赘述。

有验证价值的边界管理分维度的中介效应还有四个，分别是：

假设4.1：边界巩固在分布式领导与任务绩效之间有中介作用。

假设4.2：边界缓冲在分布式领导与任务绩效之间有中介作用。

假设4.4：边界巩固在分布式领导与合作满意度之间有中介作用。

假设4.5：边界缓冲在分布式领导与合作满意度之间有中介作用。

其数据结果验证为假设4.1、假设4.2部分成立，而假设4.4、假设4.5不成立。

假设4.1、假设4.2的成立验证了分布式领导对任务绩效既产生直接的影响，又通过边界巩固和边界缓冲这一路径对任务绩效产生间接影响，而且，这与边界管理中介作用的主效应结果是一致的。本书认为分布式领导的实施：

首先，使员工在工作中保持高度责任心、积极性和较高的工作绩效。分布式领导要求团队成员积极进取提高自身能力，促进成员完成任务，达成良好的目标完成情况。分布式领导将权力和责任分担到每个成员的身上，成员共同对团队负责并有机会施展自身才能，集体产生团队决策，充分发挥了每个人的能力，直接作用于团队任务，使问题得到良好解决。分布式领导对团队成员表现出希望其努力工作的愿望，给团队成员产生适度心理压力，让团队成员为不辜负团队期望而努力工作，产生良好工作成果。分布式领导还注重团队成员间的合作，使团队内冲突解决良好并合作融洽，为团队任务绩效的提升创造好的条件。因此，分布式领导能对团队任务绩效产生积极作用。

其次，由于分布式领导对团队努力的期望和合作的协调，使团队成员为较好地完成任务凝聚在一起，并愿意为团队任务排除外界干扰，甚至愿意为团队任务奉献自身的人际资源等，进而对团队绩效产生作用。分布式领导是相对应于垂直领导的一种领导方式，强调领导权力的分权化，使每个成员都能充分发挥自己的能力，既要实现团队的整合一体，又要从多个角度促进任务的完成。因此，在这种领导方式下，边界管理活动就成为团队实现目标的必要管理活动。分布式领导下的团队成员是相互协作依赖的分布状态，积极协调、沟通与合作，使团队成为凝聚在一起的一个整体，这种凝聚从心理到行为都是以团队任务为中心的，因而能够促进团队任务的完成，甚至是高效的完成。也就是说，分布式领导能促进团队的边界巩固行为并最终促进团队任务的完成，提高团队任务绩效。再者，分布式领导在对团队成员形成凝聚的同时，使自身团队有别于其他团队，以任务为中心的信念使团队成员面对外界不利于团队或团队任务的因素时，能做到有意识的规避，以避免任务的推进进度和完成效果受到影响。这种对外界不利因素的消减和对团队的保护会促进团队任务的执行进度和工作成效的提高，因此，本书认为，分布式领导确实能通过边界缓冲这一路径对团队任务绩效产生正向影响。

综合上述分析，本书认为边界巩固、边界缓冲均能在分布式领导和团队任务绩效之间产生部分中介作用。

假设4.4、假设4.5虽然不成立，但是在将分布式领导、边界管理三维度同时对合作满意度进行验证时，分布式领导对合作满意度的影响作用是显著的，说明分布式领导对合作满意度有直接影响，但没有通过边界管理（这里指边界巩固、边界缓冲）这一路径对合作满意度产生影响。

本书认为分布式领导本身就是注重团队整体合作的一种领导方式，尤其是包含了团队合作这样的维度，使分布式领导对合作满意度的直接效应显著（$\beta = 0.808$，$p < 0.001$），而通过边界管理的间接作用比较微弱（$\beta = 0.711$，$p < 0.001$）。首先，分布式领导本身提倡团队内合作，要求团队成员相互信任、默契合作、明确分工，并积极消减冲突以促进协作，因而会直接产生愉快的合作氛围，使团队内部成员有意愿持续合作，并对未来合作有信心，即表现为团队成员心理上产生良好的合作满意度。其次，虽然前面已经验证了分布式领导、边界缓冲、边界巩固分别对合作满意度有显著的正向影响，但边界巩固和边界缓冲影响合作满意度的角度和分布式领导影响合作满意度的角度可能有差异，且分布式领导对合作满意度的影响更为直接，因而导致分布式领导对合作满意度的影响并不通过边界巩固和边界缓冲这一路径。最后，也可能是因为本书的调研对象具有一定的特殊性。本书主要对新疆/兵团企业进行研究，且收回问卷的大部分来自国有企业和行政事业单位，这样的工作环境中团队政治氛围比较浓重，边界管理对员工心理状态的改变有限，而分布式领导的实施更容易改变员工的心态，因而对合作满意度的影响更主要集中在领导方式这一变量上。

总之，本书认为分布式领导对合作满意度的影响未能通过边界巩固、边界缓冲进行中介，有一定的理论价值。同时，以后的学者可以对这方面进行关注，以探讨研究对象是否对这一结果产生了影响。

6.7.5 心理安全调节效应的结果与讨论

团队心理安全在团队边界管理与团队绩效之间具有负向调节作用（$\beta = -0.147$）。目前将心理安全作为调节变量的研究并不是很多，但已有部分学者做出了有益的尝试。本书同样证实了心理安全的调节作用，研究结果表明团队心理安全在边界巩固与任务绩效、合作满意度之间有调节作用（$\beta = 0.009$；$\beta = -0.117$），团队心理安全在边界缓冲与任务绩效、合作满意度之间有调节作用（$\beta = -0.142$；$\beta = -0.161$）。

团队心理安全是团队层面的氛围，是成员对“在团队内承担人际风险是安全的”一种共同信念，在这种信念的指引下，成员在进行自我展示、抒发观点时不用过多的顾虑，并且认为彼此尊重、信任。这一氛围对团队内成员工作态度和行为产生作用，同样会对边界管理活动影响团队绩效的过程产生作用。

在心理安全较高的情况下，团队成员之间信任度高，合作氛围良好，工作投入度高，团队绩效处于一个较高的水平。这种情况下，在团队中实施边界管理活动，塑造成员间的同一性、整合团队资源和成员心智，使之聚焦于团队任务，同时为应对外部环境的动态变化，通过边界跨越与缓冲为团队争取生存所必要的资源和支持并努力转移来自外部的干扰和冲突性要求，为团队创造安全稳定的工作环境，则团队绩效自然会有提升。处于高心理安全氛围下并强化边界管理活动的团队将会是有效的团队。但是，由于较高的团队绩效基准，边界管理的介入在一定程度上会提高团队绩效，但任何团队的工作过程和效果都难以达到完美，因此，边界管理活动对团队绩效的提升作用会显得偏低。也就是说，在心理安全氛围水平较高的情形下，虽然整体团队绩效比较高，且随着边界管理活动的实施会持续提升，但其提升幅度较小，提升速度也较缓。

相反，当团队心理安全氛围水平较低时，团队成员之间人际关系紧张、彼此信任不足，成员间为避免冒犯别人而隐瞒真实意见、想法，其团队绩效自然偏低。为避免低绩效状况的延续，应在团队中实施边界管理活动或加强边界管理活动，塑造团队成员间的同一性，积极促进团队资源和成员心智在团队任务上聚焦，积极巩固团队边界，为团队成员提供安稳的工作环境，同时努力从外部获取重要资源和支持并有效排除外界干扰，团队绩效就会有质的提升。也就是说，随着边界管理的增强，其绩效水平提高速度比较快，提升幅度比较明显。但是团队整体心理安全氛围的欠佳使得成员间不够坦诚，繁杂的人际关系等非工作事务耗费了员工大部分精力，团队绩效并不能达到最佳状态。即在团队心理安全氛围水平低的情况下，边界管理活动对团队绩效的提升作用会非常显著，但较之在高心理安全氛围下实施同样边界管理活动的团队整体绩效水平仍然存在较大差距。本书也证实了心理安全在团队边界管理与绩效间的负向调节作用（$\beta = -0.147$）。

具体来说，边界缓冲采取的是一种分隔策略，团队正是通过边界缓冲策略来帮助团队避开不确定性因素，帮助团队成员有效地应对外界不必要的干扰和减少不必要的工作中断，为团队成员创造了一种受保护的内部气氛，提高团队实施理性行为的可能性，使得团队内部运作能够顺利进行，高效地完成团队任务，提高任务绩效并提升成员合作满意度和团队凝聚力。

团队心理安全氛围水平较高时，成员之间彼此信任、相互尊重。当团队遭遇难题时，在这样安全的组织氛围下，团队成员能够设身处地地为团队寻求解决办法，并不断改进，任务绩效自然较高，在宽松的组织氛围下，成员能够畅所欲言、彼此尊重，合作满意度也较高。此时在团队中实施边界缓冲策略，帮助成员排除外部干扰，创造一种受保护的内部气氛，这促进了团队有效性的提高，但在一定时期内团队绩效难以达到完美，所以在较高基准的绩效下，提升的幅度自然不大。

在团队心理安全氛围水平较低的情况下，成员间人际关系较为紧张，面对问题难以表达真实想法，这必将产生较低的任务绩效，同时成员之间相互信任不足、交流不畅，这也将导致低水平的合作满意度。为了扭转这一不利现状，在团队管理中实施边界缓冲策略，为成员消除不良干扰，塑造受保护的内部氛围，则员工内心紧张的心理状态会发生较大的改变，组织氛围也会大有改观。此时，团队的任务绩效和合作满意度会有质的提升，其提升的速度与幅度也较高，在心理安全氛围下更明显。本书也具体证实了心理安全在边界缓冲与任务绩效、合作满意度之间的负向调节作用（β＝－0.142；β＝－0.161）。

边界巩固通过设定及开拓团队边界增强成员的边界意识，促使团队成员共同创造和维持一个清晰的“同一性”形象，同时加强了成员对团队的忠诚感。它聚焦于团队内在因素，使团队资源和成员心智聚焦于团队任务，增强其执行团队任务的能力。随着成员“同一性”形象的增强，团队认同感及成员间相互承诺的增加，将产生较高的合作满意度和任务绩效。在团队心理安全氛围处于较高水平时，其任务绩效和合作满意度自然较高，此时在团队中实施边界巩固策略，将会在一定程度上提升任务绩效和合作满意度，但效果不是很明显。相反，在团队心理安全水平低下，组织氛围紧张的情况下，团队的绩效自然处于较低水平。此时若实施边界巩固策略，通过塑造“同一性”形象，加强成员间的沟通交流和对团队的承诺，并使团队资源和成员心智聚焦于团队任务，则能够大幅提高团队绩效。本书也证实了心理安全在边界巩固与合作满意度之间的负向调节作用（β＝0.009；β＝－0.117）。

然而，心理安全在边界巩固与任务绩效间的负向调节作用未得到证实，研究结果意外发现，心理安全在两者之间有微弱的正向调节作用（β＝0.009）。本书认为团队样本主要取自于国有企业等集权化程度较高的企业，其中国有企业样本比例达63%。在该类组织中，组织内部强调严格的等级制与鲜明的上下级关系，员工对上级充满畏惧感，一般不会超出自身职权之外从事工作业务。但无论如何，组织都要求成员完成既定任务，实现预期目标，所以即使在组织氛围欠佳、人际关系紧张的情况下，组织的绩效水平都可能处于较高水平。此时，在团队中实施边界巩固策略，使组织资源和成员心智聚焦于团队任务，这在一定程度上提高了任务绩效。不过这种绩效的提升，大部分是因为员工“自扫门前雪”，为了完成自身任务而产生的，缺乏主动性。倘若在这种强调等级体制的组织中，塑造宽松的组织氛围，提高员工的心理安全感知，使得上下级之间、同事之间交流畅通，遇到问题，员工能够畅所欲言、各抒己见、群策群力，则实施边界巩固策略会真正整合团队内部所有的物质与人力资源，员工也会把工作当成事业而并非传统意义上的职业，这在无形中会对任务绩效产生质的提升。所以从该角度看，在组织中塑造心理安全氛围，会正向调节边界巩固与任务绩效之间的关系。

第7章 新疆/兵团企业X-团队建设的策略

7.1 新疆/兵团企业团队建设的回顾

7.1.1 团队建设的必要性

随着全球化竞争的加剧、信息技术的快速发展以及客户需求的不断提高，组织日益需要依靠团队解决复杂及不确定的任务。团队在组织中变得越来越普遍，已经成为组织的一种重要工作方式。虽然团队常被认为有助于提高成员的创造性和工作效率，是解决复杂性和挑战性任务的最好方式。但实践却表明，并非所有的团队都能够自动发挥其潜能。如何发挥团队工作的最佳效果，提高团队的有效性成为组织管理和团队研究的重要议题。

新疆地处偏远地区，与外部交流不畅，企业难以获得前沿理论和先进企业实践经验的指导，对外部环境变化的适应性较弱，其团队建设在以创新为特征的竞争环境下面临更大的困惑与挑战。依据新疆/兵团企业的实际，进行X-团队建设不断提高企业竞争力，以抵御经济全球化浪潮的不良冲击，引领组织不断创新、走向成功显得尤为迫切。

7.1.2 团队建设中的不足

（1）团队组成结构不合理。新疆/兵团企业的团队，多数由项目组领导及其追随者构成，职能结构单一，然而高效团队必须由职业技能互补的成员构成，因此，企业的团队组成结构不合理。这样“近亲繁殖”的团队，一方面，不利于发展团队成员的互补优势；另一方面，团队成员不敢提出与领导相悖的新观点，不利于新思想的产生与发展，团队的创新力不足，进而阻碍团队目标的实现。

（2）企业团队的目标模糊。一般来说，高效的团队都有明确的目标。在我们所调研的企业中，多数团队的目标是模糊的。这会给团队带来诸多的问题，一方面，导致团队内部的思想不一致，缺乏凝聚力，整个团队处于混乱状态；另一方面，致使成员的使命、具体的目标和任务不确定性增加，从而使得团队成员工作缺乏责任感，工作绩效降低。此外，由于团队目标设定模糊，团队领导者的决策没有从整个团队最终目标出发，进而没有将最终目标分割成为一系列互相关联、易于操作的短期目标，导致团队在实施任务过程中漏洞百出。究其原因，一方面，可能团队面临复杂多变的外部环境，使其无法准确了解外部（尤其顾客）的需求，进而导致团队目标的模糊；另一方面，团队可能由于目标过于多元化而造成团队目标不明确。

（3）传统的领导方式局限性。新疆/兵团企业多采用传统的金字塔结构，而传统金字塔结构是基于组织职位的领导模式、以权威与控制为基础的个人领导力，这种组织模式在今天的组织管理中作用是有限的。以正式职位赋予的权力为基础实施的领导行为是一种集权式领导模式。在团队处于稳定的环境，有明确的输入要素和输出成果的情况下，集权式领导模式有利于提高组织效率。然而，在竞争激烈的今天，团队输入的要素往往是不确定的，没有一个领导者能够为团队所面对的所有复杂问题找到正确的答案。当组织面临挑战的时候，应采用新的领导模式，让最有能力解决相应问题的人担负领导职责，尽己所能地提出并实施解决方案。

（4）团队内部以及与团队外部之间缺乏有效沟通。沟通是高效团队建设特别重要的环节。在团队内部，通过有效的沟通可以加强团队成员之间联结，形成任务相互依赖的氛围，进而产生相互协作与支持的行为。在团队外部，团队成员一方面与组织管理层之间建立联系，可以向其宣传团队的愿景，以获取团队发展所需要的资源与支持；另一方面与组织外部的利益相关者（如客户）沟通交流，可以使团队掌握团队外部环境的信息，明确团队行动的方向。在调研的过程中，我们发现新疆地区企业中等级制度森严，员工的权力距离感较高，从而导致团队内部以及与团队外部间沟通较少，即便有沟通也是团队领导进行。此外，还有些团队在沟通方面采取了措施，但没有采用合适的沟通方式，进而导致没有发挥团队沟通的效果。比如某团队在成员业余时间开展项目讨论交流会，但没有想到团队成员在平时工作中已经很劳累了，往往不希望团队占据个人过多的业余时间，休息和放松在很大程度上来说比所谓的团队活动更加有吸引力。

（5）缺乏团队精神，员工意志并没有得到有效整合。团队精神的基础是尊重个人兴趣和成就，协同合作，完成个体和整体的统一，进而保证团队的高效运转。团队精神是高效团队建设的一部分，良好的管理可以通过合适的团队形态将每个人安排在合适的岗位，充分发挥集体的潜能。但在我们调研的企业中，只有少数团队将成员的特质与团队的目标结合起来，形成团队精神，多数企业团队只是为了完成组织赋予的任务，较少关注团队成员的个性。团队精神是团队建设所需要的“软实力”，可以增强成员对团队的认同以及发挥团队的整体效能。要在团队内形成高凝聚的团队精神，不应依靠团队制度去制约，而应通过所有工作人员不断深入学习、不断增强责任心和使命感来完成。

7.1.3 X-团队建设的机制设计

到目前为止，尚未有文献能够将“分布式领导”、“边界管理”与“心理安全”整合为理论模型，分析其对“团队绩效”影响的研究。本书在现有研究基础上，通过理论分析和归纳演绎阐述了 X-团队建设中这些概念间的联系，并经过实证研究验证了其内在作用机理，即在 X-团队中实施分布式领导对边界管理有直接的影响，并通过团队内外边界管理间接影响团队绩效。同时，以灵活的成员资格边界和成员的边界胜任力为基础，有效地管理 X-团队内部和外部边界活动，以实现其内外协同效应，进而提高团队绩效。此外，X-团队要使外向边界活动的成果在团队内消化，必须让团队成员相互配合和分享经验，进而需要一种使成员畅所欲言的团队安全氛围，通过营造团队心理安全氛围激发成员进行边界活动的动机与倾向，进而提升团队工作质量。换言之，团队安全氛围在边界管理与团队绩效间具有调节作用。

（1）实施分布式领导的机制。以创新为基础的激烈竞争给企业带来了翻天覆地的变化，推动企业进行组织变革以适应外在环境的变化。组织变革又使团队知识结构变得复杂、分散和快速多变。在这样的情境下，领导职能不应只集中在组织的高层，而需要让团队成员产生领导意识和领导能力，共同发挥领导职能。X-团队所面临的是分散、稀缺的资源和复杂的问题，领导职能应由拥有解决问题能力的团队成员来担当，而不是由不了解实际情况的组织高层行使，即应当在 X-团队中采用分布式领导。在 X-团队中实施分布式领导，一方面能有效地发挥成员工作的自主性，让他们更愿意去承担团队责任，提高边界活动的倾向；另一方面让成员在团队中共享领导角色，可以使其感知到被组织或团队重视和尊重，进而激发他们工作的激情。此外，分布式领导能促进团队成员之间的平等协作和互动，并减少领导与下属之间交流的等级障碍，这有利于发挥分布式领导的功能。因而，在 X-团队建设过程中，团队应实施分布式领导模式，让团队成员共享领导角色，利用各自的网络关系进行大量外向型行为以获取完成团队任务所稀缺的资源和信息。同时，组织应给予 X-团队相应的支持，如通过对团队进行培训，为其实现分布式领导创造条件；通过构建具有针对性的激励模式，提升X－团队的分布式领导能力。

（2）X－团队边界管理动态平衡机制。边界管理作为X－团队建设的一个重要因素，团队需要通过分布式领导有效地管理其内外边界，凭借团队内部过程整合外向型行为成果，实现内外兼顾，并在团队心理安全氛围下，发挥内外协同效应以实现团队目标。通过内向边界管理（边界巩固）使团队资源和成员心智聚焦于团队任务；通过外向边界管理（边界跨越与缓冲）为团队争取生存必要的资源和支持，同时转移来自外部的干扰和冲突性的要求，从而保证团队任务顺利完成。此外，在团队发展不同阶段，分布式领导需要调整内向和外向边界的侧重点，实现边界管理的动态平衡。

（3）营造团队文化氛围，提高团队执行力的机制。团队的文化氛围（如心理安全、团队反思以及知识共享）是一个团队重要的过程特征，同时也是X－团队建设的重要情境因素。为此，企业/团队需要在团队内部营造良好的文化氛围，提高团队的执行力。首先，通过在X－团队内营造彼此信任和相互尊重的环境，可以形成团队的心理安全氛围。在较高的团队心理安全氛围下，不仅可以使成员积极表达对X－团队建设的意见，还能激发团队成员进行边界活动的动机，进而有利于提高团队合作满意度和任务绩效。在较低的心理安全氛围下，团队成员认为团队中的人际关系是不安全的，即团队中成员犯错误会受到其他成员的责备甚至辱骂。在这样的氛围下，团队成员进行边界活动的积极性将会大大降低，进而不利于团队任务的实现。其次，除了心理安全氛围，团队需要进行不断的反思，加强团队内部交流与讨论，进而促进团队心理安全氛围的提升。最后，团队领导需要在团队内部鼓励成员之间信息、知识的共享与转移，以便于团队任务的顺利完成。

7.2 新疆/兵团企业X－团队建设的对策

在新的竞争环境下，X－团队逐渐成了企业解决复杂问题的有力工具，但X－团队的协同比传统团队更加困难。基于新疆/兵团企业团队建设中的不足，本书依据X－团队建设的机制，为新疆地区企业建设X－团队提出以下建议或对策。

7.2.1 构建X－团队的支撑结构，完善企业团队体系

国内外成功企业的成长经历表明，X－团队是企业内部管理走向成熟的必经

之路，是企业打造核心竞争力的有效途径，是发挥企业集体智慧最有效的组织模式。针对新疆/兵团企业团队建设的现状，如何构建 X - 团队的支撑结构，完善企业团队体系是本书的重点之一。根据上述传统团队与 X - 团队的比较，本书提出以下几点建议。

7.2.1.1　按"需"配置团队成员，进行成员资格边界的管理

成员资格边界是指以成员资格作为个人是否归属某个群体的社会分类标准，是群体行为认知的基础。成员资格边界的管理在团队形成的早期对形成价值观和信念、构建"同一性"至关重要。在团队不同的发展阶段，成员资格边界与"同一性"相互促进，为团队有效进行外向和内向边界管理活动奠定基础。因而，团队应通过成员资格边界的管理，依据 X - 团队外部环境，结合任务与成员的关系网为 X - 团队灵活配置人员。

首先，团队必须了解外部环境的变化。外部环境主要包括客户的需求、竞争对手的情况和最新的潮流趋势。同时，团队也应该掌握组织内部的实际情况，如企业目前所具备的能力、与竞争对手的差距或优势、企业需要团队去解决什么问题。这要求拥有了解团队外部环境能力的成员进入团队，也是实施分布式领导和进行边界活动的前提。

其次，团队应该考虑团队成员的人数和技能，一般来说，管理规模与效率成反比，要塑造富有成效的团队，就应该把团队成员控制在 4 ~ 8 人，以避免"搭便车"的现象。同时，团队成员的技能必须具有互补性，为此，团队需要配置不同资格边界的员工。这一方面有利于 X - 团队形成相互协作与依赖的团队内部氛围；另一方面可以提高团队外向边界活动的能力，有利于分布式领导的形成。

再次，团队应根据任务的需要而不断地变动团队成员，因为 X - 团队边界具有很强的渗透性，这意味着成员要依据团队的需要在团队边界内外流动。例如，团队在面临复杂的技术问题时，成员无法攻克，需要企业邀请该方面的外部技术专家加入团队以解决技术难题。

最后，团队在配置成员时还应考虑团队成员的人际网络关系，因为团队成员的关系网被视为 X - 团队的核心竞争力，拥有广泛网络关系的成员就具备了较高从事边界活动的潜力。

7.2.1.2　设定 X - 团队目标，为分布式领导实施边界管理创造条件

团队目标是增强团队成员间凝聚力和实现团队边界管理的重要基础。分布式领导可以积极促使团队成员对目标达成共识，让成员感知目标的清晰性和可达成性，从而使他们的精力聚焦于团队任务，增强团队成员间的凝聚力，并为团队边界管理创造条件。X - 团队目标有外部目标和内部目标。外部目标是将企业的经营发展战略总目标分解为各个具体的、可衡量的分目标，并通过团队外向边界活

动实现，为企业创造和维持长久竞争优势；内部目标指通过内向边界管理在团队内营造良好的文化氛围，从而提高成员边界活动能力，完成组织任务。

在设定外部目标时，团队应以组织内高层的要求和客户的需求为导向，可以通过外向边界活动积极探测和明确外部利益相关者的需求。随着社会的进步，外部利益相关者的需求呈现出复杂化和动态化的特点，这反映在产品或服务上，即要求产品或服务智能化、个性化、艺术化，产品市场周期短，而反映在企业运作上，便是个性化定制的出现。同时，随着任务发展的阶段不同，团队应随其外部边界活动的反馈及时调整团队的方向。例如：推出新产品时，团队的工作重点应该放到增强其竞争力上；如果目标是提高客户对产品的满意度，那么团队的目标就是提高产品质量和服务质量等。在设置内部目标时，团队需要提高成员相互协作能力，通过内部边界管理，营造团队完成共同目标而努力的氛围。

7.2.1.3 依据团队边界胜任力，界定 X－团队成员角色

团队成员角色是根据团队所担负的任务和预期目标来决定的。在 X－团队中，强调团队边界的胜任力，意味着团队成员的角色能力和所承担的权责相匹配。X－团队应依据团队体系的三个层次（核心层、操作层和外围层）的胜任力结构，界定团队成员的角色。本书认为，在 X－团队中主要的角色有领导者、“使节”、协调者、“侦察者”、实干家、“边缘人”等。其中，作为团队的核心，领导者负责团体的整体运作，制定团队战略，做出重要决策，同时配合团队其他成员的工作，为操作层和外围层提供服务，但随着团队所处的情境不同，X－团队领导者角色可由不同成员来担当；“使节”充当着联结公司上下级，获得团队所需的关键性资源、信息的重要角色；协调者通过协商、游说等方式让利益相关者配合团队工作的开展；“侦察者”主要任务是分析企业内部情况，监测外界客户或竞争对手的变化趋势；实干家是团队任务的执行者，负责团队项目的日常工作，他们最关心的主要是做什么工作，以及如何做好工作；“边缘人”是 X－团队外围人员，通常是兼职或只参与处理团队日常工作以外的分工作，“边缘人”向团队提供专业知识，随着团队任务的变化，“边缘人”可能产生流动，最后离开团队。

7.2.2 实施分布式领导，实现 X－团队的内外边界管理的协同

作为 X－团队建设的重要因素，分布式领导要求团队成员根据自己能力和环境的变化动态地分享领导角色，强调领导者、情境和追随者之间相互协作依赖的互动过程。虽然新疆/兵团企业处于市场经济的边缘，形同“孤岛”，但经济全球化、知识化和信息技术的发展使其对企业的影响势不可当，不可逆转。因此，新疆/兵团企业应依据外部环境的变化，改变传统命令式领导风格，积极采用分

布式领导方式，在团队内分享领导角色，发挥成员工作的主动性和积极性，以便于团队任务顺利地完成。

基于本书的结论，分布式领导对团队绩效有着直接的影响，同时在积极的心理安全氛围中通过团队边界管理活动作用于团队绩效。当前，虽然分布式领导在我国的研究和实践仍然处于起步阶段，但可以预期，随着X－团队中领导—成员关系的不断发展，团队文化的持续演进，未来分布式领导必将成为一种高效的领导模式。国内外成功的团队建设案例（如保洁、西南航空等）表明，分布式领导主要体现其四个方面的核心能力，即感知、关联、展望及创造。在此基础之上，本书针对新疆地区企业在实施X－团队分布式领导方面，提出了以下几点对策。

7.2.2.1　通过组织培训，为实现分布式领导创造条件

在X－团队中形成分布式领导，需要组织对团队领导和团队成员进行培训。由垂直型领导转向分布式领导意味着领导者可能失去对团队的控制权，因此，企业需要通过培训和指导来促使他们以积极的态度支持分布式领导的发展。对团队成员培训包括如下三个方面：

第一，培训团队成员促使其成为负责任和具有建设性的领导。因为分布式领导的角色分享是动态变化的，这意味着团队内的每个成员都有担任领导角色的机会和可能性。从这一点来说，领导绩效很大程度上取决于团队内每一位成员的领导能力。只有团队内每个成员都能胜任特定时期的领导任务时，整个团队的领导效果才会更好。如果团队成员缺乏领导能力或领导能力不足，就会对承担领导职责感到信心不足，不愿意承担，或者即使承担了领导职能，也很难取得好的绩效。

第二，培训团队成员如何通过管理边界活动以应对来自其外部的干扰或压力。组织内资源的稀缺性，可能需要员工在多个团队内分享技术知识等资源。在与组织外部的利益相关者建立互动的过程中，需要成员投入过多的精力和时间去维持关系，这些情况都可能导致团队成员角色负担过重，因而需要员工学会有效地缓冲这些外在的干扰。

第三，培训员工基本的团队技能，以发挥其感知、关联、展望及创造性职能。例如：在团队内部，员工如何与团队其他成员相互协作以完成团队任务；在组织内部，如何协调其他部门/团队以获得工作上的配合，以及如何与组织高层管理人员建立联结，向他们传达团队的愿景以获得他们的支持；在组织外部，如何与企业的目标客户或竞争对手沟通交流以侦察团队稀缺的信息资源。

7.2.2.2　在任务初期，通过分布式领导强化团队外向边界活动

在X－团队任务执行初期，通过外向型行为可以帮助团队了解外部情况，并

建立与组织内高层的联结以获得持续的支持和资源。根据我们的调研发现，早期关注于边界外向活动的团队，他们能够更好地侦察到外部环境的变化并获得完成任务所需的关键性资源，最后取得成功。而那些仅专注于团队内部活动的传统团队基本上很难取得成功。团队初期边界活动聚焦于内部还是外部，很大程度上取决于团队的领导。如果团队领导通过设定目标，并将团队隔绝起来以避免外部的竞争压力，以此种方式建设团队，将与通过初期积极探测外部环境变化而建设团队的方式所带来的团队行为和结果是不同的。前者的团队领导可能增强团队内部的满意度，而后者团队领导从长期来看，将会带领团队取得更好的任务绩效和合作满意度（Ancona，2009）。

一般来说，团队成员总倾向集中于团队内部。为了避免这一趋势，X－团队应通过分布式领导在任务初期强调外部边界活动的重要性。团队领导可以迅速指派小组成员访谈客户、供应商、竞争对手以及组织内的高层管理者。在访谈过程中，团队成员可以询问他们对团队的预期，希望团队生产什么样的产品。通过掌握这些信息，团队可以真实的了解所处的外部环境。最后，聚集团队成员到一起，分享自己所发现的信息，可以为团队建设识别外部机遇与挑战。

7.2.2.3　利用团队内部过程，消化外向边界活动成果

尽管X－团队强调被传统团队忽视的外向边界活动，但并不意味着团队边界内部过程不重要。当团队成员活跃地进行外向型边界活动时，反而更需要X－团队进行有效的内向边界管理活动。因为，随着外向活动带来的大量信息，团队成员需要快速处理信息，并应用到团队任务上，进而便于团队迅速做出决策。同样，X－团队对成员解决冲突的技巧要求甚至比传统团队更加严格，因为从事外向边界活动的团队成员往往会将外部矛盾引入团队内部，团队成员需要随时管理可能引发的冲突行为。

在团队进行大量外向型边界活动的情况下，X－团队三方面的内部流程（心理安全、持续的反思和交互式记忆）显得很重要。

心理安全是指成员认为从事人际冒险是安全的，不用担心被指责。为了营造心理安全氛围，在X－团队实施分布式领导，让团队成员共享领导角色，鼓励和支持成员提出意见。当别人提出不同的意见时，团队领导应该做出积极的回应，不责备或惩罚团队成员，同时也不允许团队成员间相互责备。

在心理安全氛围中，团队需要不断地进行反思。X－团队领导者可通过加强团队内部交流与讨论，提高团队持续反思，促进团队心理安全氛围的形成。同时，团队领导者也可以通过鼓励成员对团队长远目标的反思，树立团队共同的愿景，提高团队边界内部成员间的凝聚力，进而为实现共同的团队目标形成相互支持，将外向边界活动成果在团队内部消化。

此外，成功的X-团队还需要促进交互式记忆（Transactive Memory），通俗地说，交互式记忆就是了解别人所知道的信息。在对新疆石河子某公司的调研中，我们发现销售团队数据分析员掌握了一条最新的销售信息，即开发区近期驻扎了个大项目工程队，但他却没有向团队的其他成员分享该重要信息。因此，团队领导需要在团队内部鼓励成员之间信息、知识的共享与转移，实现团队内外边界的协同。

7.2.2.4 发挥X-团队分布式领导的作用，保证团队各个阶段任务顺利完成

X-团队在它的整个生命周期内不断改变核心任务，这使得团队不会因为某一项任务阶段的阻碍而导致团队工作的停滞不前。准确地说，有效的团队需要经过三个不同目标阶段，即“3E”阶段：勘测（Exploration）阶段、开发（Exploitation）阶段及推出（Exportation）阶段。通过这些阶段提高X-团队的创新能力、任务的执行力以及实现知识共享，团队也因此需要保障各任务阶段的连续性。在笔者所调研的企业中，有些团队在某个任务阶段花费过多或过少的时间，最终导致团队建设的失败。例如，新疆某公司的研发团队的精力过多地投入于前期市场与技术的勘测，致使花费在后期的开发与推出阶段的时间过少，结果导致该研发团队无法按期完成组织赋予的任务。

作为X-团队的核心，领导如何帮助团队成员安排好每个任务阶段的工作任务，同时及时推进各阶段有序地进行是其发挥分布式领导职能必须要面临的挑战（Ancona，2009）。本书认为，X-团队领导可以建立现实需要的“里程碑”（Milestones），通过信息共享衡量团队成员工作的进度和安排他们活动的计划。类似地，团队领导也可以为成员建立一个明确的可交付的阶段性成果，有助于团队成员集中注意力于手头上的任务，同时也要求团队在阶段性任务结束时调整方向，因为X-团队的核心任务是随着团队的进展情况不断变化的，一个阶段结束意味着需要推进下一个新的阶段，进而保证团队任务顺利地完成。

7.2.3 加强X-团队内外边界管理，提高团队的绩效

随着全球化竞争的加剧、信息技术的快速发展以及客户需求的不断提高，组织日益依靠团队去解决复杂、不确定的任务。如何发挥团队工作的最佳效果，提高团队的有效性是本书要解决的关键问题之一。针对新疆/兵团的企业，本书基于上述分析的机理，认为团队边界管理是X-团队建设的关键，保持团队内外边界的动态平衡才能很好地发挥X-团队的有效性。

7.2.3.1 强化X-团队内向边界，提高团队绩效

基于小团队研究视角，研究者强调团队内向型边界管理，关注于团队成员构成和互动特征，例如团队成员的性别和年龄等表层人口学特征，知识和能力等深

层特征及其异质性构成，团队互动冲突等因素。同时，他们认为团队是一个封闭的系统，团队内氛围会影响成员的工作态度和团队行为。本书的X－团队内向边界指的是边界巩固，具体指团队通过管理成员资格边界和巩固边界的活动提高团队绩效。成员资格边界以成员资格作为个人是否归属某个团队的社会分类标准，是团队行为认知的基础。团队成员资格边界的管理对团队价值观和信念、“同一性”的构建至关重要。同时，随着团队不同的发展阶段，成员资格边界与“同一性”相互促进，为团队有效进行外向和内向边界管理活动奠定基础（石冠峰，2010）。

巩固边界主要通过两类活动实现团队绩效。一类是吸引与聚焦活动，团队领导将团队的共同愿景明确为团队目标，通过为团队设置明确、有意义的目标，吸引并聚焦团队成员注意力与团队资源，以完成团队的核心任务；另一类是创建“同一性”，即便有共同的目标、明确的成员标准，但如果没有成员的自我认同，这些也都不足以形成高效团队。因而，创建X－团队的“同一性”对提高团队绩效至关重要。

团队可以通过以下几种方式创建团队的“同一性”：第一，在团队成员之间创造一种强烈的同一感和归属感，激励他们为共同的团队目标而相互支持与协作；第二，培养畅通的交流方式，通过正式、非正式交流创造一种相互理解的气氛，使每个团队成员意识到自己与同伴对团队成功做出的贡献，在团队中建设共同的价值观、信念和规范是团队交流和行动成功的关键；第三，培养一种对团队的自豪感，团队成员定期评估团队成果，同时，通过向组织内、外宣传自己团队对组织的主要业绩，使成员清楚地了解自己团队所取得的成绩以及对整个组织做出的贡献。

7.2.3.2 管理X－团队外向边界，提高团队绩效

基于开放的系统观视角，研究学者强调团队需要与外部复杂多变的环境和系统前沿进行互动，关注团队与外部环境的联系与协调的作用。本书的X－团队外向边界活动主要包括边界跨越和边界缓冲。

边界跨越是团队通过与周围环境的联系以获得重要资源和支持的重要手段。团队边界跨越行为包括各种外部导向的活动，例如，团队成员努力到外部环境中去寻找关键的信息和资源，影响关键客户和组织管理层等重要的外部利益相关者，建立关系网络等。Ancona和Caldwell（1988，1992）的研究证明，边界跨越活动与团队各方面绩效高度正相关，因为团队要改善工作成效、完成团队的任务，需要获取多种资源，包括物质资源、与工作密切相关的外界信息、组织高层和横向相关部门/团队的支持。通过这些边界跨越行为与外部行动方建立联系以及开展互动，有助于团队实现总体发展目标。

首先，X－团队应灵活地制定有针对性的边界跨越活动策略。在团队不同的情境和任务阶段下，采用不同的策略。例如，X－团队在任务开始阶段，应积极地采用侦察型边界跨越活动。

其次，团队领导鼓励团队成员积极构建并发展社会关系网络，与团队外部利益相关者建立起良好和广泛的网络联系，提高团队的名声、获得组织领导对于团队任务与目标的理解与支持，争取团队改善工作所需要的资源与信息。即边界跨越不仅可以由团队成员在其组织给定的角色和能力内完成，而且能够通过社会网络完成。通过社会网络管理外向边界管理活动需要综合采取以下措施：改造团队结构以适应外部活动的需求；团队成员与外部人员及单位建立广泛的联结；构建相对开放的成员资格边界；获得组织支持。这些措施共同作用，相互补充，形成团队自我强化系统。

最后，团队领导要在团队内部营造良好的心理安全氛围，提高团队成员进行外向型边界活动的积极性。有效的边界跨越活动产生的高绩效可增强成员作为团队一分子的自豪感、加强“同一性”和对团队的承诺，从而巩固团队社会心理边界。

边界缓冲作为一种保持团队核心运作流程的方式，是为了应对来自环境的破坏性影响。团队边界缓冲行动主要表现为团队努力转移来自外部的干扰和冲突性的要求，避免团队成员负担过重。本书发现，边界缓冲对团队绩效有直接的积极作用，尤其在团队成员承担多重身份的情况下，外向型的边界缓冲作用更加明显。团队成员多重身份现象正日益普遍，特别是在高竞争性背景下，如信息技术、软件开发、新产品研发或者咨询团队。个体同时作为两个甚至更多团队的成员，旨在更好地共享资源和信息。但这也可能导致具有多重身份的团队成员在执行一个团队任务的同时，面临着另一个团队提出的任务或者要求，从而影响该团队成员有效地完成本团队的任务。为此，团队必须了解对成员造成干扰的来源，这些干扰是来自技术核心的干扰，还来自于组织的管理层、文化、政治领域或组织外利益相关者的干扰。同时，团队领导需要采用正式的团队制度与程序以及非正式的团队内部互动规范，帮助团队成员排除或最小化对团队成员顺利完成任务可能产生负面影响的外部要求、外部压力或者干扰，进而维护团队行动的自由。有效的边界缓冲通过减少外部扰动为团队创造心理安全、相互信任的良好气氛，从而维护和巩固了团队社会心理边界。

7.2.3.3 实现X－团队内外边界管理活动平衡

团队内部边界管理通过团队边界的巩固而提高团队成员的士气，增强成员间相互信任，使团队内协作从一致。但仅仅关注团队内部边界活动，会使团队与外部世界竖起一道墙，难以从外界获得稀缺性资源与信息。外向的边界管理活动有助于团队获取必要的关键性信息、资源以及组织的支持，增强与外部利益相关者的互动，有利于团队成员顺利完成任务，提升团队绩效。但是过多地关注团队外向型边界活动，会分散团队的资源与精力，也会增加团队成员的角色负担和其他方面的压力，从而干扰团队内部任务的正常完成，对团队的绩效产生负面影响。

因此，避免团队内外边界活动之间资源的相互竞争，加强相互支持与协作是X－团队建设的基本策略。成功的X－团队需要在团队管理过程中有效整合来自外部的信息、处理团队与环境复杂的互动关系，这证明了平衡团队内向、外向边界管理活动的重要意义。

7.2.4 塑造X－团队建设的文化氛围

基于本书得出的结论，在X－团队建设体制中，团队心理安全氛围在团队边界管理活动与团队绩效、合作满意度之间具有显著的调节作用。如果团队成员将大量的时间和精力用于外向型侦察、交际和任务协调活动中，会增加他们的角色负担，从而有可能导致成员沮丧、焦虑，产生对团队不满的情绪，并且干扰团队内部任务的正常完成，对团队的绩效产生负面影响。同时，随着外界更多的信息涌入，更多要求的提出，团队需要处理更复杂的问题，做出更艰难的判断。当不同的势力介入团队，外部的冲突就演变为团队内部工作观念、方法和心理的冲突。这特别要求企业处理好团队内部的合作和执行问题，要求全体成员共同协作努力。在新疆这个多民族融合的区域，企业内文化碰撞的现象时常可见。为此，企业需要为X－团队建设塑造一个积极的文化氛围，这种氛围主要包括团队心理安全文化氛围、团队反思氛围以及团队内知识共享氛围。

7.2.4.1 加强团队心理安全气氛，强化团队成员进行边界活动的动机与倾向

团队成员为了共同完成团队的目标任务，需要积极投入团队外向边界活动（侦察活动、使者活动和协调活动）。与此同时，他们还要努力使外向型活动的成果在团队内部消化，并使团队成员间相互配合。团队成员要想分享经验，表达自己对前途的想法，需要一种让员工畅所欲言的心理安全氛围。这种心理安全氛围指的是所有成员觉得团队内没有人际关系风险，这就意味着成员可以顺畅表达自己的意见，哪怕是反对意见。他们可以质疑，尽管他们自己不能确信质疑是否有把握；他们可以分享信息、经验和知识，哪怕这些信息、经验与知识并不一定用得上。这样的心理安全是建立在团队成员间彼此信任和相互尊重的基础之上的（Edmondson，1999）。因而，通过营造积极的心理安全氛围，并让团队成员感知到足够的心理安全，可以提高他们进行边界活动的动机和倾向。基于此，本书针对新疆地区的企业提出了团队心理安全建设的几点建议。

（1）增强组织对团队的信任度，营造团队心理安全氛围。加大组织对团队

的信任度，实质上就是组织要赋予团队成员失败的权利，鼓励团队成员主动参与，这样会直接促进团队心理安全感的建立和提高。

第一，可在企业内部进行员工公开“竞标”项目。据我们所调研的新疆地区企业，他们在组建团队时，基本上采用由企业经营班子或主管领导确定项目负责人，由项目负责人与主管领导共同选择团队成员。这种团队组建方式无法有效地激励团队成员的参与意愿。因而，本书建议项目团队的组建采用公开“竞标”方式。企业可以利用现有的系统平台，将企业的项目放在平台上由全体员工进行公开竞标，自发主动的参与团队的组建和建设。企业需要给予员工充分的信任，鼓励员工自主选择、自主参与。

第二，项目负责人“甄选”团队成员。就组织对团队负责人的信任角度而言，企业可以将项目团队成员最终审核和筛选的权力充分授予团队负责人。由项目负责人甄选出团队成员的做法，一方面可以让团队负责人产生被组织信任的感觉，从而提升其个人的责任感和工作投入；另一方面自己审核本团队的成员，更有助于团队负责人从项目团队成立之初营造良好的团队氛围。

第三，授予团队充分的权力。要激发团队本身的活力，应从组织层面给予项目团队和团队负责人充分的权力。可根据项目的重要程度，将对企业一般的项目的行动方案决策权下放至团队项目负责人，而非由相关管理部门或主管领导决定。在团队项目执行过程中，将项目资源的使用权交给团队，而非整个过程刻板的由项目管理部进行监控。

（2）营造团队内成员间的信任氛围，提升团队的心理安全。团队成员对环境中其他成员和工作制度环境的信任对于团队心理安全有重要影响。如何在团队内营造成员间的信任氛围，本书具体提出以下建议：

第一，实行团队项目负责人公开选举。对于非重大的项目，组织层面可以将项目信息在系统中公开，由全体成员投票选举出该项目的负责人。此举一方面可增加团队对项目的关注度；另一方面通过团队所有成员的选举可以了解成员对彼此的尊重与信任以及团队负责人的权威性和成员的认可度。同时在项目团队建设之初，公开选举可以巩固团队心理安全氛围的基础。对于自己选出的团队负责人，团队成员间更容易形成信赖感。

第二，实行团队项目总结交流。目前新疆地区企业对于团队项目的管理，主要还是以项目为管理重点，注重的是结果，往往忽视项目的延伸性以及知识管理的动态性。也正因为如此，使得很多团队成员为了能够按时按量完成各自的任务，而缺乏对团队项目的总结交流。利用现有的系统和平台，在系统中加入对于团队项目的阶段总结交流，可以促进团队成员在彼此协作开展工作的同时，将注意力由自身的行为和工作目标，部分转移到团队其他成员的行为和工作目标上，在团队反思交流中，鼓励多提建议，多找问题，多想办法。团队项目总结交流的另外一个益处在于项目进展过程往往并非理想状态，团队成员经常会遭遇问题、冲突、挫折、困难甚至失败，在这种情况下，通过团队集体的力量进行疏导，共同找出问题、想办法，对于建立成员间的信任和提高团队心理安全感是十分有帮助的。

7.2.4.2　营造团队反思交流氛围

在激烈竞争的生存发展环境下，团队往往面临的是复杂问题。在解决这些复杂问题的过程中，团队成员需要花费时间去反思他们的行为、策略和目标。正如我们建设X－团队所强调的，在团队心理安全氛围下成员要经常地进行反思。因为团队反思能促使成员始终保持对新知识的关注，同时，能让成员运用所学的新技能应对外部环境的变化。更重要的是，团队成员通过反思，可以知道自己行为的对错。然而，根据我们所调研的新疆企业，团队都追求行动的连续性，很少为反思而腾出时间。在团队项目的进展过程中（开始、中途及终点等关键点）为团队反思而暂停工作是非常有必要的。在项目的开始和中途阶段，团队需要战略决策以确定长期的道路，这也是团队最重视反馈的时候，因为团队正处在由简单的按部就班向新任务所需要对信息细微分析的转变过程中。团队进行工作转换需要反思，同时也在反思和变化中学习。在项目的收尾阶段，团队反思可以让团队完成任务后总结经验，传递给其他团队。因而，企业在建设X－团队过程中，应在组织内塑造积极的团队反思氛围。

团队可以采取两种方式培养团队反思的氛围。第一，定期开展工作汇总报告会。团队成员尽可能地聚集在一起，作为一个整体面对面地反思，而不是隐秘的进行。特别在项目的终点、中途或者中间的关键点，成员应当会聚在一起汇总思想、讨论得失、分析成败。第二，专门设立“脱岗日”，让团队成员全身心投入到反思团队工作中。真正反思的团队，所做的远远不止汇报，还会专门留出时间用于思考总体的项目、团队的方向，以及如何把工作做得更好。基于团队成员的互补性，他们的反思不只是事情的好坏，而是意味着更深层次的问题，如团队目前的方向是否与目标一致；作为团队的一员，自己能够为所在团队做些什么，又如何去做。这样的反思形式能有效地引导新层次的讨论，研究出团队的规范标准及完成任务的策略方法。

7.2.4.3　实现团队知识共享

团队知识共享就是前文提到的“交互式记忆”，通过了解他人所掌握的技能或信息，实现知识在团队边界内外转移，保证团队任务的顺利完成。团队要完成复杂的任务（如新产品的开发），应基于团队成员各自拥有的专业技能的互补性。很多成员具有对完成任务关键性的知识，但却没有与团队其他成员共享知识。为了整合技能，保证任务顺利完成，组织或团队需要在团队内营造良好的知识共享氛围，让成员不但了解自己的专业特长，还要了解他人的专业技能，以及建立自己的网络关系，以便在必要的时候获得他人的帮助。实现知识共享，团队可以将所有成员的知识连接成一个系统，在合适的时候给合适的成员安排恰当的工作。

如何在团队塑造知识共享氛围呢？第一步，基于团队任务需求，初步确定团队成员，把成员的经验（主要涉及的关键知识领域）集合起来，然后使成员相互熟悉了解。第二步，团队应该在项目初期进行一次脱岗的团队会议，以整理出成员知识经验的大致内容和范围。团队需要从成员身上获得以下信息：成员具有的专业知识、这些知识对任务的作用、是否有过团队经验、成员所拥有的人际关系网络以及成员的兴趣爱好（如主持活动、体育运动、沟通交流和数据分析等）。对于团队来说，成员在生产或销售方面的能力很重要，但团队成员的外在关系网络很大程度上会影响团队任务完成情况，也是团队非常关注的方面。第三步，团队需要不断总结、汇总成员在工作中获取的信息、体会到的经验和知识，形成团队的知识体系库，以此了解团队可做的项目以及项目执行者。第四步，随着项目流程进展和外在环境的变化，团队需要鼓励成员不断交替地进行知识共享，团队相互协作完成团队任务。

X－团队建设所需要的三个方面文化氛围，即团队心理安全、团队反思及知识共享，它们是不可分割、相互协作运行的，因为三者是一个反复循环的过程：团队反思促进知识共享，知识共享推动心理安全，心理安全成就团队反思（Ancona，2009）。这三部分组成一个内部稳定和谐的系统，为X－团队在建设过程中营造了良好的文化氛围。

第8章 结论与展望

8.1 研究结论

通过对相关理论的分析，在实地考察和调研的基础上，本书对分布式领导、边界管理、团队绩效以及团队心理安全之间的关系做了较为深入的研究，结论如下。

8.1.1 本书在团队层面对分布式领导、边界管理、团队心理安全、团队绩效进行研究，能够更为全面、准确地把握X－团队的运行管理规律

由于本书考察的变量皆在团队层面，但是现有的量表都是从员工层面进行采集，因此，为了使研究结果反映出团队特征，首先，本书从问卷设计之初就从语言上对原有量表进行了修订，如“我”改为“我们”或“我们小组”，从而表达出团队的内涵；其次，发放时也以团队为单位；最后，笔者通过数学方法对团队成员数据进行了聚合，从而形成了团队层面的数据。由调研获取的128个团队数据在各个变量上的RWG值中位数均超过0.70，组内一致性系数ICC1值均在0.1～0.3，ICC2值均接近0.6，说明所调研团队成员对团队层面的现象有高度一致的评价（James和Demaree等，1984，1993；Klein等，1994），团队层面聚合效果较好，表明本书数据可以在团队层面上对分布式领导、边界管理、团队心理安全和团队绩效进行分析。

当代组织需要更多依赖基本工作单元的有效运转，以提高组织竞争力，团队日益成为组织结构的核心。从组织层面到团队层面，再到个体层面，每一层面的变量间都有其独特的因果关系和运行机制，但各个层面的变量及其运行机制之间的联系尚缺乏更明确的认知和分析（石冠峰，2010）。研究者对分布式领导与团

队绩效的正相关关系基本取得一致认识，但这些结论无法体现团队层面的特有属性和作用规律。而且，以往有关分布式领导、边界管理、团队心理安全和绩效的分析多集中于个体层面，并且很少有研究关注分布式领导与边界管理的关系、;团队心理安全的调节效应等，更没有对这四者之间的关系进行探讨。

而团队层面上的研究，可以把组织层面和个体层面结合起来。本书从个体研究出发，并立足于团队层面，剖析了分布式领导对团队边界管理、团队绩效的影响，并探讨了团队心理安全在边界管理和团队绩效间的调节效应，揭示出不同分布式领导对边界管理各维度、团队任务绩效和合作满意度起到的促进作用。研究结果可以部分揭示 X－团队中分布式领导的运行机理，并为后续的跨层次研究提供方法论的借鉴。

8.1.2　X－团队中实施分布式领导可以有效提升团队绩效

分布式领导的实质是一种领导权力的授予，它关注的焦点是如何有效的分配权力（Hallinger，2000），进而充分利用团队的力量，提高团队绩效。但是，领导权的授予是否一定可以提高团队的绩效是一个值得讨论的问题。本书的研究结果表明，虽然整体看来分布式领导提高了团队绩效，但是笔者注意到，权责共担这一要求成员共同分享权力、承担责任的维度其实对团队效能的影响并不显著；团队期望这一成员之间彼此希望对方努力进步的维度对团队绩效也没有影响。但假设 1.1（团队进取对任务绩效有正向影响）和假设 1.4（团队合作对任务绩效有正向影响）成立，说明了分布式领导的团队进取和团队合作维度都对团队任务绩效有良好作用。另外，团队进取、权责共享和团队期望对合作满意度之间的正向影响不成立，但假设 1.8 得到了验证，团队合作维度对合作满意度有正向影响。假设 1.4 和假设 1.8 成立，表明强调合作意识才能真正提高组织的任务绩效以及合作满意度。这样看来，X－团队中分布式领导应该有更为丰富的内涵，而不仅限于领导角色或者权力的分布，应通过实施分布式领导来促进团队内的合作氛围，提高员工能力，进而提高团队绩效。

8.1.3　X－团队中实施分布式领导可以显著提升边界管理的水平

本书假设 2、假设 2.1、假设 2.5、假设 2.6、假设 2.9、假设 2.11 和假设 2.12 的成立表明，分布式领导有利于边界管理的提升。在 X－团队中实施分布式领导是为了解决领导不能保证在所有情况下都能胜任岗位要求，这使得正式领导在现实决策领域中，需要综合整个团队的智力、人力以避免单个领导因偏好、能力导致的决策偏差，进而影响到团队的绩效。在此过程中也是不断提高边界管理的过程。同样，分布式领导也影响团队成员对团队的认同，使成员凝聚在一起，保护自己的团队并以自身能力积极提升团队环境，即影响团队边界管理。分布式领导中员工对于彼此的期望和良好的合作意识也有利于团队成员积极与团队内外沟通，以有利于自身团队，从而提高团队边界管理水平。

8.1.4 边界管理能有效促进X－团队的团队绩效

本书假设3与假设3.1、假设3.2、假设3.4、假设3.5成立表明团队边界管理不仅有效促进团队任务绩效，对于合作满意度也有显著的正向影响。X－团队往往面临较为复杂的任务，此时边界管理对于任务的解决非常关键。因为边界管理鼓励员工为团队任务凝聚在一起，有助于团队成员积极整合团队内外资源，那么在形成方案时就会凝聚多人的才能和智能，并聚合多方面的资源，从而提高团队绩效。同时也有利于促进成员以任务为中心的合作，并为合作创造有利环境，因此有助于团队合理安排任务和科学决策，促进成员的合作满意度。

8.1.5 团队边界管理在X－团队的分布式领导与团队绩效之间有部分中介作用

本书假设4与假设4.1和假设4.2的部分成立表明X－团队中强调团队内分布式领导的实施，一方面可以直接提高团队绩效；另一方面可以提高边界管理的水平，进而提高团队成员完成任务的效果，即提高团队绩效。

但是在本书中，边界管理的边界跨越维度没有在分布式领导与团队任务绩效之间有部分中介作用，而且边界管理的巩固和缓冲维度均没有在分布式领导与合作满意度之间产生中介效应。这是由于边界跨越对团队绩效的效果并不显著，而且分布式领导本身强调团队合作，因此对团队合作满意度的直接效应更强烈。

8.1.6 团队心理安全在X－团队的边界管理与任务绩效间有调节效应，且为负向的调节效应

假设5、假设5.1、假设5.2、假设5.4和假设5.5都得到验证，说明团队心理安全在边界管理和团队绩效之间有显著的调节效应，并且主要为显著的负向调节效应。由于边界跨越与团队绩效的关系不显著，因此假设5.3和假设5.6没有得到有效的验证。这说明在X－团队进行团队边界管理时要关注团队心理安全的营造，并在评价团队边界管理的推动效果时，要注意对团队心理安全氛围的分析。同时，在对心理安全和边界管理交互影响团队绩效的研究中发现，高心理安全气氛下积极推动边界管理的团队是最能有效促进团队绩效的团队。

8.2 研究贡献

第一，重新界定了X－团队的理论内涵。剧烈变化的外界环境以及组织变革的强烈要求，迫使一种新型的用于组织内外部协整和应对环境变化的动态管理团队——X－团队产生。本书首先对X－团队的概念进行明确界定；其次用五个限制条件更加清晰的对X－团队的具体方面进行了描述，使人们对X－团队的内涵有了更加具体的认识，弥补了以往研究的概念模糊性的弊端。

第二，团队内外兼顾研究视角的探索。以往的研究者要么关注团队内部过程，要么关注团队外部活动，各有其局限性，其研究发现也存在相互矛盾和冲突之处。本书通过建立X－团队，实施分布式领导，通过边界管理的平衡，制定内外兼顾的策略，实现团队—团队的内外协同，营造“心理安全气氛”（Edmondson，1999），提高团队执行力和团队绩效。本书以一个新的整合的视角来认识团队，为团队建设提供新的思路。

第三，修正了分布式领导的结构及测量问卷。本书通过对国内外研究者关于测量分布式领导大量文献的分析，发现前人关于分布式领导的结构认识有较大差异，因此本书在文献分析及企业实际访谈的基础上，形成了X－团队中分布式领导初步问卷。从理论上看，本书中分布式领导问卷共有四个维度，与多因素领导问卷有较大差异，本书更加注重X－团队中分布式领导表现出来的特征，例如：团队成员对团队内外部同时整合资源的应用，使得团队成员更有进取精神；团队成员为了完成复杂工作也更注重团队合作。因此，本问卷的修正即以X－团队成员的特性为基础，通过理论与实际的结合完成了初步问卷。而后期的数据调研及分析表明，该问卷的信效度良好，符合本次测量要求。

第四，从分布式领导理论的视角研究其对团队绩效的影响，拓展了团队绩效提升的研究范围。领导者一直被视为影响团队及绩效的关键因素，前人的研究主要以正式岗位上的领导为主，例如，变革式领导、参与式领导和家长式领导等，这些领导方式对团队绩效的关系也已经得到学者们的证实。但是对于分布式领导在团队成员之间共享的领导方式尚属于前沿领域，目前并没有广泛接受的定义，本书通过深入的理论分析认为分布式领导对团队绩效具有正向影响，文中的数据也支持了这一理论，为提高团队绩效提供了新的研究视角。

第五，认识到了团队边界管理的重要意义。边界管理在注重维护自身团队的同时积极同外界进行沟通，以保护团队并争取资源，能积极促进团队的任务完成，提高团队绩效。分布式领导对团队反思的重要影响体现在分布式领导重视团队进取和团队合作，进而影响到团队的边界管理水平，尤其在 X－团队强调关注团队内部的同时对外部进行管理，更能提高分布式领导对边界管理的作用，从而影响到团队绩效，即边界管理在分布式领导与团队绩效间有中介作用。这也是前人所未研究到的地方，本书的这一发现填补了理论上的空白。

第六，为团队心理安全的研究提供新的关注方式，即将心理安全的调节效应作为关注点。以往的大部分研究都将心理安全作为影响绩效的前因变量或中介变量，很少有研究对心理安全的调节效应进行研究，团队层面心理安全的调节效应更是没有得到足够重视。本书探究团队层面的心理安全在边界管理和团队绩效之间的调节效应，更突破性的证实心理安全的负向调节效应，为心理安全的研究提供新的思路。本书认为心理安全在团队边界管理和团队绩效间有负向的调节效应，因而，在不同心理安全水平下的团队实施边界管理不应过分强调绩效的提高程度要达到一致，因为高心理安全下的团队投入同样资源用于边界管理可能会产生比低心理安全下更小的绩效提升程度，但并不表明团队边界管理没有产生作用，也不应否认团队没有积极促进边界管理活动，相反，这种高心理安全又促进边界管理的团队才是最为有效的团队。

8.3 管理启示

在承担课题研究任务期间，笔者考察了新疆地区的 30 多家企业单位，调研了 128 个组织团队，其中研发团队所占比重为 30.7%，专项团队为 31.8%，技术管理团队为 24.8%，服务类团队为 10.2% 以及其他类型团队为 2.5%。本书的样本具有一定的代表性，这些团队都是所在组织运行的基本工作单元和核心力量，也是组织最富价值的资源。本书在我国文化背景下验证了分布式领导对团队绩效有显著的影响，团队边界管理与团队绩效有直接的正向关系，同时在分布式领导和团队绩效间有显著的中介作用，此外，团队的心理安全氛围在边界管理与团队绩效间有显著的调节效应。本书的成果为组织团队建设提供了理论参考价值和实践指导意义。

团队的领导者是一个团队的枢纽，他们的行为会影响下属的工作态度、目标、价值观念和行为方式，对团队绩效的提高有重要作用。心理安全氛围作为团队的重要属性，通过营造心理安全氛围可以形成一种成员间互相尊重和协作的团队环境，增进组织对团队、团队成员之间信任度。通过团队边界管理，提升成员在心理上对团队“同一性”的认知，增强对团队的认同和忠诚度。同时，通过边界管理使团队成员心智聚焦于团队的任务，形成相互支持性行为，进而实现团队目标。因此，在积极的团队氛围下实施合适的领导模式，并通过边界管理构建具有凝聚力的高效团队是团队理论的重要研究议题。在团队建设过程中，团队应改变传统的集权式领导模式，采用分布式领导以应对团队外部环境的变化，而如何实施分布式领导是团队建设的关键问题。依据团队边界管理机制动态平衡的思想，团队边界需要连续不断的管理，以确保边界既不会变得过于封闭，也不会太过于渗透，维持外向边界管理活动与内向边界管理活动之间相互支持和互补的协同关系是团队建设的核心问题。基于此，本书结合 X－团队建设机制提出了以下几方面的管理启示。

8.3.1 实施分布式领导

第一，消除对分布式领导的误区。首先，必须明确分布式领导强调的是领导角色在组织的共享而不是领导的职位，且团队成员在不同的情境下根据任务的特征和员工的能力分配领导角色。因此在任务的不同阶段会有不同的员工负责，而不是同一任务多人领导，不会形成简单的多头领导（李洁芳，2008）。其次，分布式领导不是指团队不需要正式领导或上级指导，Lechner（2000）的研究表明，团队不论是否有正式领导，都可以实施分布式领导，只是正式领导的某些角色由成员承担，如信息传递者、监督者等角色。当然，团队任务的分配等基本决策仍需上级领导做出，只不过增加了员工的选择权，尤其是上级领导在最初的团队设计和工作中的持续支持都是团队中实施分布式领导的关键（边慧敏等，2010）。最后，分布式领导的出现并不与传统领导相冲突或者相互否定，而是提供了二者观点相互补充的方式。尤其值得注意的是，分布式领导尽管受到众多学者与实践者的欢迎，但这并不代表着分布式领导是一种最佳实践模式，它需要正式领导去积极地创造组织条件以激活分布式领导实践。实际上，分布式领导对正式领导的要求更多。

第二，了解实施分布式领导的条件。实施分布式领导对团队与员工都有一定的要求。首先，从团队层面来看，团队的任务要求创新，因为在团队中创新往往依赖员工能够发挥各自专长，激发潜力并解决问题，而传统的领导方式可能并不适合这样特征；任务要具有高度相关性，因为高度相关性的工作需要员工之间彼此协作，并表现出协同效应，而分布式领导正是强调了团队成员之间的合作；任务复杂程度高，因为复杂的任务情境中，单一的领导想要完全掌控任务进程不太现实，因此需要员工来协同完成，尤其在跨部门团队中，不仅需要员工彼此协作，而且很少会有正式领导。其次，从个体层面来看，团队成员的学习能力要强，Spooner等（1997）认为员工吸收并转换知识的能力是有效实施分布式领导的重要条件；团队成员的自我效能感要强，因为分布式领导需要员工积极地承担责任，而自我效能感高的员工往往比较自信，愿意参与团队的管理。只有团队和其成员符合这些基本要求，该团队实施分布式领导才会比较成功。

第三，采取措施实施分布式领导。首先，合理设计团队规模。在确定采取分布式领导的团队前，上级领导应确定成员的角色，为团队制定发展目标，根据团队工作的需要挑选合适的成员并保证适当的团队规模，防止团队规模过大（边慧敏等，2010）。其次，营造分布式领导的氛围。因为受传统集权式管理模式的影响，实施分布式领导必须营造平等、互信的氛围，保证团队成员性格、技能等方面的多样性和价值观的相容性。同时，注重团队精神的培养，因为分布式领导更有可能在权力距离较低、集体主义文化更高的文化氛围中获得成功。再次，团队中还需要积极展开分布式领导建设的培训，培养团队成员的领导意识，提高员工的领导水平，包括团队快速信任训练、领导力发生训练、权力转移训练、团队效能感训练、共享领导体验等内容，进而促进分布式领导的产生。最后，建立分布式领导运行机制，主要涉及人与组织间的信任机制，包括人与人之间的信任、组织与组织之间的信任、人与组织间的信任等；参与协调机制，包括决策参与机制、工作协调机制、团队学习机制等；任务情境与权力转移匹配机制，包括任务情境化机制、情境知识化机制、知识权力化机制、权力情境化机制、权力转移机制等；权责共享机制，包括权力共享机制、责任共担机制、组织支持机制等（刘博逸，2012）。

8.3.2 营造积极的团队氛围

第一，营造心理安全氛围。陈国权（2008）认为，只有当团队成员能感知到足够的心理安全时，他们才敢于对过去的事实情境做出客观的评价。团队的领导在营造心理安全氛围中具有重要作用，应该给予知识型员工自由的空间与时间，这样他们才有时间去思考和创新；团队领导也应该鼓励成员相互合作，共担责任，这样才能使团队中形成一种安全与信任的环境。在发生问题的时候能够群策群力总结经验教训。同时，必须使员工感知到团队的各项措施是鼓励员工发出不同声音的，这样员工才会愿意参与问题讨论（张文勤，2009）。

第二，提高对团队反思的认识水平。知识型团队中往往提倡团队反思，一方面有利于信息的传播；另一方面也有利于集思广益，提高团队解决问题的能力。但是也有学者认为，团队反思的过程也是不断提出问题、调整计划和展开行动的过程，而这些环节都需要时间与资源（Hoegl 和 Parboteeah，2006）。张文勤和刘云（2011）从团队所处的不同阶段研究了反思与绩效之间的关系，他们认为在研发团队的后期已经不需要密切关注环境的变化，而应专注于工作之中，此时再继续保持高水平的团队反思必然会影响到团队的效率。因此，管理者必须明确团队的任务阶段，保持一定水平的团队反思。

第三，提高员工沟通水平，加强员工能力培养。知识型团队中个人的沟通水平不仅直接影响团队的反思水平，也会影响员工和组织的绩效。在团队任务执行的过程中，成员之间有效的沟通有助于彼此对信息的分享和思维的碰撞，进而促进团队问题的解决和创新能力的提高，也有利于团队知识的整合。因此，提高员工本身的沟通水平，使其表达自己真实意思非常重要。另外，团队反思不仅是对问题表面的反思，企业也需要员工能对工作展开深入的反思，通过深入反思考虑企业的根本问题，当然这需要员工具有高水平的能力和专业知识。因此，企业希望通过提高团队反思水平进而提高团队绩效，则必须首先提高员工的个人能力。

8.3.3 加强团队边界管理

第一，巩固团队内部边界。内向边界管理主要通过管理成员资格边界和管理巩固边界的活动提高团队绩效。成员资格边界是指以成员资格作为个人是否归属某个群体的社会分类标准，是群体行为认知的基础。成员资格边界的管理在团队形成的早期对形成价值观和信念、构建“同一性”至关重要。在群体不同的发展阶段，成员资格边界与“同一性”相互促进，为团队有效进行外向和内向边界管理活动奠定基础。巩固边界主要由两类活动实现：一类是吸引与聚焦活动，将团队共同的愿景明确为团队目标，通过为团队设置明确、有意义的目标，把团队成员注意力与团队资源吸引并聚焦过来，以完成系统核心任务；另一类是创建“同一性”，即便有共同的目标，明确的成员标准，但如果没有成员的自我认同，这些也都不足以形成高效团队。有三种方法对创造“同一性”至关重要。首先，在团队成员之间创造一种强烈的同一感和归属感，这将激励他们共同工作，一起实现团队的目标。其次，培养充分的交流。通过正式、非正式交流创造一种相互理解的气氛，使每个团队成员意识到自己与同伴对团队成功做出的贡献。建设团队共同的价值观、信念和规范是团队交流和行动成功的关键。最后，培养一种对团队的自豪感。团队成员定期评估自己团队的成功及成绩。同时，通过向组织内外宣传组织的主要业绩，使成员清楚地了解自己的组织所取得的成绩，以及自己的努力对整个组织做出的贡献。

第二，管理团队外部边界。外向边界管理主要通过管理边界跨越和边界缓冲活动提高团队绩效。首先，管理边界跨越活动。Ancona 和 Caldwell（1988，1992）的研究证明，边界跨越活动与团队各方面绩效高度正相关。因此，团队首先应该制定有针对性的外向活动策略。另外，边界跨越不仅可以由团队成员在其组织给定的角色和能力内完成，而且能够通过社会网络完成。通过社会网络管理外向边界管理活动需要综合采取以下措施：改造团队结构以适应外部活动的需求；团队成员与外部人员及单位建立广泛的联结；构建相对开放的成员资格边界；获得组织支持。这些措施共同作用，相互补充，形成一个团队自我强化系统。有效的边界跨越活动产生的高绩效可增强成员作为团队一分子的自豪感、加强“同一性”和对团队的承诺，从而巩固了团队社会心理边界。其次，管理边界缓冲活动。边界可以将生产核心封锁、缓冲，平衡输入与输出变量，预测变化和不确定性，并利用边界保护团队不受环境的渗透。除了缓冲对技术核心的干扰，工作单元必须保护自身免受来自于管理层、文化和政治领域的干扰，减少环境的压力，维持团队行动的自由。有效的边界缓冲通过减少外部扰动为团队创造心理安全、相互信任的良好气氛，从而维护和巩固了团队社会心理边界。

第三，实现团队内向与外向边界的平衡。成功的团队需要在团队管理过程中有效整合来自外部的信息，处理团队与环境复杂的互动关系的事实证明了平衡团队内向、外向边界管理活动的重要意义。避免这两类活动之间的资源相互竞争，加强相互支持与协作是平衡两类活动的基本策略。具体包括：首先，建立团队认同、提高团队成员对团队目标的承诺。其次，营造相互信任、相互尊重的团队安全气氛。建设性的内部群体动力（人际信任和成员之间的相互尊重）显著、积极地与团队的边界跨越活动的水平相关（Edmondson，1999）。相反，有效的外向边界管理活动产生的高绩效可能将骄傲和集体效能感灌注在团队成员心中，提高团队内部动态过程的有效性。最后，加强冲突管理，转化关系冲突，利用任务冲突。团队冲突包括任务冲突和关系冲突。任务冲突有益于工作任务的完成，而关系冲突则有损于团队凝聚力和工作绩效，如果能够通过达成共同目标或共同愿景、设立任务冲突发生的地点，公开解决问题、进行任务冲突的训练等维护社会心理边界的活动使关系冲突转化为任务冲突，就能有效地提高团队凝聚力，实现高绩效团队。以上这些措施都可以有效加强合作、减少竞争。

另外，Hackman（1987）认为，要在过滤程度太高的“高边界”（Overbounded）与渗透程度过高的“低边界”（Underbounded）之间取得平衡，需要既保持团队清晰的边界又要建设相对开放的成员资格边界。过度内向边界管理活动造就的高边界团队，局限于自己的活动环境而难以成功；过度外向边界管理活动造就的低边界团队，缺乏“同一性”和对团队目标的承诺，不可能制定和实施一个一致的策略来完成某项工作。因此，既要有清晰的团队边界，又要根据任务需要的变化在获得和安排人力资源方面保持灵活性。

8.4 本书研究的不足

第一，抽样范围与样本数量的限制。本书以知识型团队方式运作的如研发、新产品开发、质量管理、解决问题或电子、咨询、通信工程等组织因需要而设立的专项小组，如项目小组、品管小组或临时任务小组等基本工作单位为研究对象。如果本书严格的以正式团队为调研对象往往难以获得足够的调查样本，这就必然会削弱理论的稳健性，因此在实际的调研中笔者把组织中的各个部门默认为一个团队。由于某些部门可能只是传统意义上以任务特质划分的部门，它并不能实际代表真正的团队，所以也会造成数据统计上的测量误差。另外，样本有 84.12% 属于行政服务类、市场类和技术类，可能会使测量题项回答的范围相对狭窄，不足以代表理论模型。虽然从团队成员的角度来看本书获取了 510 份问卷，但从团队层面来看只有 128 个团队，大于 60 个团队的测量基本要求，但样本量偏小也会影响到最终的测量效果。同时，样本中团队成员答卷人数为 3 人和 4 人的占比为 71.09%，这在一定程度上说明所选取样本团队成员答卷人数偏少，这可能使得成员回答结果不足以代表该团队的实际情况，从而引发数据的偏差。因此，未来的研究应该更严格的遵循样本挑选标准，并增加样本数量及团队成员答卷人数，从而更好地获得真实全面的数据。

第二，变量的测量手段可能存在不足之处。正如 Sundstrom，De Meuse 和 Futrell（1990）及其他研究者指出的，没有最优的方法测量团队绩效。虽然本书从团队成员和团队上级领导收集绩效评价数据，但可能由于团队上级领导并没有将更多精力聚焦于每个团队的具体绩效情况，因此很难保证从上级领导获得真实反映团队绩效的数据。因此，未来的研究应该通过更深入的访谈、观察等手段，将定性与定量的方法结合起来，以更合理的方式测量并获得更真实的绩效数据。此外，本书尽管是从下属和上司两个不同来源收集关于团队绩效的评价数据，期望上司的评价在分析中排除同源方差的影响，但这些数据都是员工和上级领导对团队绩效的主观评价，而采用团队业绩的客观数据进行分析，将会提升团队研究的说服力和应用价值。因此，进一步的研究可以采用团队客观绩效数据来分析分布式领导、边界管理活动对绩效的影响，提高对团队水平上边界管理活动产生效果的理解和认识（石冠峰，2009）。

第三，本书的设计虽然是分析变量间的因果关系及其解释，但在研究中使用的是分布式领导、边界管理活动的截面数据，并不能全面反映实施分布式领导、边界管理的动态过程，只是反映了研究对象在某个时间点上的变量之间关系。实际上，团队绩效更可能在实施分布式领导、边界管理后的一段时间显现出来，所以这些横截面数据难以为变量间的因果关系提供有力的支持，在探讨分布式领导与边界管理、团队绩效之间的关系方面有一定的局限性。因此，未来的研究需要进行纵向设计（Longitudinal Research）和深度定性访谈，以考察本书提出的理论模型中包含的因果关系。例如，今后的研究可以截取不同时段以获得数据，或采用系统动力学的方法，控制一些干扰因素，从而检验分布式领导与边界管理、团队绩效之间的动态过程（金鑫，2009）。

第四，本书虽然做了分布式领导的修正，明确了其四维度的结果，问卷的信效度也较好，但在实际调研中其四个维度与团队绩效之间关系不显著，因此，本量表在某种程度上仍然存在问题。例如，Carson（2007）认为，分布式领导是一个涉及团队成员之间的相互影响并实现团队目标的过程，应该用社会网络分析方法来进行测量，而不是问卷。也许正是由于本书采用的分布式领导问卷没有测量出团队成员实施分布式领导时的关系，所以才导致其维度与绩效关系不显著。另外，在问卷发放、回收时大部分并没有能够做到现场发放与现场回收，也可能造成数据反映的效果不是特别理想。

第五，本书只是验证了分布式领导、团队边界管理对团队绩效的正向影响，并没有关注团队绩效对分布式领导、边界管理活动的影响。但实际上这些变量间关系还可能包括团队绩效（任务绩效、合作满意度）对边界管理、分布式领导的回馈作用（Ancona 和 Caldwell，1988）。因为，高的任务绩效可能加强团队成员的自豪感，使团队社会心理边界得到加强和巩固；合作满意度可能进一步加强团队成员对团队价值观、规范和目标等因素的认同，“同一性”加强，并提高团队成员之间的信任，这些变化又进一步促进团队对外向边界管理活动进行更有效的管理，获得团队内向与外向边界管理活动的动态平衡；合作满意度的加强，沟通交流频率的提升，使得员工之间建立了更为和谐的人际关系，组织氛围也较为宽松，使得员工在面临外部环境的动态变化时更勇于承担责任，具有更强的主动性，所以有利于在团队中进一步实施分布式领导。

第六，本书在分析边界管理活动与团队绩效的关系时，只考虑了心理安全在两者之间的调节作用，未涉及团队边界管理过程中其他情境因素的影响，而这些情境因素可能在边界管理活动与团队绩效之间具有重要中介或调节作用，因此，进一步的研究应在这些方面继续细化，可能会有新的理论创新点和实践贡献。

8.5 进一步研究的方向

第一，X－团队作为当前新的竞争环境下团队建设理论和管理实践的重要议题，其研究价值自然不言而喻，但目前对X－团队的概念界定尚缺乏统一认识。X－团队概念的明确及丰富，对研究团队内在运行机制及在其框架下的分布式领导、边界管理对绩效的关系十分重要。因此，进一步的研究应当多视角、多层面地界定X－团队的内涵与特征，为后期相关研究奠定基础。

第二，本书只是探讨了在X－团队框架下分布式领导对边界管理和团队绩效影响，并没有考虑其外在环境的影响，而在进一步研究中则需要考虑到我国具体文化背景下分布式领导的实施对边界管理和绩效的影响，尤其受我国传统文化中庸文化因子的影响，可能在组织面临外部环境危机时，成员为了避免被他人当成“异己”看待，缺乏承担责任的勇气，这使得分布式领导在组织中难以有效的实施。所以，未来的研究中应该具体结合我国文化情境因素，考察X－团队的运行机理，并消除其中的不良影响。

第三，本书样本主要取自于知识型团队，而分布式领导并不局限于知识型团队，其适用领域应当更为广泛。未来的研究应该超越分布式领导对任务绩效及合作满意度影响的传统认识，拓展其作用范围。例如，分布式领导已被视为一种威慑行政腐败的手段（Pearce，Manz 和 Sims，2008）。同时在建设知识型政府的过程中，分布式领导对于强调开放性、动态性、学习性和参与性的知识型政府管理有重要意义（边慧敏等，2010）。

第四，由于研究时间及其他因素的客观限制，本书主要采用了文献研究及实证分析的方法来观察和总结团队运行机理和建设机制，没有通过更多典型案例进一步丰富和完善研究结论，在一定程度上制约了研究的进一步深入。未来的研究应该对企业进行典型案例分析，并通过深度访谈等方式，以挖掘更多的、分布式领导内涵、X－团队特征及建设规律。同时也应该展开时间序列分析，研究分布式领导实施过程中员工之间动态交互的过程，重点了解领导权力实现交替的权力转移机制，以便更好地在其他企业中进行推广。

第五，本书中的假设权责共担作为体现分布式领导内涵的关键维度却与任务绩效和合作满意度没有显著的正向影响，虽然可能是因为权责共担使得责任不明晰而导致成员不会全心全意的工作，但是分布式领导的本质即是面对外部环境的动态变化，领导权力在成员身上的分布，前提是该成员有能力胜任，因此它所对应的激励作用也会比较强。因此，未来的研究应该具体分析权责共担对团队绩效的影响，深入挖掘分布式领导对绩效的影响机理。

第六，本书已经证实通过内向边界管理（边界巩固）、外向边界管理（边界跨越与边界缓冲）的动态平衡才能够使 X – 团队内外协同，实现团队目标。要进一步研究分析内向与外向边界管理活动的动态平衡对团队绩效的影响，首先应分析这两类边界管理活动的前因变量。之前的研究更多的是单独分析内向边界管理活动的前因变量，近二十年里，只有 29 篇研究团队外部活动文献中的 30% 涉及外向边界管理活动的前因变量，并且这些研究仅局限于团队所处的组织环境，较少关注组织外部环境因素的分析。但组织环境的变化和复杂程度要求团队边界研究不仅要关注单元组织内环境，还必须关注组织外环境。

参考文献

［1］陈国权，赵慧群，蒋璐．团队心理安全、团队学习能力与团队绩效关系的实证研究［J］．科学学研究，2008（6）：1283－1292.

［2］陈晓萍，徐淑英，樊景立．组织与管理研究的实证方法［M］．北京：北京大学出版社，2008.

［3］单建伟．团队社会资本影响团队创造力的作用机制研究［D］．浙江大学博士学位论文，2012.

［4］德鲁克．新型组织的出现·知识管理［M］．北京：中国人民大学出版社，1999.

［5］段锦云，钟建安．组织中的进谏行为［J］．心理科学，2005（1）：69－71.

［6］方学礼．分布式领导：西方学校再造探研［J］．外国教育研究，2005（12）：57－60.

［7］奉小斌．研发团队跨界行为对创新绩效的影响——任务复杂性的调节作用［J］．研究与发展管理，2012（3）：56－65.

［8］付亚和，许玉林．绩效考核与绩效管理［M］．北京：电子工业出版社，2009.

［9］侯杰泰，温忠麟，成子娟．结构方程建模及其应用［M］．北京：教育科学出版社，2004.

［10］蒋跃进，梁樑．团队绩效管理研究述评［J］．经济管理，2004（13）：46－49.

［11］李洁芳．分布式领导概念内涵、角色关系辨析与未来研究展望［J］．外国经济与管理，2008，30（8）：45－52.

［12］李宁，严进．组织信任氛围对任务绩效的作用途径［J］．心理学报，2007（6）：1111－1121.

［13］理查德·L. 哈格斯（Richard L. Hughes），罗伯特·C. 吉纳特（Robert C. Ginnett），戈登·J. 科菲（Gordon J. Curphy）．领导学：在实践中提升领

导力（原书第6版）[M]．朱周译．北京：机械工业出版社，2009.

[14] 凌斌，段锦云，朱月龙．工作场所中的心理安全：概念构思、影响因素和结果[J]．心理科学进展，2010，18（10）：1580－1589.

[15] 刘博逸．企业共享领导的理论与实证研究[D]．暨南大学博士学位论文，2009.

[16] 龙静，汪丽．并购后威胁感知与心理安全对员工创新的影响——基于高科技企业的实证研究[J]．科学学研究，2011（9）：1382－1388.

[17] 尼克·海伊斯．协作制胜：成功的团队管理[M]．李靖坤等译．沈阳：东北财经大学出版社，2003.

[18] 彭天宇．共享领导的形成及其对知识团队绩效的影响机制研究[D]．西南财经大学博士学位论文，2010.

[19] 戚振江，王端旭．研发团队效能管理[J]．科研管理，2003（2）：127－132.

[20] 卿涛，凌玲，闫燕．团队领导行为与团队心理安全：以信任为中介变量的研究[J]．心理科学，2012（1）：208－212.

[21] 邱皓正，林碧芳．结构方程模型的原理与应用[M]．北京：中国轻工业出版社，2009.

[22] 沙因·E. 组织心理学（第3版）[M]．马红宇，王斌译．北京：中国人民大学出版社，2009.

[23] 石冠峰，林志扬．团队建设研究的新思路：边界管理的视角[J]．中国工业经济，2010（1）：94－103.

[24] 石冠峰，王亮，唐杰．关于团队边界管理问题的思考[J]．商业时代，2013（6）：106－109.

[25] 石冠峰，薛坪，唐杰．团队边界管理、凝聚力和绩效间关系研究[J]．科技进步与对策，2013（12）：5－11.

[26] 汤磊，杨光．团队心理安全文献综述及未来研究方向[J]．上海商学院学报，2009（4）：45－49.

[27] 唐翌．团队心理安全、组织公民行为和团队创新——一个中介传导模型的实证分析[J]．南开管理评论，2005（6）：24－29.

[28] 汪美伶，李山田．组织创新、员工心理安全与组织绩效关系之研究：以商业银行为例[J]．东吴经济商学学报，1996，59（5）：1－28.

[29] 吴明隆．SPSS统计应用实务：问卷分析与应用统计[M]．北京：科学出版社，2003.

[30] 吴明隆．结构方程模型：AMOS的操作与应用[M]．重庆：重庆大学

出版社，2009.

［31］吴志平，陈福添．中国文化情境下团队心理安全气氛的量表开发［J］．管理学报，2011（1）：73－80.

［32］薛会娟．国外团队跨界行为研究回顾与展望［J］．外国经济与管理，2010（9）：10－15.

［33］杨华，刘继红，李敏．变革型领导对员工创新工作绩效的影响研究［J］．科技管理研究，2011（20）：157－160.

［34］杨敏禧．心理安全气氛与学习行为对组织学习的影响［D］．台湾云林科技大学博士学位论文，2002.

［35］张鹏程，刘文兴，廖建桥．魅力型领导对员工创造力的影响机制：仅有心理安全足够吗？［J］．管理世界，2011（10）：94－107.

［36］张文彤．SPSS 统计分析高级教程［M］．北京：高等教育出版社，2004.

［37］张镇鸿．R&D 团队社会资本与创新绩效：团队心理安全与学习行为的作用研究［D］．上海交通大学博士学位论文，2011.

［38］赵慧群，陈国权，付悦．团队学习心理准备模型［J］．科学学与科学技术管理，2008（6）：182－187.

［39］赵鹏娟．共享领导对团队绩效的影响：基于团队学习能力的研究［D］．河南大学硕士学位论文，2011.

［40］Abraham R. Emotional Competence as Antecedent to Performance：A Contingency Framework［J］. Genetic，Social，and General Psychology Monographs，2004（1）：117－143.

［41］Alderfer C P. Boundary Relations and Organizational Diagnosis. In M. Meltzer F. Wickert（Eds.）. Humanizing Organizational Behavior［C］. Springfield，IL：Charles C. Thomas，1976.

［42］Alderfer C. P. Consulting to Underbounded Systems. In Alderfer C. P.，Cooper C.（Eds.）. Advances in Experimental Social Processes［C］. New York，Wiley，1980.

［43］Aldrich H.，Herker D. Boundary Spanning Roles and Organization Structure［J］. Academy of Management Review，1977，2（2）：217－230.

［44］Allen T J. Managing the Flow of Technology：Technology Transfer and the Dissemination of Technological Information within the R&D organization［M］. Cambridge，Mass.：M. I. T. Press，1984.

［45］Amedore G. H.，Knoff H. M. Boundary Spanning Activities and the Multidisciplinary Team Process: Characteristics Affecting school Psychological Consultation [J]. Journal of Educational and Psychological Consultation, 1993, 4 (3): 343 -356.

[46] Ancona D. G. Groups in Organizations: Extending Laboratory Models. In C. Hendrick (Ed.) . Annual Review of Personality and Social Psychology: Group and Intergroup Processes [C]. Beverly Hills, Calif. : Sage Publications, 1987.

[47] Ancona D. G. Outward Bound: Strategies for Team Survival in the Organization [J]. Academy of Management Journal, 1990, 33 (2): 334 -365.

[48] Ancona D. G. , Caldwell D. F. Beyond Task and Maintenance: Defining External Functions in Groups [J]. Group and Organization Studies, 1988, 13 (4): 468 -494.

[49] Ancona D. G. , Caldwell D. F. Bridging the Boundary: External Activity and Performance in Organizational Teams [J]. Administrative Science Quarterly, 1992b, 37 (4): 634 -665.

[50] Ancona D. G. , Caldwell D. F. Demography and Design: Predictors of New Product Team Performance [J]. Organization Science, 1992a, 3 (3): 321 -341.

[51] Ancona, Deborah, Bresman, Henrik. Thinking Outside the Team [J]. HR: Magazine 2008, 52 (9): 133 -136.

[52] Anderson A. B. Combined Effects of Interpersonal Attraction and Goal Path Clarity on the Cohesiveness of Task - oriented Groups [J]. Journal of Personality and Social Psychology, 1975, 31 (1): 68 -75.

[53] Argote L. , McEvily B. , Reagans R. Managing Knowledge in Organizations an Integrative Framework and Review of Emerging Theme [J]. Management Science, 2003, 49 (4) : 571 -582.

[54] Ashforth B. E. , Mael F. Social Identity Theory and the Organization [J]. Academy of Management Review, 1989, 14 (1): 20 -39.

[55] Ashforth B. E. , Harrison S. H. , Corley K. G. Identification in Organizations: An Examination of Four Fundamental Questions [J]. Journal of Management, 2008, 34 (3): 325 -374.

[56] Avery D. R. , McKay P. F. , Wilson D. C. Engaging the Aging Workforce: The Relationship between Perceived Age Similarity, Satisfaction with Coworkers, and Employee Engagement [J]. Journal of Applied Psychology, 2007 (92): 1542 -1556.

[57] Avolio B. J. , Jung D. I. , Murry W. , et al. Building Highly Developed Teams: Focusing on Shared Leadership Process, Efficacy, Trust, and Performance [J]. 1996

(1): 4-14.

[58] Avolio B. J., Walumbwa F. O., Weber T. J. Leadership: Current Theories, Research, and Future Directions [M]. 2009.

[59] Baer M, Frese M. Innovation is Not Enough: Climates for Initiative and Psychological Safety, Process Innovations, and Firm Performance [J]. Journal of Organizational Behavior, 2003, 24 (1): 45-68.

[60] Bakeman R., Helmreich R. Cohesion and Performance: Covariation and Causality in an Undersea Environment [J]. Journal of Experimental Social Psychology, 1975, 11 (3): 478-489.

[61] Bales R. Interaction Process Analysis: A Method for the Study of Small Groups [M]. Cambridge, MA: Addison-Wesley, 1950.

[62] Barrick M. R., Stewart G. L., Neubert M. J., Mount M. K. Relating Member Ability and Personality to Work-team Processes and Team Effectiveness [J]. Journal of Applied Psychology, 1998, 83 (3): 377-391.

[63] Barry B., Stewart G. L. Composition, Process, and Performance in Self-managed Groups: The role of Per-sonality [J]. Journal of Applied Psychology, 1997, 82 (1): 62-78.

[64] Bass B. M., Avolio B. J., Jung D. I., Berson Y. Predicting Unit Performance by Assessing Transformational and Transactional Leadership [J]. Journal of Applied Psychology, 2003 (88): 207-218.

[65] Beal D. J., Cohen R. R., Burke M. J., McLendon C. L. Cohesion and Performance in Groups: A Meta-analytic Clarification of Construct Relations [J]. Journal of Applied Psychology, 2003, 88 (7): 989-1004.

[66] Bechky B. Sharing Meaning across Occupational Communities: The Transformation of Understanding on a Production Floor [J]. Organization Science, 2003, 14 (2): 312-330.

[67] Becker T. E. Foci and Bases of Commitment: Are They Distinctions Worth Making? [J]. The Academy of Management Journal, 1992, 35 (1): 232-244.

[68] Belbin R. Meredith. Management Teams [M]. Heinemann, London, 1981.

[69] Bennett Nigel, Wise Christine, Woods Philip A., Harvey Janet A. Distributed Leadership: A Review of Literature [J]. National College for School Leadership, 2003 (1): 7-14.

[70] Bergman J. Z., Rentsch J. R., Small E. E., et al. The Shared Leadership Process in Decision-making Teams [J]. Journal of Social Psychology, 2012, 152

(1): 17 -42.

[71] Berne E. Games People Play [M]. Penguin, Harmondsworth, 1973.

[72] Bernthal P. R., Insko C. A. Cohesiveness without Groupthink: The Interactive Effects of Social and Task Cohesion [J]. Group and Organization Management, 1993, 18 (1): 66 -87.

[73] Bettenhausen K. L. Fivc Years of Group Rescarch: What Have We Learned and What Needs to be Addressed [J]. Journal of Management, 1991, 17 (2): 345 -381.

[74] Bettenhausen K., Murnighan J. K. The Emergence of Norms in Competitive Decision - making Groups [J]. Administrative Science Quarterly, 1985, 30 (3): 350 -372.

[75] Bishop J. W., Scott K. D. An Examination of Organizational and Team Commitment in a Self - directed Team Environment [J]. Journal of Applied Psychology, 2000, 85 (3): 439 -467.

[76] Bliese P. D. Within - group Agreement, Nonindependence, and Reliability: Implications for Data Aggregation and Analysis. In K. J. Klein, S. W. J. Kozlowski (Eds.). Multilevel Theory, Research, and Methods in Organizations: Foundations, Extensions, and New Directions [C]. San Francisco: Jossey Bass, 2000.

[77] Boland R. J., Tenkasi R. V. Perspective Making and Perspective Taking in Communities of Knowing [J]. Organization Science, 1995, 6 (3): 350 -371.

[78] Bowers D. G., Seashore S. E. Predicting Organizational Effectiveness with a Four - factor Theory of Leadership [J]. Administrative Science Quarterly, 1966 (1): 238 -263.

[79] Branscombe N. R., Ellemers N. Coping with Group - based Discrimination: Individualistic Versus Grouplevel Strategies. In J. K. Swim C. Stangor (Eds.). Prejudice: The Target's Perspective [C]. San Diego, CA: Academic Press, 1998.

[80] Brawley L. R., Carron A. V., Widmeyer W. N. Assessing the Cohesion of Sport Teams: Validity of the Group Environment questionnaire [J]. Journal of Sport Psychology, 1987, 9 (2): 275 -294.

[81] Brooks I. Organizational Behavior: Individual, Groups and Organization [M]. 3rd. New York: Financial Times Prentice Hall, 2006.

[82] Brown M. E., Gioia D. A. Making things click: Distributive Leadership in an Online Division of an Offline Organization [J]. The Leadership Quarterly, 2002, 13 (4): 397 -419.

[83] Brown L. D. Managing Conflict at Organizational Interfaces [M]. Read-

ing, MA: Addison - Wesley, 1983.

[84] Brown R. Group processes: Dynamics within and between Groups [M]. Oxford, UK: Blackwell, 1988.

[85] Brown S. P., Leigh T. W. A New Look at Psychological Climate and its Relationship to Job Lnvolvement, Effort, and Performance [J]. Journal of Applied Psychology, 1996 (81), 358 - 368.

[86] Buckley W. Sociology and Modem Systems Theory [M]. Englewood Cliffs, NJ: Prentice - Hall, 1967.

[87] Buller B. F., Bell C. H. Effects of Team Building and Goal Setting on Productivity: A Field Experiment [J]. The Academy of Management Journal, 1986, 29 (2): 112 - 143.

[88] Burke C. S., Stagl K. C., Salas E., Pierce L., Kendall D. Understanding Team Adaption: A Conceptual Analysis and Model [J]. Journal of Applied Psychology, 2006 (91): 1189 - 1207.

[89] Burke M. J., Sarpy S. A., Tesluk P. E., Smith - Crowe K. General Safety Performance: A Test of a Grounded Theoretical Model [J]. Personnel Psychology, 2002 (55): 429 - 457.

[90] Burt R. S. Structural Holes: The Social Structure of Competition [M]. Cambridge, MA: Harvard University Press, 1992.

[91] Campion M. A., Medsker G. J., Higgs A. C. Relations between Work Group Characteristics and Effectiveness: Implication for Designing Effective Work Groups [J]. Personnel Psychology, 1993, 46 (6): 823 - 850.

[92] Campion M. A., Outtz J. L., Zedeck S., Schmidt F. L., Kehoe J. F., Murphy K. R., Guion R. M. The Controversy over Score Banding in Personnel Selection: Answers to 10 key Questions [J]. Personnel Psychology, 2001, 54 (1): 149 - 185.

[93] Carless S. A., De Paola, C. The Measurement of Cohesion in Work Teams [J]. Small Group Research, 2000, 31 (1): 71 - 88.

[94] Carmeli A. Social Capital, Psychological Safety and Learning Behaviors from Failure in Organizations [J]. Long Range Planning, 2007 (40): 30 - 40.

[95] Carmeli A., Gittell J. H. High - quality Relationships, Psychological Safety, and Learning from Failures in Work Organizations [J]. Journal of Organizational Behavior, 2009 (30): 709 - 729.

[96] Carmeli A., Brueller D., Dutton J. E. Learning Behaviors in the Workplace: The Role of High - quality Interpersonal Relationships and Psychological Safety

[J]. System Research and Behavioral Science, 2009 (26): 81 –98.

[97] Carron A. V. Cohesiveness in Sport Groups: Interpretations and Consideration [J]. Journal of Sport Psychology, 1982, 4 (2): 123 –128.

[98] Carron A. V., Widmeyer W. N., Brawley L. R. The Development of Assess Cohesion in Sport Team: The Group Environment Questionnaire [J]. Journal of Sport Psychology, 1985, 7 (2): 248.

[99] Carron A. V., Brawley L. R., Widmeyer W. N. Measurement of Cohesion in Sport and Exercise. In J. L. Duda (Ed.). Advances in Sport and Exercise Psychology Measurement [C]. Morgantown, WV: Fitness Information Technology, 1998.

[100] Carron A. V. Group Dynamics in Sport [M]. London, ON: Spodym, 1988.

[101] Carson J. B., Tesluk P. E., Marrone J. A. Shared Leadership in Teams: An Investigation of Antecedent Conditions and Performance [J]. Academy of Management Journal, 2007, 50 (5): 1217 –1234.

[102] Castro S. L. Data Analytic Methods for the Analysis of Multilevel Questions: A Comparison of Intraclass Correlation Coefficients, Rwg (j), Hierarchical Linear Modeling, within – and between – analysis, and Random Group Resampling [J]. Leadership Quarterly, 2002, 13 (1): 69 –93.

[103] Chang A., Irmer B., Bordia P., Hobman E. A Multi – dimensional Approach to Thegroup Cohesion – group Performance Relationship [M]. Unpublished manuscript, Universityof Queensland, St. Lucia, Australia, 2001.

[104] Chen G., Mathieu J. E., Bliese P. D. A Framework for Conducting Multilevel Construct Validation. In F. J. Dansereau, F. Yammarino (Eds.). Research in Multi – level Issues: The Many Faces of Multi – level [C]. Oxford, United Kingdom: Elsevier Science. 2004.

[105] Choi J. N. External Activities and Team Effectiveness: Review and Theoretical Development [J]. Small Group Research, 2002, 33 (2): 181 –208.

[106] Christian M. S., Bradley J. C., Wallace J. C., Burke M. J. Workplace Safety: A Meta – analysis of the Roles of Person and Situation Factors [J]. Journal of Applied Psychology, 2009 (94): 1103 –1127.

[107] Clarke S., Robertson I. T. A Meta – analytic Review of the Big Five Personality Factors and Accident Involvement in Occupational and Non – occupational Settings [J]. Journal of Occupational and Organizational Psychology, 2005 (78): 355 –376.

[108] Cohen S. G., Bailey D. R. What Makes Teams Work: Group Effectiveness

Research From the Shop Floor to the Executive Unit [J]. Journal of Management, 1997.

[109] Cohen J. Statistical Power Analysis for the Behavioral Sciences [M]. Hillsdale, NJ: Erlbaum, 1988.

[110] Cohen J., Cohen P., West S. G., Aiken L. S. Applied Multiple Regression/Correlation Analysis for the Behavioral Sciences [M]. Mahwah, NJ: Erlbaum, 2003.

[111] Cohen S. G., Bailey D. R. What Makes Team Works: Group Effectiveness Research from the Shop Floor to the Executive Unit [J]. Journal of Management, 1997, 23 (3): 239 - 290.

[112] Cooper R. Modernism, Post Modernism and Organizational Analysis: The Contribution of Jacques Derrida [J]. Organizational Studies, 1989, 10 (4): 479 - 502.

[113] Cota A. A., Evans C. R., Dion K. L., Kilik L., Longman R. S. The Structure of Group Cohesion [J]. Personality and Social Psychology Bulletin, 1995, 21 (3): 572 - 580.

[114] Cross R. L., Cummings J. N. Tie and Network Correlates of Individual Performance in Knowledge Intensive Work [J]. Academy of Management Journal, 2004, 47 (6): 928 - 937.

[115] Cross R. L., Yan A., Louis M. R. Boundary Activities in 'Boundaryless' organizations: A Case Study of a Transformation to a Team - based Structure [J]. Human Relations, 2000, 53 (6): 841 - 869.

[116] Dailey R. C. The Effects of Cohesiveness and Collaboration on Work Groups: A Theoretical Model [J]. Group, Organization Management, 1977, 2 (4): 461 - 469.

[117] David W. Johnson, Frank P. Johnson. 集合起来：群体理论与团队技巧（第9版）[M]. 谢晓菲译.（Joining Together: Group Theory and Group Skills (9th Edition)），原出版社：Allyn, Bacon，中国轻工业出版社，2008 (1): 189 - 190.

[118] De Clercq D., Rius I. B. Organizational Commitment in Mexican Small and Medium - sized Firms: The Role of Work Status, Organizational Climate, and Entrepreneurial Orientation [J]. Journal of Small Business Management, 2007 (45): 467 - 490.

[119] Detert J. R., Burris E. R. Leadership Behavior and Employee Voice: Is the Door Really Open? [J]. Academy of Management Journal, 2007 (50): 869 - 884.

[120] Dick V. R. Identification in Organizational Contexts: Linking Theory and

Research from Social and Organizational Psychology [J]. International Journal of Management Reviews, 2001, 3 (2): 265-283.

[121] Dobbins G. H., Zaccaro S. J. The Effects of Group Cohesion and Leader Behavior on Subordinate Satisfaction [J]. Group and Organization Studies, 1986, 11 (2): 203-219.

[122] Dougherty D. Interprctive Barriers to Successful Product Innovation in Large Firms [J]. Organization Science, 1992, 3 (2): 179-202.

[123] Druskat V. U., Kayes D. C. The Antecedents of Team Competence: Toward a Fine-grained Model of Selfmanaging Team Effectiveness. In M. A. Neale, E. A. Mannix (Eds.). Research on Managing Groups and Teams [C]. Stamford, CT: JAI Press, 1999.

[124] Druskat V. U., Wheeler J. V. Managing from the Boundary: The Effective Leadership of Self-managing Work Teams [J]. Academy of Management Journal, 2003, 46 (2): 435-457.

[125] Durham C. C., Knight D., Locke E. A. Effects of Leader role, Team-set Goal Difficulty, Efficacy, and Tactics on Team Effectiveness [J]. Organizational Behavior and Human Decision Processes, 1997, 72 (2): 203-231.

[126] Edmondson A. C. Psychological Safety and Learning Behavior in Work Teams [J]. Administrative Science Quarterly, 1999, 44 (2): 350-383.

[127] Edmondson A. C. Psychological Safety, Trust, and Learning in Organizations: A Group-level Lens. In Kramer R. M., Cook K. S (Eds.). Trust and Distrust in Organizations: Dilemmas and Approaches. New York: Russell Sage Foundation, 2004 (1): 239-272

[128] Edmondson A. C. Speaking up in Operating Room: How Team Leaders Promote Learning in Interdisciplinary Action Teams [J]. Journal of Management Studies, 2003 (40): 1419-1452.

[129] Edmondson A. C. The Local and Variegated Nature of Learning in Organization: A Group-level Perspective. Organization Science, 2002b (13): 128-146.

[130] Edmondson A. C., Bohmer R. M., Pisano G. P. Disrupted Routines: Team Learning and New Technology Implementation in Hospitals [J]. Administrative Science Quarterly, 2001 (46): 685-716.

[131] Edmondson A. C. Managing the risk of learning: Psychological Safety in Work Teams. In West M., Tjosvold D., Smith K. (Eds.). International Handbook of Organizational Teamwork London: Blackwell. 2002a (1): 1-38.

[132] Edmondson A. C. Psychological Safety and Learning Behavior in Work Teams [J]. Administrative Science Quarterly, 1999, 44 (2): 350 -383.

[133] Ellemers N., Rink F. Identity in Work Groups: The Beneficial and Detrimental Consequences of Multiple Identities and Group Norms for Collaboration and Group Performance [J]. Advances in Group Processes, 2005, 22 (1): 1 -41.

[134] Enoch J. R., McLemore S. D. On the Meaning of Group Cohesion [J]. Sout h - western Social Science Quarterly, 1967, 48 (2): 174 -182.

[135] Ensley M. D., Hmieleski K. M., Pearce C. L. The Lmportance of Vertical and Shared Leadership within New Venture Top Management Teams: Implications for the Performance of Startups [J]. The Leadership Quarterly, 2006, 17 (3): 217 -231.

[136] Evans C. R., Dion K. L. Group Cohesion and Performance: A Meta - analysis [J]. Small Group Research, 1991, 22 (1): 175 -186.

[137] Evans N. J., Jarvis P. A. Group Cohesion: A Review and Revaluation [J]. Small Group Behavior, 1980, 11 (2): 359 -370.

[138] Faraj S., Sproull L. Coordinating Expertise in Software Development Teams [J]. Management Science, 2000, 46 (5): 1554 -1568.

[139] Faraj S., Yan A. Boundary Work in Knowledge Teams [J]. Journal of Applied Psychology, 2009 (94): 604 -617.

[140] Faraj S., & Yan A. Boundary Work in Knowledge Teams [J]. Journal of Applied Psychology, 2009, 94 (3): 604 -617.

[141] Fichtner B. Co - ordination, Co - operation and Communication in the Formation of Theoretical Concepts in Instruction. In Hedegaard M., Haakarainen P, Engestrom Y. (Eds.). Learning and Teaching on a Scientific Basis [C]. Psykologisk Institut, Aarhus Universitet, Aarhus. 1984.

[142] Fisher S. G., Hunter T. A., Macrosson W. D., Keith. Team or group? Managers' Perceptions of the Differences [J]. Journal of Managerial Psychology, 1997, 12 (4): 232 -250.

[143] Fornell C., Larcker D. F. Evaluating Structural Equation Models with Unobservable Variables and Measurement Error [J]. Journal of Marketing Research, 1981 (18): 39 -50.

[144] Forrester W. R., Tashchian A. Modeling the Relationship between Cohesion and Performance in Student Work Group [J]. International Journal of Management, 2006, 23 (3): 458 -464.

[145] Forsyth D. R. An Introduction to Group Dynamics [M]. California:

Brooks, 1983.

[146] Friedlander E. The Ecology of Work Groups. In J. Lorsch (Ed.). Handbook of Organizational Behavior [C]. Englewood Cliffs, NJ: Prentice Hall, 1987.

[147] Friedlander F. The Ecology of Work Groups. In J. Lorsch (Ed.). Handbook of Organizational Behavior [C]. Englewood Cliffs, NJ: Prentice Hall, 1987.

[148] Gasson S. The Dynamics of Sensemaking, Knowledge and Expertise in collaborative, Boundary－spanning Design [J]. Journal of Computer－mediated Communication, 2005, 10 (1): 23－34.

[149] George J. M. Personality, Affect, and Behavior in Groups [J]. Journal Applied Psychology, 1990, 75 (2): 107－116.

[150] Gersick C. J. G. Time and Transition in Work Teams: Toward a new Model of Group Development [J]. Academy of Management Journal, 1988, 31 (1): 9－41.

[151] Gibb C. A. Leadership. In G. Lindzey (Ed.). Handbook of Social Psychology (Vol. 2) [C]. Cambridge, MA: Addison Wesley, 1954.

[152] Giddens A. The Constitution of Society [M]. Cambridge: Polity Press, 1984.

[153] Gist M. E., Mitchell T. R. Self－efficacy: A Theoretical Analysis of its Determinants and Malleability [J]. Academy of Management Review, 1992, 17 (2): 183－211.

[154] Gladstein D. L. Groups in Context: A Model of Task Group Effectiveness [J]. Administrative science quarterly, 1984 (1): 499－517.

[155] Gladstein D. Groups in Context: A Model of Task Group Effectiveness [J]. Administrative Science Quarterly, 1984, 29 (4): 499－517.

[156] Gonzalez M. G., Burke M. J., Santuzzi A. M., & Bradley J. C. The Impact of Group Process Variables on the Effectiveness of Distance Collaboration Groups [J]. Computers in Human Behavior, 2003, 19 (3): 629－648.

[157] Goodman P. S. Impact of Task and Technology on Group Performance. In Goodman P. S. (Eds), et al, Designing Effective Work Groups [C]. Jossey－Bass, San Francisco. 1986.

[158] Gronn P. Distributed Properties: A new Architecture for Leadership [J]. Educational Management and Administration, 2000, 28 (3): 317－318.

[159] Gronn P. Distributed Leadership as a Unit of Analysis [J]. The Leadership Quarterly, 2002 (13): 423－451.

[160] Gundlach M., Zivnuska S., Stoner J. Understanding the Relationship between Individualism – collectivism and Team performance through an Integration of Social Identity Theory and the Social Relations Model [J]. Human Relatlons, 2006, 59 (12): 1603 – 1632.

[161] Guzzo R., Dickson M. Teams in Organizations: Recent Research on Performance and Effectiveness [J]. Annual Review of Psychology, 1996, 47 (83): 307 – 338.

[162] Harris A. Dist ributed Leadership: According to the Evidence [J]. Journal of Educational Administration, 2008, 46 (2): 172 – 188.

[163] Hackman J. R. The Design of Work Teams [J]. Ariel, 1987 (129): 32 – 197.

[164] Hackman J. R. A Normative Model of Work Team Effectiveness [M]. CT: Yale University, 1983.

[165] Hackman J. R. Groups that Work [M]. San Francisco: Jossey – Bass, 1990.

[166] Hackman J. R. The Design of Work Teams. In J. Lorsch (Ed.). Handbook of organizational behavior [C]. Englewood Cliffs, N. J.: Prentice – Hall, 1987.

[167] Handy C. 组织的新语言及对领导者的启示 [A]. 德鲁克基金会·未来的领导者 [C]. 北京：中国人民大学出版社，2006.

[168] Hansen M. T. The Search – transfer Problem: The Role of Weak Ties in Sharing Knowledge Across Organization Subunits [J]. Administrative Science Quarterly, 1999, 44 (1): 82 – 111.

[169] Harris A. Distributed Leadership in Schools: Leading or Misleading? [EB/OL]. http: //www. shuac. uk/bemas, 2002 – 10 – 25.

[170] Harris A. Distributed Leadership: Conceptual Confusion and Empirical Reticence [J]. International Journal of Leadership in Education, 2007, 10 (3): 1 – 11.

[171] Harrison R. When Power Conflicts Trigger Team Spirit [M]. European Business, Spring, 1972.

[172] Helgesen S. Leading from the Grassroots [A]. In F. H. Esselbein, M. Goldsmith and R. Beckhard (Eds.). The Leader of the Future [C]. Beijing: China Renmin University Press, 2006.

[173] Henderson J. C., Lee S. Managing I/S Design Teams: A Control Theories Perspective [J]. Management Science, 1992, 38 (6): 757 – 777.

[174] Hennessy J., West M. A. Intergroup Behavior in Organizations: A field test of Social Identity Theory [J]. Small Group Research, 1999, 30 (3): 361 – 382.

[175] Hernes T. Studying Composite Boundaries: A framework of Analysis [J]. Human Relations, 2004, 57 (1): 9-21.

[176] Hiller N. J., Day D. V., Vance R. J. Collective Enactment of Leadership Roles and Team Effectiveness: A Field Study [J]. The Leadership Quarterly, 2006, 17 (4): 387-397.

[177] Hiller N. J., Day D. V., Vance R. J. Collective Enactment of Leadership Roles and Team Effectiveness: A Field Study [J]. Leadership Quarterly, 2006, 17 (3): 387-397.

[178] Hirschhorn L., Gilmore T. The New Boundaries of the "Boundaryless" Company [J]. Harvard Business Review, 1992 (5-6): 104-115.

[179] Hogg M. A. Intragroup Processes: Group Structure and Social Identity. In Robinson W. P (ed.). Social Groups and Identities: Developing the Legacy of Henri tajfel [C]. Oxford: Butterworth, 1996.

[180] Hogg M. A. The Social Psychology of Group Cohesiveness: From Attraction to Social Identity [M]. London: Harvester Wheatsheaf, 1992.

[181] Howell J., Shea C. Effect of Champion Behaviour, Team Potency, and External Communication Activities on Predicting Team Performance [J]. Group and Organization Management, 2006, 31 (2): 180-211.

[182] Hülsheger U. R., Anderson N., Salgado J. F. Team-level Predictor of Innovation at Work: A Comprehensive Meta-analysis Spanning Three Decades of Research [J]. Journal of Applied Psychology, 2009 (94): 1128-1145.

[183] Humphreys M., Brown A. D. Narratives of Organizational Identity and Identification: A Case Study of Hegemony and Resistance [J]. Organization Studies, 2002, 23 (3): 421-447.

[184] Ibarra H. Homophily and Differential Returns: Sex Differences in Network structure and Access in an Advertising Firm [J]. Administrative Science Quarterly, 1992, 37 (3): 422-447.

[185] Ibarra H. Personal Networks of Women and Minorities in Management: A Conceptual Framework [J]. Academy of Management Journal, 1993, 18 (1): 56-87.

[186] Ilgen D. R., Hollenbeck J. R., Johnson M., Jundt D. Teams in Organizations: From Input-Process-Output Models to IMOI Models [J]. Annual Review of Psychology, 2005, 56 (4): 517-544.

[187] James L. R., Demaree R. G., Wolf G. Estimating Within-group Interrater Reliability with and Without Response Bias [J]. Journal of Applied Psychology,

1984, 69 (1): 85 - 98.

[188] James L. R. , Demaree R. G. , Wolf G. RWG: An Assessment of Within - group Interrater Agreement [J]. Journal of Applied Psychology, 1993, 78 (2): 306 - 309.

[189] Janis I. L. Victims of Groupthink [M]. 2nd edn. Boston, MA: Houghton Mifflin, 1982.

[190] Janssen O. , Van De Vliert E. , Veenstra C. How task and Person Conflict shape the Role of Positive Interdependence in Management Teams [J]. Journal of Management, 1999, 25 (2): 117 - 141.

[191] Janssen O. , Huang X. Us and Me: Team Identification and Individual Differentiation as Complementary Drivers of Team Members' Citizenship and Creative Behaviors [J]. Journal of Management, 2008, 34 (1): 69 - 102.

[192] Janssen O. , Vliert E. , Veenstra C. How Task and Person Conflict Shape the Role of Positive Interdependence in Management Teams [J]. Journal of Management, 1999, 25 (4): 117 - 141.

[193] Janz B. D. , Colquitt J. A. , Noe R. A. Knowledge Worker Team Effectiveness: The role of Autonomy, Interdependence, team Development, and Contextual Support Variables [J]. Personnel Psychology, 1997, 50 (4): 877 - 904.

[194] Jessup H. R. The Road to Results for Teams [J]. Training, Development Journal, 1992, 46 (9): 65 - 68.

[195] Jewell L. N. , Reitz H. J. Group Effectiveness in Organizations [M]. Illinois: Foresman and Company, 1981.

[196] Johnson S. R. , Ostrow A. C. , Perna F. M. , Etzel E. F. The Effects of Group Versus Individual Goal Setting on Bowling Performance [J]. Sport Psychology, 1997, 11 (2): 190 - 200.

[197] Jones G. R. , George J. M. The Experience and Evolution of Trust: Implications for Cooperation and Teamwork [J]. Academy of Management Review, 1998, 23 (3): 531 - 546.

[198] Joshi A. , Pandey N. , Han G. Bracketing Team Boundary Spanning: An Examination of Task - based, Team - level, and Contextual Antecedents [J]. Journal of Organizational Behavior, 2008 (30): 731 - 759.

[199] Joshi A. The Influence of Organizational Demography on the External Networking Behavior of Teams [J] Academy of Management Review, 2006, 31 (5): 583 - 595.

[200] Kahai S. S. , Sosik J. J. , Avolio B. J. Effects of Leadership Style and

Problem Structure on Work Group Process and Outcomes in an Electronic Meeting System Environment [J]. Personnel Psychology, 1997, 50 (1): 121 - 146.

[201] Kahn W. A. Psychological Conditions of Personal Engagement and Disengagement at Work [J]. Academy of Management Journal, 1990 (33): 692 - 724.

[202] Kark R., Carmeli A. Alive and Creating: The Mediating Role of Vitality and Aliveness in the Relationship between Psychological Safety and Creative Work Involvement [J]. Journal of Organizational Behavior, 2009 (30): 785 - 804.

[203] Katzenbach J. R., Smith D. K. The Wisdom of Teams: Creating the High Performance Organization [M]. Boston, MA: Harvard Business School Press, 1993.

[204] Keller R. T. Cross - functional Project Groups in Research and New Product Development: Diversity, Communications, Job Stress, and Outcomes [J]. Academy of Management Journal, 2001, 44 (5): 547 - 555.

[205] Klein K. J., et al. Dynamic Delegation: Shared, Hierarchical, and Deindividualized Leadership in Extreme Action Teams [J]. Administrative Science Quarterly, 2006 (51): 590 - 621.

[206] Kotlyar I., Karakowsky L. Falling over Ourselves to Follow the Leader Conceptualizing Connections between Transformational Leader Behaviors and Dysfunctional Team Conflict [J]. Journal of Leadership, Organizational Studies, 2007, 14 (1): 38 - 49.

[207] Kozlowski S. W. J., Bell B. S. Work Groups and Teams in Organizations. In W. C. Borman, D. R. Ilgen, R. J. Klimoski (Eds.). Handbook of Psychology: Industrial and Organizational Psychology [C]. London: Wiley, 2003.

[208] Lakomski G. Distributed Leadership: An Idea Whose Time has Come? [EB/OL]. http://www.shuac.uk/bemas, 2002 - 10 - 25.

[209] Lau D. C., Murnighan J. K. Demographic Diversity and Faultlines: The Compositional Dynamics of Organizational Groups [J]. Academy of Management Review, 1998 (23): 325 - 340

[210] Lau D. C., Murnighan J. K. Interactions within Groups and Subgroups: The Effects of Demographic Faultlines [J]. Academy of Management Journal, 2005 (48): 645 - 659.

[211] Lechner A. New Know Ledge Creation Dynamics in Multidisciplinary Teams: In Search of Innovation Practices [D]. The State University of New Jers ey, New ark, 2000.

[212] Lee F., Edmondson A. C., Thomke S., Worline M. The Mixed Effect of

Inconsistency on Experimentation in Organizations [J]. Organization Science, 2004 (15): 310 - 326.

[213] Lester S. W., Meglino B. M., Korsgaard M. A. The Antecedents and Consequences of Group Potency: A Longitudinal Investigation of Newly Formed Work Groups [J]. Academy of Management Journal, 2002, 45 (2): 352 - 368.

[214] Liang J., Farh C., Farh J. L. Psychological Antecedents of Promotive and Prohibitive Voice Behavior: A Two - wave Longitudinal Examination. Paper Presented at the Third Conference of the International Association for Chinese Management Research, Guangzhou, China, 2008.

[215] Lind A. E., Van Den Bos K. When Fairness Works: Toward a General Theory of Uncertainty Management [J]. Research in Organizational Behavior, 2002 (24): 181 - 223.

[216] Lovelace K., Shapiro D. L., Weingart L. R. Maximizing Cross - functional New Product Teams' Innovativeness and Constraint Adherence: A Conflict Communication Perspective [J]. Academy of Management Journal, 2001, 44 (3): 779 - 793.

[217] Marks M. A., Mathieu J. E., Zaccaro S. J. A Temporally Based Framework and Taxonomy of Team Processes [J]. Academy of Management Review, 2001, 26 (3): 356 - 376.

[218] Martin J. Organisatinal Behavior and Management, 3rd edu [M]. London: Thomson, 2005.

[219] Mathieu J., Maynard M. T., Rapp T, et al. Team Effectiveness 1997 - 2007: A Review of Recent Advancements and a Glimpse into the Future [J]. Journal of Management, 2008, 34 (3): 410 - 476.

[220] May D. R., Gilson R. L., & Harter L. M. The Psychology Condition of Meaningfulness, Safety and Availability and the Engagement of the Human Spirit at Work [J]. Journal of Occupational and Organizational Psychology, 2004 (77): 11 - 37.

[221] Mc Grath J. E. Leadership Behavior: Some Requirements for Leadership Training [N]. Washington DC: U. S. Civil Service Commission. K. J. Klein, J. C. Ziegert, A. P. Knight, Y. Xiao. A Leadership System for Emergency Action Teams: Rigid Hierarchy and Dynamic Flexibility [EB/OL]. http://knowledge.wharton.upenn.edu/papers/1282.pdf, 2005: 1 - 25.

[222] McKay H. Human Resources [M]. I. A. M., London, 2001.

[223] Mintzberg H. The Leadership Debate with Henry Mintzberg: Communityship is the Answer [N]. Financial Times, 2006 - 10 - 23.

［224］ MIT－Leadership Center. Distributed Leadership Model［EB/OL］. http：//leadership. mit. edu/rdlm. php，2008－05－28.

［225］ Nadler D.，Hackman J. R.，Lawler E. E. Managing Organizational Behavior［M］. Little，Brown New York，1979.

［226］ Nembhard I. M.，Edmondson A. C. Make it Safe：the Effects of Leader Inclusiveness and Professional Status on Psychological Safe and Improvement Efforts in Health Care Teams［J］. Journal of Organization Behavior，2006（27）：941－966.

［227］ Netemeyer R. G.，Johnston M. W.，Burton S. Analysis of Role Conflict and Role Ambiguity in a Structural Equation Framework［J］. Journal of Applied Psychology，1990，75（1）：148－157.

［228］ Nidumolu S. The Effect of Coordination and Uncertainty on Software Project Performance：Residual Performance Risk as an Intervening Variable［J］. Information Systems Research，1995，6（2）：191－219.

［229］ Nieva V. F.，Fleishman E. A.，Rieck A. Team Dimensions：Their Identity，their Measurement，and their Relationship（DTIC Research Note 85－12）［J］. Alexandria，VA，1978（1）：7－14.

［230］ Pearce C. L.，J. A. Conger. All Those Years Ago：The Historical Underpinnings of Shared Leadership［A］. In C. L. Pearce，J. A. Conger（Eds.）. Shared leadership：Reframing the Hows and whys of Leaders Hip［C］. California：Sage Publications，2003.

［231］ Richard Bolden. Distributed Leadership［J］. Discussion Papers in Management，2007（2）：7－14.

［232］ Roberto M. A. Lessons from Everest：The Interaction of Cognitive Bias，Psychological Safety，and System Complexity［J］. California Management Review，2002（45）：136－158.

［233］ Spillance J. P. Distributed Leaders Hip［M］. San Francisco：John Wiley，Sons，2006.

［234］ S. Messina，E. F. Guinan，A. F. Lanza. Photospheric Magnetic Activity in a Proxy for the Young Sun：HD 134319［J］. Astrophysics and Space Science，1998（26）：4－14.

［235］ Schein E. H.，Bennis W. Personal and Organizational Change Via Group Methods［M］. New York：Wiley，1965.

［236］ Shonk J. H. Working in Teams：A Practical Manual for Improving Work Groups［M］. New York：Amacom，1982.

[237] Siemsen E., Roth A. V., Balasubramanian S., Anand G. The Influence of Psychological Safety and Confidence in Knowledge on Employee Knowledge Sharing [J]. Manufacturing, Service Operations Management, 2009 (11): 429-447.

[238] Smith K. G., Smith K. A., Olian J. D., Sims H. P., O' Bannon D. P., Scully J. A. Top Management Team Demography and Process: The Role of Social Integration and Communication [J]. Administrative Science Quarterly, 1994, 39 (2): 412-438.

[239] Spillance J. P., Halverson R. and Diamond J. B. Investigating School Leadership Practice: A Distributed Perspective [J]. Education Researcher, 2001, 30 (3): 23-28.

[240] Sundstrom E., De Meuse K. P., Futrell D. Work Teams: Applications and Effectiveness [J]. American Psychologist, 1990, 45 (2): 120.

[241] Sundstrom E., De Meuse, K. P., Futrell D. Work teams: Applications and Effectiveness [J]. American Psychologist, 1990, 45 (2): 120-133.

[242] Thau S., Bennett R. J., Mitchell M. S., Marrs M. B. How Management Style Moderates the Relationship between Abusive Supervision and Workplace Deviance: An Uncertainty Management Theory Perspective [J]. Organizational Behavior and Human Decision Processes, 2009 (108): 79-92.

[243] Tjosvold D., Yu Z. Y., Hui C. Team Learning from Mistakes: The Contribution of Cooperative Goals and Problem-solving [J]. Journal of Management Studies, 2004 (41): 1223-1245.

[244] Tucker A. L., Nembhard I. M., Edmondson A. C. Implementing new Practices: An Empirical Study of Organizational Learning in Hospital Intensive Care Units [J]. Management Science, 2007 (53): 894-907.

[245] Tynan R. The Effects of Threat Sensitivity and Face Giving on Dyadic Psychological and Upward Communication [J]. Journal of Applied Social Psychology, 2005 (35): 223-247.

[246] Van Dyne L., Ang S., Botero I. S. Conceptualizing Employee Silence and Employee Voice as Multidimensional Constructs [J]. Journal of Management Studies, 2003 (40): 1459-1392.

[247] Walumbwa F. O., Schaubroeck J. Leader Personality Traits and Employee Voice Behavior: Mediating of Ethical Leadership and Work Group Psychology Safety [J]. Journal of Applied Psychology, 2009 (94): 1275-1286.

[248] Wang H., Law K. S., Hackett R. D., Wang D., Chen Z. X. Leader-

member Exchange as a Mediator of the Relationship between Transformational Leadership and Followers' Performance and Organizational Citizenship Behavior [J]. Academy of Management Journal, 2005, 48 (3): 420 - 432.

[249] West M. A., Anderson N. R. Innovation in Top Management Teams [J]. Journal of Applied Psychology, 1996 (81): 680 - 693.

[250] Yan A., Louis M. R. The Migration of Organizational Functions to the Work Unit Level Buffering, Spanning, and Bringing up Boundaries [J]. Human Relations, 1999, 52 (1): 25 - 47.

[251] Yan A., Louis M. R. The Migration of Organizational Functions to the Work Unit Level: Buffering, Spanning, and Bringing up Boundaries [J]. Human Relations. New York: 1999, 52 (1): 7 - 14.

[252] Yukl G. Leadership in Organizations (4th Ed.). New Jersey, 1998: 351 - 376.

[253] Zaccaro S. J., Rittman A. L., Marks M. A. Team Leadership [J]. The Leadership Quarterly, 2001 (12): 451 - 483.

[254] Zand D. E. Trust and Managerial Problem Solving [J]. Administrative Science Quarterly, 1972 (9): 229 - 239.

[255] Zhang Z. X., Hempel P. S., Han Y. L., Tjosvold D. Transactive memory System Links Work Team Characteristics to Performance [J]. Journal of Applied Psychology, 2007, 92 (8): 1722 - 1730.

附录　员工问卷

团队管理活动和效能调查问卷

小组成员填写

尊敬的女士/先生：

您好！

感谢您百忙中填答这份关于团队研究的学术性问卷。

填答原则如下：

第一，不要签名，我们保证您的答案仅用于学术研究，不会影响到您和单位的利害关系。

第二，对问题的看法没有对错之分，请根据您真实的感受填答。

第三，我们以贵公司的基本工作单元为调研对象，如研发、新产品开发、营销、质量管理、机电、通信工程等部门，或因需要而形成的专项工作小组，如项目小组、品管小组或临时任务小组（下文将这些部门或小组通称为“小组”）目的是对其管理状况和效能水平进行研究。

您的宝贵意见将是本研究成败的关键！

谨此表示衷心感谢！

敬祝万事如意！

组织与团队建设研究中心

石冠峰　王亮　敬上

2013 年 11 月 1 日

第一部分　分布式领导

说明：请在最符合您所在小组实际情况的数字上打“√”。整体而言，小组内的同事都认为，在小组内部：	很不符合	不太符合	不确定	有些符合	非常符合
1. 我们小组经常通过集体研讨来提高团队智力	1	2	3	4	5
2. 我们小组的成员能自觉学习新的知识或技能	1	2	3	4	5
3. 我们小组的成员经常训练各自的专长	1	2	3	4	5
4. 我们小组的成员把工作过程当作学习过程	1	2	3	4	5
5. 我们小组的成员学习在问题中发现机会	1	2	3	4	5
6. 我们小组的成员视自己的领导为同事	1	2	3	4	5
7. 我们小组的成员通过集体讨论做出决策	1	2	3	4	5
8. 我们小组的成员共同对团队负责	1	2	3	4	5
9. 我们小组的成员在团队里有施展领导才能的机会	1	2	3	4	5
10. 在不同的情形下，小组的成员都有可能充当领导角色	1	2	3	4	5
11. 我们小组希望我在工作中严格要求自己	1	2	3	4	5
12. 我们小组希望我工作讲效率	1	2	3	4	5
13. 我们小组希望我工作讲质量	1	2	3	4	5
14. 我们小组希望我在工作中有创新	1	2	3	4	5
15. 我们小组希望我不断提高工作业绩	1	2	3	4	5
16. 我们小组的成员在工作中提倡合作	1	2	3	4	5
17. 我们小组的成员在工作中善于同他人合作	1	2	3	4	5
18. 我们小组的成员相互信任，合作默契	1	2	3	4	5
19. 我们小组的成员既分工明确又能相互合作	1	2	3	4	5
20. 我们小组的成员为了团队协作而积极消除相互间的冲突	1	2	3	4	5

第二部分　团队心理安全

说明：请在最符合您所在小组实际情况的数字上打“√”。整体而言，小组内的同事都认为，在小组内部：	很不符合	不太符合	不确定	有些符合	非常符合
1. 如果我在小组中犯了错误，其他人会对我有异议	1	2	3	4	5

续表

说明：请在最符合您所在小组实际情况的数字上打“√”。整体而言，小组内的同事都认为，在小组内部：	很不符合	不太符合	不确定	有些符合	非常符合
2. 小组中其他成员能提出尖锐的问题	1	2	3	4	5
3. 小组成员有时会反对他人的与众不同	1	2	3	4	5
4. 在这个小组中允许犯错误	1	2	3	4	5
5. 我向小组中其他成员求助是一件困难的事	1	2	3	4	5
6. 小组中其他成员不会主动对我提出建议	1	2	3	4	5
7. 与小组成员合作，我的能力和专长都得到发挥	1	2	3	4	5

第三部分　团队边界管理

说明：请在最符合您所在小组实际情况的数字上打“√”。整体而言，小组内的同事都认为，在小组内部：	很不符合	不太符合	不确定	有些符合	非常符合
1. 为了不受干涉（干扰）地工作，小组能够消减外部压力	1	2	3	4	5
2. 为避免小组超负荷运转，我们小组能有效阻止外部过多信息和要求	1	2	3	4	5
3. 本小组或小组领导能帮助成员妥善处理其他部门的要求	1	2	3	4	5
4. 我们小组成员能够在不受他人干扰的环境中工作	1	2	3	4	5
5. 我们小组鼓励成员从小组外部获取各种信息及资源	1	2	3	4	5
6. 为小组的利益，我们小组鼓励成员去争取外部重要人物的支持	1	2	3	4	5
7. 为小组的利益，我们小组支持成员利用其私人关系	1	2	3	4	5
8. 除了正式渠道，小组工作也需要成员通过个人渠道获取信息及资源	1	2	3	4	5
说明：请您根据实际情况，指出贵小组进行下列管理活动的程度。请在最符合您所在小组实际情况的数字上打“√”	程度非常低	程度偏低	程度中等	程度偏高	程度非常高
1. 我们小组对建立清晰定位和明确目标的努力程度	1	2	3	4	5
2. 我们小组的自身形象和任务区别于公司其他部门的程度	1	2	3	4	5
3. 对与我们小组成员交往的重要外部人员而言，小组形象的明晰程度	1	2	3	4	5
4. 我们小组成员对小组形象或特性的共识程度	1	2	3	4	5

第四部分　团队效能

说明：请在最符合您所在小组实际情况的数字上打“√”。整体而言，小组内的同事都认为，在小组内部：	很不符合	不太符合	不确定	有些符合	非常符合
1. 我们小组的目标达成情况良好	1	2	3	4	5
2. 我们小组的计划进度执行情况良好	1	2	3	4	5
3. 我们小组的工作成果良好	1	2	3	4	5
4. 我们小组的问题解决成效良好	1	2	3	4	5
5. 我们小组的资源运用成效良好	1	2	3	4	5
6. 小组的成员之间合作愉快	1	2	3	4	5
7. 我乐意与小组的成员继续合作	1	2	3	4	5
8. 如果还有机会再与小组的成员合作，我有信心会合作成功	1	2	3	4	5

第五部分　个人及小组基本数据

以下是关于您个人及部门情况描述。请在最符合您所在小组实际情况的选项上打“√”。

1. 您的性别	男		女		
2. 您的年龄（岁）	≤20	21~30	31~40	41~50	≥51
3. 您的受教育程度	高中、中专	大专	本科	硕士	博士
4. 您的工龄（年）	≤1	2~5	6~10	11~15	≥16
5. 您的单位类型	国有企业	民营企业	合资企业	政府部门	事业单位
6. 您所在组织的规模（人）	100以下	100~300	300~1000	>1000	
7. 您的职位	普通员工	基层管理者	中层管理者	高层管理者	其他
8. 您的工作性质	市场类	技术类	制造类	行政支持和服务类	其他
9. 贵公司的产业类别为	传统制造　金融服务　医疗服务　咨询服务　通信服务　流通零售　国际贸易　交通运输　电子相关　法律会计　广告行销　机械　食品　其他				
10. 部门名称：				部门人数	

感谢您的辛苦填答。为了资料的完整性，请您回顾是否有漏答选项。

联系人：石河子大学经济与管理学院石冠峰

E－mail：shigf0109@163.com

后　记

时光倏忽而逝，本书最终顺利完成。看到终稿时，为这本书而努力的画面在脑海中一帧一帧的闪过，感觉自己的努力没有白费，自己对工作、家庭、亲情和友情的感悟也得到了很大的提升。

本书的完成不仅有我的心血在里面，还离不开很多同事、学生、亲朋的理解与帮助。我首先要衷心感谢课题组成员，课题研究工作历时三年，也是我们共同成长的三年。从课题的申请、研究思路的确定、数据的收集与处理、文稿的形成与修正，直至这本书最后送入编辑部手中，每一步都凝聚了课题组所有人的心血。书稿的完成过程中，课题组的每一次研讨都使我从中获得深刻的启示，并给我极大的鼓励，促使我坚持以严谨的科研态度完成本书的写作过程。课题组主要成员有王亮、徐兵、韩宏稳、李琨、艾扎提、杨高峰等，他们在遇到问题时能积极查询资料并寻找解决方法，遇到困难时能坚持不懈、努力地逐步克服，这种兢兢业业精神的培养令我和他们都受益终身。

我还要感谢在问卷设计与数据调研过程中给予我启发和帮助的朋友，他们的热心帮助为数据的收集与分析打下了基础。本次调研地区主要为乌鲁木齐、昌吉和石河子三个市。其中，在乌鲁木齐地区调研过程中曾给予我们帮助的企业及介绍人有天物科技的杨子良先生、中建集团的郑计静先生、乌鲁木齐商业银行的靳芹芹女士等；在昌吉地区调研过程中给予我们帮助的企业及介绍人有特变集团人力资源主管江源女士等；在石河子地区调研过程中给予我们帮助的企业及介绍人有石河子开发区管委会的罗恒主任和代小春先生、烟草局的罗主任和巩艳萍主任、燕京啤酒公司的张副总和金经理、华芳投资的郑总、石河子移动分公司的刘涛经理、天业集团人力资源总监黄燕女士、天山铝业的人力资源总监顾总和朱攀攀女士、天富火电的张震岩经理、中国建设银行石河子分行的齐放小姐、中国邮政储蓄银行石河子分行的曹慧娟经理和陈中立先生、中国交通银行石河子分行的何菲小姐、兵团第八师石河子市政府的张世敬先生等。还要感谢石河子大学2011级、2012级MBA集中班和周末班的全体同学。再次向这些及时给予我帮助的朋友们表示感谢，你们所提供的帮助对本书的完成至关重要。

还要感谢的是隐于背后却默默奉献的我的妻儿。从课题开始到书稿完成，妻子无怨无悔地帮我承担起家庭的重担，帮我在父母身边尽孝，帮我在家中养育孩子。甚至在我为课题进展而苦苦懊恼时，是妻子的支持宽慰了我的心怀，坚定了我克服困难的信心。对一双儿子，我也心怀愧疚，未能给予他们足够的陪伴和关心。谢谢我的儿子们能理解我，并在妻子的呵护下健康成长。每每想起这些，感激之情油然而生，心中充满无限温暖。

最后，感谢经济管理出版社编辑曹靖等人的辛勤工作，使本书顺利出版。

本书虽然已经完成，但仍有一些问题在本书中尚未得到解决和阐释。对真理的追求，对奥秘的探索，激励我勇敢前进，永无止境。

石冠峰

2015 年 6 月